丙午年　癸巳月　庚申日　丁丑時

此八字庚申專祿日相配柱中水火傷官帶殺格遂綬印生身遇斯命者生於武官長於將門豈毋先歸去椿親榮晄行天边鴻鴈我占先鳴其為人也丰資清天性聰明頴高曹石略稍識聖賢臣當仁不讓見善則欽旗穿曉日雲霧襟山倚秋劍戟明功名不異文殤內姓字还傳營苑中万馬不嘶听号令諸藩無事樂耕耘風生沉塞時横劍月落黃河夜渡兵晄年[illegible]八名[illegible]權朝廷此則[illegible]貴之命鴛幃有配須榈刻子嗣秋來衣錦榮運行甲午上八庇下月白風清乙未運中不勞窓下攻書史自有天边雨露恩丙申運斷則來垂吳陰幾多人事亏盈丁酉運營中尚趨趄事依旧戟位疊迁陞戊戌運風生白羽扇霧畢碧油幃重犀玉德播朝廷須史風雨過山青己亥運花將好艷傳於子何有光陰付與孫庚子運籬下黃花酒丘中白雲琴辛丑運帰去

丙午年　癸巳月　乙酉日　壬午時

此八字乙酉專權之日傷官制殺之格八生得此生於茂族長於名門椿親後去萱先別鴻鴈天邊各舊鳴其為人也丰姿磊落天性聰明理窮古事兼今事書對賢經與聖經嘉谷不早實大器當晚成一日風雲相際會九天雨露沐深恩此則脫榮之命鴛幃有碍重年敲桂子秋來有挺拔運行初甲午上人庇下天朗氣清乙未運中踏破泮橋霜幾板讀殘茅店月三更丙申運中幾欲榮登月殿依然困守門庭丁酉運中重重風雪過行樂尚遂巡戊戌運中声名從此顯舊沒一朝伸己亥運中數令諸方布仁風四境清庚子運中榮回故里辛丑運中春夢無憑

丙午年　癸巳月　癸未日　壬戌時

此八字癸未日相配柱中之火財旺生官之格正謂才盛生官終身有慶值斯象者丰姿英厚天性明良生於豐富之室長於仕宦之堂椿萱榮耐晚鴻雁有翱翔祖業多華麗才囊自積蔵雖不建侯封爵也須勢壓鄉邦此則富貴之命鶯幃趂後重年少桂子秋来朶朶芳運行初甲午上入福庇冬暖夏凉乙未運中詩書雖有志焉得入文場丙申運中但覺英雄敬仰不妨閨閤荒凉丁酉運中斷絃重續後金玉積盈囊戊戌運中英雄敬仰才来旺風雲無端惱一場己亥運中老當益壯快樂何當庚子運中孫賢子秀沛澤加昌辛丑運中春殘花落夢入仙鄉

丙午年　癸巳月　庚午日　丙寅時

此八字金逢火爛太過夭折之命也

丙午年　癸巳月　庚午日　丙戌時

此八字金逢火煉太過不貴則夭

丙午　癸巳　辛酉　乙未

此八字辛酉日相配柱中旺火偏官之格人生得此丰姿洒落処用多様萱親先别椿尤去鴻鴈天邊各奮飛李業窮通今古智謀别列賢愚般般當曉件件能為祖基重琢立財帛自蔵肥但願生涯旺旺何須身到天墀此則豪傑之命鴛幃克處重年少桂子秋風朶朶奇運行初丙午工人庇下有何是非乙未運中飄残楊柳縈和氣集門閭丙申運中雖則英雄去後幾番人事傷悲丁酉運中滚滚財源来愈旺趦趄深過振威儀戊戌運中湖海生涯益進庭前花木芳菲己亥運中孫賢子秀晚景桑榆庚子運中一夢歸何處西風猿自啼

丙午　癸巳　壬戌　庚戌

此八字壬戌日德之辰財殺之格伏此根原馬得不貴值此家眷萱親白首椿先别鴻鴈行中獨抱英其為人也丰姿瀟洒天性英能旌旗晃耀言高從横心源落落堪為将賦氣堂堂合用兵威風伏狼虎令望重邊廷此則直榮重金之命鴛幃隊合桂子肇香運行初甲午只宜穠未論枯榮乙未運中有財難沒時至戚枝丙申運中直加雨露恩光遠此少風波未是驚丁酉運中幾度崎嶇還不險依然威勢伏戎兵戊戌運中權盛赫奕禄位峥嵘己亥運中名利重重心世懶黄鷄白酒且開心庚子運中老昌晚節辛丑運中一夢蓬瀛

丙午年　癸巳月　丁卯日　戊申時

此八字丁火日元相配柱中之土傷官之格女人得此生於良門適於右族翁姑難久倚妯娌不同心治家全禮節歷事愈乖能性怏猶如風捲浪心安儼似月離雲佇看晚年全富貴髙冠錦帔顯其身此則榮福之命良人火命宜午長子嗣榮華旺宅門運行初壬辰娟娟雲裏月灼灼葉中英辛卯運中小池雨過添新綠線谷春來發舊馨庚寅運中雖則門閫而有　幾多心事未安寧己丑運中雲散心安貼風靜竹竿平戊午運中福祿以駢臻丁亥運中子貴孫賢風景好藹然和氣　克昌晚節乙酉運中一枕清風

丙午年　癸巳月　辛酉日　癸巳時

此八字辛酉專祿之日相配柱中之火正官之格人生得此本顯功名只嫌官煞相混不貴而富椿萱不得雙年耄鴻鴈天邊有共飛羊姿洒落天性仁慈學識頗知書史生涯多在色絲但願江湖文貴客何須天府掛朱衣此則富旺之命鴛幃土命須年少桂子秋來三兩枝運行初甲午無榮無辱景不雨不晴時乙未運中恰似洛陽三月景楊花飛處牡丹奇丙申運中歷過氷霜道看看貨利肥丁酉運中重新事業才來旺人事縈紆不致悲戊戌運中但覺英雄敬仰自然家業光輝己亥運中晚年發旺金玉多餘庚子運中春殘花落杜宇空啼

丙午年　癸巳月　壬申日　丙午時

此八字壬申之日身坐長生財官之格才成金官終身有慶遇斯象者生於望族長於高門椿萱有倚雖雙耄鴻雁聯群又失群精神烱烱智惠明明般般毋學件件火精終是功名客豈為田舍郎機會忽從天上降飛黃騰蹈到宸京此則榮華之命鶩幨宜有贈桂子綻秋英運行初甲午東風和暢天朗氣清乙未運中欲跨騰雲驥思裏煦露瑩丙申運中時来風送滕王閣何必區區費盡心丁酉運中得禄成名當此際玉闌干外馬蹄輕戊戌運中膴膴鷄犬風烟静藹藹桑麻雨露榮己亥運中一番風浪息三度寵恩隆庚子運中收拾英雄事辛丑運中南柯一夢中

丙午年　癸巳月　丙子日　甲午時

此八字丙火相配柱中木火官印之格女命值此公姑無倚妯娌難為姿容雅麗處事能性氣急如風火發片時易起片時除三從火備四德兼齊風送荷花香滿院月離海嶠綵光輝此則勤劬女命良人有尅重招水命頭生雪桂子難為不負荣門孝感運行初壬辰雙親之下未判高低辛卯運中紅葉溝中傳客意赤繩月下結良媒庚寅運中鸞鏡凄狐影鴛衾半余己丑運中重合功名土花從錦上輝戊子運中日照綺羅光赫赫風生庭户福嵬嵬當此之際風木之悲丁亥運中冲擊之所幾次趨趄丙戌運中佇看晚增福慶日領孫堂上舞班衣乙酉運中王母有約同赴瑶池

丙午年　癸巳月　甲戌日　丙寅時

此八字甲木生於寅時日祿歸時之格值斯命者翁姑難全倚妯娌浸稱呼六親分淺骨肉招踈粧臺多魅頓立業更有功裙釵濟濟三從倫家道昂昂四德通風送浮雲歸古洞雨滋花蕚發新紅此則能事女命良水命英雄士子嗣花開果值風運行初壬辰蔭庇之福暖日和風辛卯運中正好倚欄觀皎月無端又被黑雲朦庚寅運中重合良人多壯觀綵綵花從錦上紅己丑運中正遇良人榮要地何期風雨洒柴門戊子運中末寸雲蔽日幸不成丁亥運中堆金積玉真富貴門迎橋馬稱元豐丙運中黃花晚節享樂無窮乙酉運中儀容去也夢入巫峯

丙午年　癸巳月　乙亥日　庚辰時

此八字乙亥日相配柱中旺火傷官之格人生得此本是功名只嫌傷官見官不貴而富椿父先歸萱耐曉鴈行天際不交飛半姿洒落幹蠱能為知今識古將高就低十斷九流成大業三畨四覆旺家賢但願門迎車馬客何須身到鳳凰池此則富貴之命鴛帳連珠低一歲桂蘭远擬挺標奇運行初甲午幼承上庇快樂怡怡乙未運中洞房生喜氣無暇讀詩書丙申運中遊山翫水携詩軸交貴親賢樂酒卮丁酉運中雪晴才帛旺重整舊門閭戊戌運中財源來滾滾何處雪花飛己亥運中晚年發旺食廩豐肥庚子運中悠悠享用辛丑運中帰去來兮

丙午年　癸巳月　庚辰日　癸未時

此八字庚辰魁罡之日相配柱中旺火漏官之格人生得此丰姿英俊性格能為生於豐潤之族長於積德之居椿萱半道難全手足鴻雁天邊不共飛祖業多華麗才囊自整齊江湖生意廣仕路望尤孙伃看晚年光霽景騰騰氣欲耀卿閣此則冨榮之命鴛幃帶硬雙諧老桂子秋風舞綵衣運行初甲午上人庇下花柳芳菲乙未運中幾歎榮登仕路依然湖海奔馳丙申運中雖則才名榮旺一番行樂趣丁酉運中風雪初晴後才權異昔時戊戌運中樓臺疊疊生涯冨氣宇英英闊閣輝己亥運中冲擊之所踐踄無危庚子運中孫賢子秀沛澤加濡辛丑運中歸去来兮

丙午年　癸巳月　甲寅日　戊寅時

此八字甲寅日相配柱中旺火傷官之格戊癸得從其化人生得此手姿洒落性格聰明椿萱榮晚節棠棣秀双英學問有成終是功名之客英才特達豈為避世之灵風雲際會身騰鵲頭角峥嵘氣宇清此則榮耀之命鴛幃全正副桂子秀繩繩運行甲初年上人庇下快樂清平乙未運中讀殘官舍月行落泮林星丙申運中風雪初晴雲路達瓊林宴罷沐恩榮丁酉運中威飛乱浪布怒含布帝風生戊戌運中重榮疊貴金此不威名巳亥運中權高直欲成瑚璉要入仙鄉去不醒

丙午　癸巳　丙戌　癸巳

此八字丙戌日相配柱中之水正官之格丙干不雜泉篇崇人生得此仕路揚聲椿萱不違双崇贈鴻鴈天邊有各鳴半姿洒落天性公平理貫古今之學筆分枉直之情瓊林雖不登高宴祿位尤能顯改聲此則崇貴之命篤幃有杞須偏正桂子秋来有継芳運行初甲午上人庇下月向風清乙未運中詩書雖有志仕路未揚名丙申運中志欲登天岁月身還裁雪剪水丁酉運中三疊陽関斟别酒九重都下望恩崇戊戌運中寵渥崇沾後仁風遠近清己亥運中再加祿位未解簮纓庚子運中黄花綠酒辛亥運中一夢難醒

丙午　癸巳　甲戌　丙寅

此八字甲戌日相配柱中之火傷官之格人生得此本显功名只嫌運入背鄉減亐福力椿親後副萱先去鴻鴈天邊不共鳴半姿磊落天性公平學識粗通翰墨法詞源頗味聖賢經祖業重華黨財囊自積成但願江湖人敬仰何須天府沐恩崇此則穩當之命篤幃土命須年少桂子秋来三兩英運行初甲午庇佑之命快樂安亨乙未運中詩書心倦讀貨利便生成丙申運中萱花零落後才業愈加興治，旺家業日，事相家己亥運中冲擊之所又有權名庚子運中孫賢子秀辛丑運中一夢難醒

丙午　癸巳　庚辰　乙酉

此八字庚辰魁罡之日偏官之格時逢羊刃為奇值此象者生於豪室長於高居椿父先歸萱後別西風鴻鴈各分飛其為人也般般將就曉件件不深知恒招君子敬自有貴人携終許當朝掛朱紫豈應田里務耘耔九年案牘勞神思一旦承恩上帝畿此則貴顯之命鴛幃魚合水桂子秀枝頭運行初甲午只宜庇下安樂得如乙未運中惜花春起早愛月夜眠遲丙申運中雖則財權振作也愁風浪片時丁酉運中風雪

初消後滔滔福慶齊戊戌運中衣冠從此顯黎庶自咸啟己亥運中皇恩有感祿位高　庚子運中田園快樂辛丑運中歸去來兮

酉日　己亥時

配柱中金土祿氣殺印主人生於邃室長於名門群其為人也精神炯炯一天星斗煥心胸驍自究終是文場折桂坦坦登天去牽足悠悠九五天門沐寵榮此則敵子嗣秋來有繼崇運光風己卯運中朝拜孔十年窗下時來機會汨沒一朝伸壬午運癸未運中正宜秉笏甲申運中榮田故里美何用一日無常萬事

丙午　癸巳　庚辰　乙酉

此八字庚辰魁四正之日歲德偏官之格時逢羊刃作合為良人生值此椿尊先別萱母後亡其為人也聰明刀筆健倜儻世情長學問不登於翰苑功名也顯貴人鄉第長名園過旧竹花開上苑勝先芳九年趨事公門上一旦承恩拜聖王此則顯達之命鴛幃有碍洞房兩度新郎子嗣有成向日森枝挺秀運行初甲午双親庇下冬暖夏凉乙未運中漸看春色暖始竟月光揚丙申運中貴客提攜方遂意芳形案牘順行藏丁酉運中西風洒雪令人悶雪霽依然樂趣長戊戌運中此際果然冠冕別声名耿耿耀鄉邦己亥運中名高百里澤被一方庚子運中有名聞富貴無事飲壺觴辛丑運中夢重翠鶯啼不覺春殘花落水揚揚

丙午年　丙申月　乙未日　辛巳時
此八字乙未日元相配柱中金火合殺傷官格
人生得此生於名族長於名門椿父先歸萱耐晚
天邊鴻鴈各行鴻其為人也丰姿魁偉標格精神
源流三峽誰能文筆掃千軍孰與論少冠濟濟人
中傑和氣怡怡歷上孫終是功名之客豈為田舍
之翁三級浪中龍變化九霄雲外鳳飛騰姓字傳
臚後朝班立縉紳股肱盛世尊名德輔翼明時顯
世英此則社稷良臣之命鴛幃全正副子嗣晚榮
門運行初丁酉上人庇下詩禮趨庭戊戌運中上
五年手攀丹桂下五年困守橋門已亥運中名題
金榜聲名顯粉署聯班職位陞庚子運中金紫迁
榮名漸振黃堂聲價獨為尊辛丑運中跨馬朝天
加壽祿省堂佐政職專戎當此際風雪還生壬
寅運中佇看宦途二品勑迁都憲還陞寅字之中
權重生驚癸卯運中子貴重榮贈春歸鳥不吟

丙午年　丙申月　壬子日　甲辰時
此八字壬子日丹之辰相配柱中金土杀生印綬
之格女人得此生於右族配於名門椿萱先別父
鴻鴈各西東其為人也姿容清秀髮貌精神雖是
女流之輩過如男子材能深明閨閫理洞識古今
情萬里無雲天一色三秋好景月長明每懷丸嚐
意時抱擇隣心玉產崑岡藏韞色蘭生楚澤散清
馨難觸難犯易喜易嗔雖不鳳冠帔服自然益旺
夫門此則穩厚之命良人配合須同屬子嗣森然
旺宅門運行初乙未上人庇下毓秀閨門甲午運
中紅葉溝中傳密意赤繩月下結良烟癸巳運中
一抹曉烟迷芍藥半泓秋水浸芙蓉壬辰運中幾
度樂中有悶數番靜裏憂生辛卯運中旺中尚有
盈虧處事安依然五福增庚寅運中晚年多快樂
已丑運中花落鳥無聲

丙午年　丙申月　壬寅日　壬寅時

此八字壬寅趨艮之日相配柱中旺金印綬之格棄印親財之論刑沖太重祿發晚年主人生於右族長於高居椿萱不逮祿養鴻雁有不同飛其為人也丰姿清秀天性聰明妍窮今古讀覽詩書定擬當朝星貴客豈教南畝躬耕人見善則持於已當仁不讓於師太器晚成多快樂為能為塔姓不題一從姓字沾德澤惠黔黎舒長化日桑麻蔭融蕩江風雨露溪此則榮貴之命紀幃有化須格贈子嗣秋來有出奇運行初丁酉上人庇下有何是非戊戌運中有志於書史無心別囂魚己亥運中莫言不遂男兒志時來變化在斯時庚子運中虎闔田守藏器待時辛丑運中丹墀從此步太李郎今離仁風揚播政化東西壬寅運中一番風雨過金紫耀光輝癸卯運中遠歸千里騎平釣五溪魚甲辰運中清風明月不用一錢買玉山自倒無人推

丙午年　丙申月　壬辰日　丙午時

此八字壬辰罡刚之日相配柱中金火弃印就才之格人生得此福祭晚年椿親見别萱尤去鴻雁西飛不共聯丰姿洒落天性良賢理穷今古事李貫聖賢篇泮水十年淹樂志橋門一但便朝天一從沾寵渥化日照黎元此則貴显之命紀幃全正副桂子向秋妍運行初丁酉上人庇下習誦簡篇戊戌運中志思騰踏去無桒雪生寒己亥運中時來機會好跨馬上長安庚子運中榮沾新沛澤千里振名權辛丑運中皇恩有感祿位高迁壬寅運中金魚初綰帶此際便迴轅癸卯運中花落人歸去空山啼杜鵑

丙午年　丙申月　己酉日　丁卯時

此八字己酉之日相配柱中金木傷官制殺之格喜逢印綬生身遇斯命者生於右族長於名門椿父先歸萱耐晚天邊鴻鴈有行群其為人也丰姿清秀性格聰明謀動君子威伏小人行藏竟消洒咲傲任枯栄祖業添新慶根源勝舊風月掛碧天多皎潔名聞湖海有光栄好意番成悪真心焕得嗔花無桃李非春色人有筆歌是太平得意江山詩句絶忘情日月酒盃深雖不青驄馬自然旺平生此則發福之命鴛幃同属尤添寵子嗣森枝晚節馨運行初丁酉上人庇下化日陽春戊戌運中登臨雨浮賞翫春陰己亥運中雖則行藏有慶也愁人事虧盈庚子運中着意種花花不發無心插柳柳成陰須更進退不損精神辛丑運中雪晴雲散天未燦從此滔滔福禄增壬寅運中才源富足樓閣凌雲癸卯運中享子孫之福慶甲辰運中甲辰運中夢香香之佳城

丙午年　丙申月　辛丑日　丁酉時

此八字辛金相配柱中之火特上偏官之格官殺混雜弑我功名主人生於良族長於仁門萱毋先帰椿後別天邊鴻鴈律行分其為人也丰姿蒼古天性乖能知高下識重軽行藏覺瀟洒笑傲任枯栄過火黃金顕十分之貴色雖雲皎月布萬里之清明祖業有依須再整才囊有積晚餘盈遇險終無險逢凶幸不凶高人起敬小筆無情施恩厭怨布德成真初運從容中進退晚年才禄驟然興江湖風味好何必上天庭此則穩旺之命鴛幃金命年少子嗣森森孝且忠運行初丁酉上人庇下未斷平生戊戌運中萱草凋零風雪折行藏還未称心情己亥運中風狂椿樹折人事尚困循庚子運中乍雨乍晴當客景或寒或燦困人春辛丑運中正是梅清并月白還愁微雨舞精空壬寅運中経霜松柏儼然秀冒雨梅蘭分外馨癸卯運中子秀家寬樂甲辰運中春残鳥不吟

丙午年　丙申月　辛卯日　乙未時

此八字辛金配合柱中木火才官之格才咸生官終身富貴主人生於仁德之家長於豊足之室其為人也習礼樂讀詩書性不受觸心不藏機人傑地灵鰲逐玉蟾攀桂去名揚姓播高隨青帝踏花歸咲顔登龍關本是譾天埠此則美達之命鴛幃有得宜偏正子嗣班斕挽發輝運行初丁酉但宜禳保未論吳衰戊戌運中既抱凌雲志終須上月梯己亥運中雷声動地蛟龍化頭角嵬峩覩圣儀庚子運中不須陞迁惟此景定應金紫耀輝〻辛丑運中武帶雪未还覺冷雪猜依舊秉權機壬寅運中欸仝挽節何不歸欤癸卯運中訃音播也花落春歸

丙午年　丙申月　甲寅日　辛未時

此八字甲寅專祿之日相配柱中金火傷官制煞之格人生得此生於右族長於名門椿父先歸萱後別天邊鴻鴈各行騰其為人也手姿磊落天性聰明胸羅今古事夲識聖賢心麗句好為天下白高材俊似海東青終是文場折桂客豈為田舍鑿耕人衣冠濟濟人中表和氣怡怡席上珍瑱林難不恭高宴祿位榮看次第陞晚年光霽景子貴有治恩此則榮貴之命鴛幃須同屬子嗣榮門晚節奇運行初丁酉上人庇下未斷弁沉戊戌運中讀書映雪觀史引燈己亥運中執卷幾回空探月依然困守讀書燈庚子運中時至運通成事業秋闈得意入神京皇恩應有感德化啓儒生辛丑運中一番風雪後初晴後從此滔滔祿位陞壬寅運中名揚千里政德澤化西東癸卯運中解組回田里離下樂怡情子貴沐治龍祿位享無窮甲辰運中無恩無慮乙巳運中一枕清風

丙午年　丙申月　癸巳月　乙卯特

此八字癸巳貴人之日印綬之格女人得此生於良族配於宦門椿萱相繼别鴻鴈各行群其為人也丰姿清秀髮光精神勝丈夫之氣槩有男子材能萬義光華沾沛澤四時佳麗瑞祥生育看夫賢子顯陷陷享福無窮此則榮秀之命良人得配名門文字顯生成奪錦人運行初己未上人庇下毓秀閨門甲午運中如花白日似月離雲癸巳運中淡烟籠緑柳微雨洒晴空壬辰運中天寒有水雲歛棟江獨無風浪自生辛卯運中雨晴山有色雲散月當空當此之際一番但滞庚寅運中明月當前生氣奕光華萬彙色花新己丑運中春光去也啼鳥無声

丙午年　丙申月　戊申日　丁巳時

此八字戊申長生之日相配柱中金火傷官助才之格女人得此生於右族長於名門椿萱有倚先虧父天邊鴻鴈不同群其為人也姿容清秀德茂行真勝丈夫之氣槩有男子之才能一花杏桃鋪錦綉滿山松柏映幃屏春入水光成嫩緑日匀花蕊發新紅深明閨壼理洞識古今情難觸難犯易喜易嗔晚年夫子貴福祿享無窮此則榮貴之命良人火金須年小子嗣枝頭有旋蒂運初行丁未上人庇下毓秀閨門甲午運中契合翠幕成好夢黄收紅葉是良姻癸巳運中雖則夫門多快樂嶔多人事尚因循壬辰運中片雲能發千山雨雨過千山依舊晴辛卯運中濟濟裙釵綃日輝輝羅綺臨風須史風雨頃刻逡巡庚寅運中光華疊疊沛澤紛紛己丑運中一番風雪過此戊子運中晚景子榮多福祿一枕黄粱永不醒

丙午年　丙申月　辛丑日　癸巳時

此八字辛丑日元相配柱中旺火正官之格官多
宜見傷官主人生於右族長於名門椿父先歸萱
後别天边鴻鴈各行鳴其為人也半姿清秀天性
聰明胸蔵今古事學識聖賢心衣冠濟濟人中傑
和氣怡怡席上珎終是功名之客豈為田舍之翁
嘉谷不旱实名利當晚成文章别有凌雲志德業
豈無觀国賓一日風雲相際會紛紛德澤惠黎民
此則榮貴之命鴛幃有佀須招副子嗣秋来貴显
人運行初丁酉運中上人庇下未断平生戊戌運
中欲遂平生志須加董子功已亥運中時来機會
好跨馬入神京庚子運中寄跡横門十載寒毡温
硯辛勤辛丑運中皇恩有感声名显佐政琴堂德
望新須史風雨雨過山青壬寅運中耿耿声名重
滔滔禄位陞寅字之中觧紐思尊癸卯運中子貴
晚年閑快樂甲辰運中春歸花落鳥无声

丙午年　丙申月　乙卯日　癸未時

此八字乙卯專禄之日相配柱中金水官印之格
傷官帶官有殺無刑主人生於溫良之族長於仁
厚之門椿親先别萱禁脫天邊鴻鴈不同群其為
人也半姿青淡天性昏沉頗曉三分道理文章一
覈不通世事每從忙裏就才源自向遠方生祖基
有倚添新整才帛資囊自理成處世無荣無辱生
平幸不富負拙於自已巧與他人薄有酒消閑日
月若無心绪慕功名此是晚旺之命鴛幃有匏重招
木子嗣秋来一果馨香運行初丁酉幼年之下未断
平生戊戌運中寒向梅中尽春從柳上生已亥運
中精神又憔翠憔翠又精神庚子運中雖則行蔵
有慶还愁弦断重声辛丑運中既濟尤防未濟得
經有慮失經壬寅運中才源旺足家居好得一程
而失一程過此癸卯運中享子孫之福慶甲辰運
中夢杳杳之佳城

丙午年　丙申月　癸巳日　壬子時

此八字癸巳貴人之日印綬之格印綬者上格也才神在柱不宴瓊林也應金紫生於右族長於名門春萱先别父萱母耐長春其為人也手姿清爽天姓聰明胸窮今古事書聖賢輕定擬南山豹變准教北海校横一朝騰踏飛黄去金紫榮看次弟坐此則榮貴之命鴛帏得合須添副子嗣雙雙朶朶榮運行初丁酉上人庇下詩礼殷勤戊戌運中剥股螢窓應夜埋頭雪案不知明己亥運中雖則蟾宫折桂依然寄跡橋門庚子運中險硯寒毡從此脱片言折獄秉權衡當此之際一番風雨辛丑運中雪情雲散天如洗金紫惶惶雨露坐壬寅運中省堂聲任重禄位冉光榮癸卯運中有子光榮閑故里悠悠離下樂高情甲辰運中春光去也一枕清風

丙午年　丙申月　壬寅日　壬寅時

此八字壬寅趨艮之日相配柱中金木傷官帶印之格人生得此生於右族長於仁門椿父先歸萱後别天邊鴻雁各分群其為人也手姿清雅天性老成智謀深遠作事乖能豈無高仕敬時有貴人欽水光浮座杯盤瑩和氣侵人笑語馨祖業添新慶根源勝舊風遊山翫水携詩卷對月觀花把酒斟朝中無姓字湖海有聲名常將好意番成惡每把真心換得嘆雖不遠侯封爵自然潤屋潤身此則豐盛之命鴛幃土命須年小子嗣生成孝義人運行初丁酉幼年之下淡淡春雲戊戌運中娟娟梅月白淡淡柳風清己亥運中始覺陽和滿目還愁霧鎖烟凝庚子運中着意種花花不發無心插柳柳成陰辛丑運中有得有失有喜有驚壬寅運中幾番駁雜都經過從此才源倍有增癸卯運中心事数莖之白髮生涯一片之閑情甲寅運中春光去也花落月沉

丙午年　丙申月　戊申日　丙辰時

此八字戊申長生之日相配柱中金水食神助才之格人生得此生於文望長於名門椿父先歸萱後別天邊鴻鴈各行鳴其為人也丰姿清秀天性老誠窮書覧史學足三冬太山北斗千年在和氣春風四座傾終是功名之客豈為田舍之翁瓊林非不參高宴自然騰達入神京文卿萬古江山氣道繼千年竹帛聲晚年光耀景疊疊祿加陞此則清貴之命鴛幃去命須年小子嗣生成貴顯人運行初丁酉上人庇下未斷平生戊戌運中歎遂平生志須加董子功已亥運中幾歎思高慕遠番成剪雪裁冰庚子運中時來幾會好誇馬入雲津辛丑運中皇恩有感聲名重紛紛德澤惠儒林壬寅運中一月閑支三石米九年落魄訓儒生片特風雨雨過山青癸卯運中此運見陞还見退子榮晚景又光榮甲辰運中無慮尽傳礼詩樂有朋來自遠方親乙巳運中春歸馬不鳴

丙午年　丙申月　己酉日　戊辰時

此八字己酉之日相配柱中金火傷官制殺之格人生得此生於右族長於仁門椿萱有倚先虧父天邊鴻鴈各搏風其為人也丰姿清秀天性乖能頗知禮義稍識古今有近貴親賢之德應上和下之能祖業添新慶根源勝旧風自有順天之慶豈無福地之深世事每從忙裏就才源自向遠方生花無桃李非春色人有笙歌是太平江湖有意公卿小廊廟無心宇宙輕好意番成惡真心換得嗔但顧一生湖海樂何必天邊沐寵恩此則穩厚之命鴛闈有紀須早長子嗣枝枝孝且忠運行初丁酉上人庇下未斷平生戊戌運中娟娟雲裏月灼灼巢中莺己亥運中正是太平光景好須臾風雨不為驚庚子運中才源旺足福祿駢臻當此之際素耗還生辛丑運中才源知進退人事尚虧盈壬寅運中延賓玩物會友開樽寅字之中如履薄冰癸卯運中晚年閑快樂甲辰運中一枕了平生

丙午年　丙申月　辛丑日　辛卯時

此八字重金相配柱中木火官之格丙干不雜之論人生得此生喬木長於名門椿萱有倚先嚴鴻鴈天邊不共群其為人也丰姿磊落天性聰明胸羅今古事學識聖賢心終是文彩榮顯客豈為田舍鑿耕人瓊林雖不忝高宴祿位榮看次第陞此則清顯之命鶯幃正副方偕老子嗣生秋貴顯人運行初丁酉上人光庇貧發趨庭戌運中十年窗下業一舉便成名已亥運中一從折得蟾桂濟濟生徒集泮宮庚子運中教鐸聲名多顯煥須史風雪滿門庭辛丑運中鱣堂想是難留住取伐良材運斧斤処事但憑三尺法理刑渾似一園春壬寅運中戢位廷金紫權衡出等倫癸卯運中有材胥大用未許便思尊甲辰運中榮田故里春夢無憑

丙午年　丙申月　庚戌日　壬午時

此八字庚辰日元相配柱中水火傷官印殺之格人生得此生於右族長於名門椿父先歸萱後別天邊鴻鴈各分行其為人也丰姿清秀天性明良多聞多見有柔有剛歷事果斷可員可方恒行君子道時履貴人鄉欲學諸般藝術稽政三舉文章風月之度量瀟洒之行藏江湖風月好閒里姓名彰平生自得清高趣驥馬金鞍只泛常此則穩旺之命鶯幃有犯須年小子嗣生成貴是郎運行初丁酉初年之下不煖不凉戊戌運中春園雖雨過桃李未芬芳己亥運中幾欲思高纂遠當戌履雪經霜庚子運中雖則行藏有度还愁人事覆當辛丑運中才源旺足家居好还看風雨暗滄浪壬寅運中威權有布人欽服須史人事當乘張癸卯運中子貴孫賢家業旺甲辰運中春歸花落水湯湯

丙午年　丙申月　甲午日　乙亥時

此八字甲木日元相配柱中金水偏官助財之格人生得此生於右族長於名門萱母先帰椿後別天邊鴻雁占先鳴其為人也丰姿清竒天性能為學問三冬足群書萬卷通麗句妙為天下白髙材俊似海東青終是功名之客豈為田舍之翁嘉穀不早實大器當晚成雖不三冬科第自然祿位光榮一朝過得風雲後且向天邊沐寵榮化日桑麻茂仁風雨露青此則榮肅之命鴛鴦有犯須招副子嗣榮門朵朵香運行初丁酉上八庇下未断外

沉戌成運中欲遂平生之志必從燈下加功己亥運中執卷幾回空掩月佇看開守讀書燈庚子運中機會來時雖泮水果然寄跡入衡門當此之際風雪滿庭辛卯運中皇恩有感聲名耿佐政榮華沐恩新壬辰運中一番風雨隨車至千里仁風遂翁生癸卯運中榮回故里安享華居甲戌運中春光去也一枕清風

丙午年　丙申月　壬子日　壬寅時

此八字壬子日月之辰印綬之格竒印就才之論主人生於邃室長於名門萱母先歸椿後別天邊鴻雁不同群其為人也丰姿清爽天性聰明頗知玄妙術廣習聖賢經終是文場榮顯客豈為田舍鑿耕人瓊林雖不忝高宴祿位榮看次第陞此則榮貴之命鴛幃正副方偕老子嗣生成貴顯人運行初丁酉椿親庇下襁褓平生戊戌運中十年窓下業黄卷與青燈當此之際須臾風雨己亥運中幾欲榮登月殿看成剪雪裁氷庚子運中一從折得蟾宫桂濟濟生徒負

笈親辛丑運中教鐸豈能留得住
皇恩有感職權衡壬寅運中仁風千里感金紫再加榮癸卯運中鮮組歸田里甲辰運中黄粱夢不醒

丙午年　丙申月　癸丑日　癸亥時

此八字癸水日元相配柱中金土殺生印綬之格亦有拱祿之意只緣午字填寅藏我功名主人生於右族長於高門椿萱半道先亡母椿存三載也登程天邊鴈有不同鳴其為人也丰姿磊落言語不清生我下來閑節阻幸然天祐又還兔般般稍覽件件不精謀動君子感伏小人重成新事業再整舊門庭清閑慕一局遺興酒三樽有心於貨利無意慕功名田園旺足畝畝添增拙於自己巧與他人但願一生財祿旺何須跨馬入青雲此則穩厚之命鴛幃土命須年少子嗣先虧後有馨運行初丁酉上人庇下淡淡春雲戊戌運中如花向日似月離雲己亥運中幾款思高慕遠省成剪雪裁冰庚子運中雖則行藏有慶也愁萱草凋零辛丑運中椿樹風狂行未順閑山千里且忘情壬寅運中嚴霜積雪都經過從此財源福祿增寅字之中一番風雨癸卯運中晚年安樂甲辰運中春夢無憑

丙午年　丙申月　戊申日　癸亥時

此八字戊申長生之日食神助財之格財印混雜藏我功名主人椿親耐晚萱先別天邊鴻鴈各群飛其為人也多智慧稍操持有些貴親賢之德應上和下之機重成新事業復整舊根基只慕營用豈習詩書花盈上苑果盈園稻滿半疇水滿池滿世功名身外事但無榮辱自便宜此則穩實之命鴛幃有礙須年敵子嗣親生出顯兒運行初丁酉上人庇下有何是非戊戌運中登臨值雨賞翫春歸己亥運中須史雲掩月依舊月揚輝庚子運中有得有失有喜有驚辛丑運中旺中尚有趦趄事事數財源原積餘壬寅運中梅稍幾報春消息始覺陽和滿太虛癸卯運中桑榆暮景處衆自安甲辰運中人生此去長為別江水東流何日西

丙午年　丙申月　癸丑日　乙卯時

此八字癸丑之日相配柱中旺金殺生卯絰之格人生得此生於右族長於仁門椿父先歸萱耐晚天邊鴻鴈獨飛鳴其為人也丰姿清秀性格老誠知高下識重輕有近貴親賢之德應上和下之能祖業添新慶根原勝舊勝舊風市壓生計廣湖海祿元豐月掛碧天多皎潔名揚湖海有光業不以功名為念豈將冠冕磨藝花無桃李非春色人有笙歌是太平好意番成惡真心挨得嗔雖不建侯封爵自然家業豐盈此則穩厚之命鴛幃木命須備正子嗣秋来尚賡門

運行初丁酉上人庇下淡淡雲清戊戌運中世事宛如春夢人情薄似秋雲己亥運中雖則才源旺足也愁人事虧盈庚子運中人生正在風光處尚有閑非素耗生辛丑運中世事有增有減才源或廢或興壬寅運中子秀家宅多快樂任他白髮鬓邊生癸卯運中春光去也一道訃音

丙午年　丙申月　戊子日　丁巳時

此八字戊子日元相配柱中金水食神助才之格喜逢日祿以歸時人生得此生於右族長於名門椿萱榮贈先爵父天邊鴻鴈各行鳴其為人也丰姿請秀天性聰明胸羅今古事學識聖賢心麗句妙為天下白髙材俊似海棠青終是登庸之客豈為田舍之翁三級浪中龍变化九霄雲外鳳飛騰一從姓字傳臚後秉笏金門拜聖明此則榮貴之命鴛幃連珠須配長子嗣生成貴顯人運行初丁酉上人庇下詩礼趨庭戊戌運中十年窓下業一舉便升騰己亥運中粉署聯班材獨称皇恩有感戩加陞庚子運中大夫戩位名當顯須史風雨劲洲明辛丑運中倘逢貴客相提挈依然輝煥舊家聲當此之際風雪滿庭壬寅運中子貴晚年重又贈果然福祿享無窮癸卯運中樽罍有酒延佳客蘭室存書教子孫甲辰運中夕陽有限春夢無憑

丙午年　丙申月　癸巳日　癸亥時

此八字癸巳貴人之日印綬之格才神在柱刑沖太重祿發晚年主人生於右族長於仁門椿萱先别母棠棣獨光榮丰姿平淡天性聰明高謀遠見機関别慷慨情懷李識深終是功名之客豈為田舍之人瓊林雖不忝高宴自有仁風遠近清此則榮貴之命篤帰得合同賞同庚子嗣有成一榮一壽運行初丁酉上人庇下未斷平生戊戌運中一番風雪過詩礼樂從容己亥運中執卷幾回空探月時未機會入橋門庚子運中寄跡橋門十載九天雨露沾恩辛丑運中耿耿声名振滔滔雨露逢當此之際素耗还生壬寅運中正宜莅政未許謝名癸卯運中春光都似官情薄山色不如帰與濃甲辰運中花已落月七沉

丙午年　丙申月　甲午日　甲戌時

此八字甲木相配柱中金火傷官制殺之格值此象者生於武族長於将門椿親勇銳先帰別天边鴻鴈有光榮其為人也丰姿清秀天性老誠善決善斷多見多聞頗穷黄石畧稍識聖賢經萬象光華沾沛澤四時佳趣瑞祥生若閭功名雖承祖家之蔭庇求榮達不須篤志習書文自有一團福祿晚年富貴無穷消閑棊一局遣與酒三鍾碁穿曉日雲霞襟山倚秋空戟劍明此則榮華之命鴛帏正副方無尅子嗣生戍貴显人運行初丁酉上人庇下未斷平生戊戌運中紫陌競馳金勒馬錦階争看玉樓人己亥運中不為惜花春起早則應愛月夜閑行庚子運中雖則恩光廣洽也應人事虧盈須史風雨頃刻浚巡辛丑運中富貴榮華當此際緑楊門外馬蹄輕當此之際一番阻節壬寅運中子秀自能家事業癸卯運中春帰花落鳥無声

丙午年　丙申月　丁巳日　辛丑時

此八字丁巳之日相配柱中金水才官之格才盛生官終身有慶主人生於右族長於仁門椿萱有倚先虧母鴻鴈天邊各東西其為人也丰姿清秀天性聰明般般稍覽件件不精機謀輒伏拿用人欽有近貴親賢之德處上和下之能祖業添新慶根原勝旧風開處受走冷處不行筆下有救人之意心中無毒害之情施恩慈悲布德成嗔才源旺足平生好何須天府求皇恩此則穩厚之命鴛幃有犯須招副子嗣秋來朵朵成運行

初丁酉上人庇下未斷平生戊戌運中世事究如春夢人情薄似秋雲己亥運中雖不行藏而有慶迯愁開非素耗生庚子運中才源雖旺足人事虧盈辛丑運中莫言此運多光彩旺處迯愁晦耗侵壬寅運中延賓翫物會友開樽寅字運中如履薄冰癸卯運中晚年開快樂甲辰運中一挽了平生

丙午年　丙申月　辛丑日　丙申時

此八字辛丑日元相配柱中旺火正官之格官旺作以為奇為人得此生於宦族長於高門椿萱崇晚先虧父天地鴻鴈各行鳴其為人也毓秀閨門處見斷巧勝丈夫之氣象有男子之爲能雲開楚岳千山秀水到江湖一樣清每懷丸膽意時挹擇薄心玉產崑岡蔵烟色蘭生楚岫自流芳克勤而克儉宜福以宜康平穩一生針綴少羅幃綉幙早生香此則穩厚之命六七外方男子萱壽椿有景榮運行初乙未上人庇下毓秀閨門甲午運中待

得園林花爛熳橋門門外水澄清癸巳運中莫道行藏有慶幾番人事虧盈壬辰運中正好倚樓觀皓月何妨鏡破與釵分辛卯運中淡烟楊柳月薄霧杏花時庚寅運中人生蹤跡如萍水己丑運中如月西沉

丙午年　丙申月　丙午日　癸巳時

此八字丙午日刃之辰相配柱中金水才旺生官之格雖不成名亦能發福主人生於右族長於仁門椿父先歸萱耐晚天邊鴻雁陣行分其為人也精神炯炯智慧明明知高下識重輕善決善斷多見多聞笋長名園過旧竹花開上苑勝先春福布江山外名聞湖海中但願粟陳并貫朽何必天邊沐寵榮此則揔厚之命鴛幃有犯須同屬子嗣枝頭有粟英運行初丁酉上人底下風雪滿庭戊戌運中世事宛如春夢人情薄似秋雲已亥運中着意種花花不發無心插柳柳成陰庚子運中雖則家居而有慶幾多晦耗不如心辛丑運中雪晴雲散天如洗從此才源倍有增壬寅運中延賓玩物會交開樽癸卯運中子秀孫賢家業旺甲辰運中春殘花落鳥無聲

丙午年　丙申月　己丑日　丙寅時

此八字己丑日元相配柱中金木傷官助才之格人生得此生於右族長於名門椿萱先別先虧父天邊鴻鴈各分鳴其為人也丰姿清秀天性聰明世事頗能將就般般多欠精通自有順天之慶豈無福地之深祖基空存整事業必重新有心於貨利無意慕功名遊山翫水携詩篇對月觀花把酒斟身將穩步文何用人不知知色更真拙於自己巧於他人但願才源富足何須天府求榮此則豐潤之命鴛幃得配須年啟子嗣森枝有顯榮運行丁酉幼年之下未斷平生戊戌運中春歸柳葉情初變紅日桃花綫未均已亥運中家才源旺足家居好須臾風雨不為驚庚子運中祿元昌盛第宅增新當此之際素耗還生辛丑運中福星漸地災星併平地風波上惱人壬寅運中花落人何在哀懷三兩聲

丙午年　丙申月　癸巳日　壬巳特

此八字癸日坐向巳宮乃是才官双美相配柱中旺金印綬之格印綬者上格也但嫌才神混襍減吾金榜題名主人生於右族長於名門椿親先別萱存晚天邊鴻鴈各行鳴其為人也丰姿磊落天性老誠言不妄發事不胡行胸羅今古事學識聖賢心驪珠照魏光難掩雷劍生豐氣自充終是文場折桂客豈爲田舍鑿耕人雖然不賜瓊林宴金紫榮看次第陞晚年光霽景藩臬播芳名此則榮肅之命鴛幃得合同室同庚子嗣五枝兩貴運行初丁酉上人庇下未斷平生戊戌運中欲遂平生志潛心對短檠己亥運中佇然蟾宮折桂還教寄捷橋門庚子運中陰硯寒氈從此脫藩垣專職理刑名辛丑運中一番風雪初晴後金紫煌煌雨露陞壬寅運中重紫重金声價重看堂佐政兩番陞子榮重再贈未許向離東癸丑運中榮回故里美酒盈樽甲辰運中春光去也花落月沉

丙午年　丙申月　甲午日　甲戌時

此八字甲木相配柱中金火傷官制殺之格人生得此生於茂族長於高門椿萱雖並萇鴻鴈不聯群丰姿魁偉天性聰明機謀宏遠舉用人欽遊山翫水携詩卷對月觀花把酒斟雖不腰金衣紫自然潤屋潤身此則穩富之命鴛幃有碍須添寵子嗣秋来有提榮運行初丁酉上人庇下淡淡春雲戊戌運中青帰柳葉晴初變紅入桃花緩未匀己亥運中疊水無聲空有浪綉花雖艷不聞馨庚子運中精神又憔悴憔悴又精神辛丑運中人生正在風光處只恐鬧非索耗生壬寅運中富貴榮華當此際何愁家宅不興隆癸卯運中延賓玩物會友論文甲辰運中春光去也一夢巫峯

丙午年　丙申月　辛卯日　乙未時

此八字辛卯日元相配柱中木火才官之格人生得此生於右族長於名門椿萱荣贈雖双耄天邊鴻鴈各行鳴其為人也丰資清秀天性聪明錦綉胸藏賢聖學珠璣口吐武文風珪璋自是清朝器律吕倫偕治世音終是功名之客豈為田舍之翁龍門变化三層浪鵬路逍遥萬里程一從姓字傳揚後金紫荣肩次第陞此則荣貴之命鶺鴒有犯須柏副子嗣生成貴顯之運行初丁酉上人莊下未断平生戊戌運中欲遂平生志須加継登功已亥運中躍過禹門三級浪粉署聯班戢任荣庚子運中郎署官函何足羨大夫金紫又重陞辛丑運中佐政首堂民悦服須吏素耗戢重荣壬寅運中一德一心名揚抑能盡忠誠兩度陞癸卯運中正欲忠君輔国何期解組思尊甲辰運中子貴重荣贈胡為夢不醒

丙午年　丙申月　庚辰日　壬午時

此八字庚辰魁罡之日相配柱中水火傷官助才之格人生得此生於右族長於名門椿父先歸萱後別天邊鴻鴈各行鳴其為人也丰姿清爽天性聰明學問頗知今古筆鋒稍有威稜高人起敬貴客相欽水光浮座盃盤瑩花氣侵人笑語聲終是功名之客豈為田舍之翁不廢十年苦學定應九載名成佇看頭角聳光耀舊門庭此荣貴之命鶺鴒有犯須年少子嗣生成貴顯人運行初丁酉幼年之下未断平生戊戌運中欲速不達揚帆待風已亥運中幾欲思高慕遠番成剪雪裁氷庚子運中無絲竹之亂耳有案牘之勞形辛丑運中幾年多困守時至始光荣壬辰運中蔵器待時時遊時来天府再霑恩癸卯運中黎民頌德聲名顯子貴安閒田里中甲辰運中歸去也

丙午年　丙申月　已酉日　已巳時

此八字已酉日元相配柱中金水傷官助財之格喜逢印綬生身值斯命者生於右族長於名門萱女先歸椿後別天邊鴻鴈各飛鳴其為人也丰姿清雅天性聰明世事頗能將就般般皆欠精通福布江山外名聞湖海中豈無高仕敬時有貴人欽得意江山詩絕絕忘情日月酒盃深重成新事業再整舊門庭閭里声名播江湖活計新好意未惡真心與得嗔雖不建侯封爵自然福禄餘盈此則發福之命鴛幃會合須年戊子嗣生成貴顯人

運行初丁酉上八庇下未斷平生戊戌運中春園雖雨過桃李未生英已亥運中風帶雪未應竟冷鳥啼花落始知春庚子運中得中有失晦耗還明辛丑運中莫言此運多光彩尚有閑非晦耗生壬寅運中門楣壯觀樓閣凌雲癸卯運中晚年閑求樂甲辰運中春歸花落鳥無聲

丙午年　丙申月　已丑日　庚午時

此八字已丑之日相配柱中金木傷官助才之格人生得此生於右族長於高門椿父先歸萱後別天邊鴻鴈各行為其為人也丰姿清秀天性聰明般般稍覽件件不精謀動君子威伏小人行藏果斷作事老誠自有順天之慶豈無福地之深祖業添新變根源勝舊風有心於貨利無意慕功名兩皆秋色皆喬木昔舊風流有幾人不以功名為念豈將冠冕甚磬好意番成惡真心換得嗔雖不建侯封爵自然潤屋潤身此則穩厚之命鴛幃会命須年敵子嗣秋來狂宅門

運行初丁酉幼年之下未斷平生戊戌運中春園雖雪過桃李未生英已亥運中漸覓陽和滿目还愁霧鎖烟凝庚子運中才源旺足家居好須吏素耗尚愁人辛丑運中福元昌熾第宅增新丑字之中花放風生壬寅運中富之以潤其屋德之以顯其身癸卯運中人生從此別無復見值刑

丙午年　丙申月　庚戌日　庚辰時

此八字庚戌魁罡之日偏官之格喜逢逞祿身強人生得此生於茂族長於高堂椿萱分半道鴻鴈各翱翔其為人也丰姿清秀性格明良聰明書藝遠個倘世情長學問稍知今古事生平常履貴人鄉梅開白雪飄東閣筍出新梢過北墻錦綉花開春富貴琅玕竹報日平安但願粟陳并貫朽何須騎馬入朝堂此則晩富之命鶯幃金命須年少桂子秋來孝義昌運行初丁酉上人庇下其樂何當戊戌運中乍晴乍雨或暖或凉己亥運中不是一番寒徹骨焉得梅花噴鼻香庚子運中雨霽山聳翠雲散月光輝辛丑運中英雄惟贈劍三尺豪傑相逢酒一觴壬寅運中桑榆暮景宴飲華堂癸卯運中春殘花落流水湯湯

丙午年　丙申月　丙申日　戊子時

此八字丙申之日相配柱中金水財殺之格女人得此生於右族長於高門椿萱難並老鴻鴈各行鳴其為人也姿容清秀髮貌精神有肝食宵衣之愼惱治家立業之材能每懷九膳意時抱擇鄰心頻曉三分理惟全四德能楊柳無風枝嬝娜梅花有月萼精神處事無偏無黨治家克儉克勤難觸難犯易喜易嗔雖不鳳冠帔服贈也應福祿享無窮此則旺足之命良人土命須年長子嗣生成蹺灶人運行初乙未上人庇下毓秀閨門甲午運中路入桃源花爛熳橋横銀漢水澄清癸巳運中雖則夫門多快樂幾多人事尚鬱盈壬辰運中淒淒梨花月翩翩柳絮風辛卯運中精神又憔悴憔悴又精神庚寅運中夫貧子秀多如意還愁花放又風生己丑運中春光去也一梦難醒

丙午年　丙申月　甲寅日　丙寅時

此八字甲寅專祿之日相配柱中旺金傷官之格人生得此生於右族長於仁門椿父先歸萱後別天邊鴻鴈各行鳴其爲人也丰姿清淡天性老誠知高下識重輕行藏果斷作事乖能水光浮座盃盤瑩花氣侵人咲語馨祖業添新慶根原勝舊風當爲萬里客有抱百年身世事每從忙裏亂財源自向遠方生好意番成惡真心換得嗔雖不建侯封爵自然財祿豐盈此則穩厚之命鸞幃土命須年小子嗣生來後有興運行初丁酉上人庇下襁

祿平生戊戌運中天冷雲還凍江空風自生己亥運中精神又憔悴憔悴又精神庚子運中蓄惡種花不發無心插柳柳成陰辛丑運中雖則行藏有慶還愁人事虧盈壬寅運幾番敗雜都經過從此財源倍有增癸卯運中晚年閑快樂會友以淵樽卯字之中如履薄冰甲辰運中春光歸去也一枕了平生

丙午年　丁酉月　庚申日　壬午時
此八字庚申專祿之辰合官留殺之格值斯命者生
於穩旺之門長於豊足之家椿萱皓首棠棣連枝丰
姿敦厚作事敢為立仁立義多見多知花盈上苑果
盈圓稻滿平疇水滿池不必問覓功名路自有聲名
播里閭此則豊足之命鴛幃有赴須重續桂子森森
舞綵衣運行初戊戊變親庇下無益無虧己亥運中
江海多饒裕家庭事業輝庚子運中風捲殘雲散行
藏正順時辛丑運中春色滿園開不住一枝梨玉出
墻西壬寅運中不獨才雋而秉美尚祈樓閣以崇寵

癸卯運中孫賢子秀有酒盈卮甲辰運中春光一去
無消息花落春殘萬事非

丙午年　丁酉月　戊辰日　癸丑時
此八字戊辰日德之辰相配柱中金局傷官之格
喜逢印綬透天干人生得此丰姿洒落性格仁慈
椿父先歸萱後別鴈行天際有高飛祖業重增置
才囊自整齊英雄交敬財來旺湖海声名處處馳
雖不逮侯封爵也須名重鄉閭此則穩富之命鴛
幃配合須年少桂子秋來舞綵衣運行初戊戌庇
佑之下快樂安舒己亥運中志不思登仕路窓前
倦讀詩書庚子運中驀地財源益旺何愁風雪霏
霏辛丑運中成四時之佳趣立萬古之鎡基壬寅

運中英雄贈龍劍豪傑飲瓊卮癸卯運中晚年倉
廩實德重勢尤彌甲辰運中孫賢子秀乙巳運中
夢斷華胥

丙午年　丁酉月　庚午日　丁亥時

此八字庚午日貴之辰羊刃合殺之格惜乎官星太刚身弱無倚一似玉之受瑕值斯象者主人丰姿穩重性格平能生於清淡之家長作廷務之室一對椿萱終半道天邊鴻雁少和鳴學問聰明若被油蒙遮日月機謀宏遠也能玩易覽星經祖基祖業須重整財帛資囊自掀成雖不建侯封爵目然高貴相迎比則平穩之命運行初戊戌風鱗而騰坦道難行己亥運中雪晴江水添綠日艷園桃吐艷英庚子運中生涯重整頓家業漸磨成辛丑運中漸漸精神爽看看氣象增壬寅運中財神黨救一度災驚癸卯運中子秀孫賢吾快之一樽春酒樂昇平甲辰運中一夢歸仙路悠悠嗅不醒

丙午年　丁酉月　乙丑日　癸未時

此八字偏官之格伏食神制伏正謂一殺一制豈是常人值斯象者主人丰姿磊落志氣軒昂生於弓矢之家長于賢良之族椿樹先凋萱後萎雁鴻風急不成行李識高明終遇貴峯鋒雄健衆稱揚祖業有倚須重整財帛盈囊粟滿倉此則貴尊之命鴛幃年低須納寵桂蘭枝老一枝香運行初戊戌上人庇下摘句尋章己亥運中雪霽千山開秀麗春來萬物競芬芳庚子運中漸知光景好財祿自榮昌當此之際一度風霜辛丑運中貴人提挈勳聲香播鄉邦壬寅運中幾度旺中生散離依然不損舊風光癸卯運中樓臺疊疊生涯盛福氣滔滔幾歲昌甲辰運中雲深歸路遠誰共贈長行

丙午年　丁酉月　癸未日　戊午時

此八字癸未日配干柱中金火棄官就財之格人生得此丰姿英孚天性聰明椿萱不逮双年老鴻雁天邊有各鳴學問知今識古智謀理白分清十載辛労空向林泮養志一朝顛躓遷從田里馳名根業終翻覆財囊晚積盈此則見秀不秀之命鴛幃配合須相舐桂子花開果後成運行初戊戌上人庇佑何論平生已亥運中欲遂平生志憎心對短檠庚子運中执卷幾番嘆息時未凛禄叨黄辛丑運中雪浪風濤禁不過泮林踏出旺財名壬寅運中世事翻翻覆覆人情冷冷清清癸卯運中晚年重發旺財帛自天生甲辰運中孫賢子秀乙巳運中夢入蓬瀛

丙午年　丁酉月　壬戌日　庚子時

此八字壬戌日德之辰配合柱中金水敌印之格人生得此名利有成萱親白首椿先别鴻雁分飛不共鳴丰姿穩俊天性乖能諸般好親近百事不能精梅開白雪飄東閣竹長新梢過北庭抑棄文章辭泮水勞形刀筆入公廳一朝頭角崢名勢自英英此則榮華之命鴛幃宜暂年低载子嗣花開果有成運行初戊戌只宜庇下月白風青已亥運中詩書寓目欲速未亨庚子運中進一步而退一步得一程而失一程辛丑運中律法多年用意衣冠何日光榮壬寅運中滿庭霜雪都消後無限恩波潤我身癸卯運中權衡报作氣势崢嵘甲辰運中晚節閑時宜菊酒秋風起處憶鱸蓴乙巳運中夕陽有限春夢無憑

丙午年　丁酉月　丁卯日　甲辰時

此八字丁卯日相配柱中之金偏官之格人生得此丰姿魁厚天性果剛生於烟院志必從良椿親年耄萱先别鴻鴈行多各奮翔李識不攻歌晋智謀不習文章祖業加新慶才囊厚積藏交貴親賢威勢旺才生烟粉愈名揚此則自立之命鷙悍士命須猴属桂子秋来有發杳運行初戊戌上人庇下快樂何當己亥運中便有生才之志自然謀動賢良庚子運中紅白傳家慶趑趄辛不妨辛丑風雪初消行樂順人情廣瀾旺才囊壬寅運中

但見英雄敬仰朝朝樂飲壹觴癸卯運中晚年裝旺金玉滿堂甲辰運中依然享用乙巳運中亨斷巫陽

丙午年　丁酉月　庚午日　乙酉時

此八字庚午馬頭帶劍之日相配柱中旺火偏官之格官杀相連只論杀也人生值此丰姿穩重天性老誠克己兢恭人敬仰施仁施德下人欽其為人也生於故舊之族長於仁德之門椿府先歸萱後謝鴈行出我顯門庭學問有成黄甲科名金無分英才出類冑案兵門保顯身清爵君子志執筆念生民初限中年灾非耗暮年陞耀治黎民此則貴顯

之命鷙悍金命宜當贈桂子徐卿富與榮運行初戊戌蔭祐之下學禮趨庭己亥運中貴人指引功名須終進憂非不順心庚子運中片帆穩穩朝京闕非素危憂不損身辛丑運中冠帶權能人欽仰厄難然来喜救神壬寅運中皇恩有感陞遷爵錢粮廣筭治黎民官破灾險保守而行癸卯運中一運二陞高貴喜百里人民盡仰恩甲辰運中上五年歸来故里下五年一夢佳城

丙午年　丁酉月　辛酉日　丁酉時

此八字辛酉專祿之日相配柱中之火偏官之格人生得此本顯名声只嫌運入背祿虧福力主人丰姿英俊性理剛明般般都好學件件不全精祖業三番四後根元十斷九成等閑學得先天術惑得人心似醉醒佇看來晚節財旺勢崢嶸此則傑人之命篤幃有犯須年敵桂子秋來有挺滎運行初戊戌上人庇下黃卷青燈已亥運中志高心奮遠力

倦馬難行庚子運中跋涉岧崗真是險避身劍戟又昇平辛丑運中雖則才源來旺依然家業未成壬寅運中才源滾滾氣勢英英癸卯運中晚年加壯麗豪傑共交盟甲辰運中歸去也

丙午年　丁酉月　戊午日　癸丑時

此八字戊午日刃之日配合柱中金火傷官用印之格傷官者歷事風雲之象行藏怜変之機人生得此丰姿瀟洒標格清奇錦繡胷藏賢聖學珠璣口吐武文風其為人也生於名族長於豐居一對雙親先别父鳳行有序我飛鳴學問有成黃甲科中綠分淺英才敏捷黃堂清政措京城多聞多見多智多能佇看一朝加祿旺軍民仰德不非輕此則貴

顯之命篤幃有克宜重續桂子生來書與滎運行初戊戌上人庇下便習書經已亥運中然有凌雲筆得志未能伸庚子運中橋門寄跡晦耗無侵辛丑運中皇恩陞祿位素耗反灾危壬寅運中一運二陞權衡重還有灾非破素驚癸卯運中腰横金作帶解印子榮身甲辰運中留名萬載一夢巫峯

丙午年　丁酉月　乙丑日　戊寅

此八字一木配合丑丑酉之金偏官之格傷官制伏有功椿萱难並耄鴻雁各西東其為人也行藏迂濶作事豪雄逢凶獲吉遇阻便通萋國落蓮才成竹魚奔波始化龍瀬向江湖覓財利好未崇贖取光崇此則擊石生烟之命稿幃有碍須相敵子嗣秋風秀色鍾運行初戊戌雖成蔭庇未必從容己亥運中漸漸陽田喬木有有氣轉鴻濛庚子運中自有高人相指引行藏有慶旺門風辛丑運中宗加沛澤當斯景皓月囊雲暗碧空壬寅運中功名壯壯官福祿康隆癸卯運正宜隆未許從容甲辰運中晚年閑逸乙巳運中一夢取峯

丙午年　丁酉月　己卯日　癸酉時

此八字己土坐於權殺之上印綬之格人生得此半姿高古立性慈悲紫袍金帶無心恋禄水青山有意觀其為人也生於仁族長於佛庭六親有侍俱難靠骨肉無緣离寡疎孝問聰明金刀下落之青髮美薙出類玉体全披上界衣威風凛凛人中表氣宇昂昂達士殷般般辛苦件件操心初運中年多勞碌暮年住持各山齊篤悕夌裏常常見徒弟運招出類人此則良僧之命運行初戊戌上人之下不足談論己亥運中投師辛業萬苦千辛庚子運中寺門冷淡多清貴憂悔非災不損身辛丑運中奠道釋門无慈斜耗悔非危幸不侵壬寅運中宗風鎮袖諸僧伏官灾破素保身行癸卯運中容顏奇妙光明足廷有灾非仔細廷甲辰運中才盛生官人仰敬日康日壽念阿彌乙未運中双林寂滅、隻履西歸

丙午年　丁酉月　庚午日　丙子時

此八字庚午貴人之日相配柱中水火傷官制殺之格陽刃合殺有功主人生於右族長於仁門萱母先歸椿後別天邊鴻鴈各行鳴其為人也丰姿清雅天性老成雖無深計較稍有淡聰明日福日榮自有順天之慶常安常樂豈無福地之深重成新事業再整舊門庭田園桑柘茂畝畝稻粱馨有心於貨利無意慕功名高人起敬貴客相欽施恩意慈布德成嗔雖不建庚封爵貴也應鄉黨言人民此則穩享之命鴛幃有犯須重結子嗣秋來旺宅門運行初戊戌上人庇下未斷平生已亥運中世事短如春夢人情薄似秋雲庚子運中雖則行藏有慶還愁耗相侵辛丑運中乍雨乍晴留客榮或寒或煖用人春壬寅運中雖則行藏有慶須史風還侵癸卯運中威權有布人欽伏幾番徹雨幾番晴甲辰運中晚年多快樂乙巳運中一枕了平生

丙午年　丁酉月　壬戌日　辛亥時

此八字壬戌日德之辰印綬之格印綬者上格也人生得此宜乎祿位光榮主人生於右族長於高門椿萱不並建祿養鴻鴈有不同群其為人也丰姿清雅天性聰明筆底詞源三峽水胸中學業五車深終是文場榮顯客豈為田舍鑿耕人大器晚成多顯耀早年沒沒未如心此則榮貴之命鴛幃有碍須招贈子嗣金風孝且忠運行初戊戌上人庇下詩礼趨庭已亥運中刺股螢窓應繼夜埋頭雪案不知辛庚子運中雖則蟾宮折桂依然寄跡橋門辛丑運中寄跡橋門十載寒毡冷硯辛勤丑字之中

皇恩有感祿位光榮鵷鷺儀中分五彩鳳凰池上捧金樽壬寅運中已把嚴威摧酷吏更將仁政釋黎民癸卯運中重金重紫未許歸榮甲辰運中榮回故里乙巳運中春夢無憑

丙午年　丁酉月　辛巳日　己丑時

此八字辛巳日元相配柱中旺火偏官之格喜逢
劍祿身強遇斯命者生於右族長於名門椿萱皓
首先尉父天邊鴻鴈各行鳴其為人也儀容清雅
德茂行真有肝食宵衣之闡蘊治家立業之才能
一苑杏桃鋪錦綉滿山松竹映幃屏每懷九膽意
時抱擇隣心翁姑翁先別妯娌尚情輕萬里無雲
天一色三秋好景月常明難觸難犯易喜易嗔雖
不鳳冠帔服自然福祿無窮此則穩旺之命良人
火命須年長子嗣雙雙孝且忠運行初丙申上人
庇下未斷平生乙未運中紅葉溝中傳客意赤城
月下結良姻甲午運中雨過園桃簇錦風和堤柳
拖金癸巳運中正是太平光霽景須臾風雪尚愁
人壬辰運中正好倚欄觀皓月無端又被黑雲生
辛巳運中羅綺千般色珍羞百味新庚寅運中晚
年開快樂己丑運中臺鏡掩晨明

丙午年　丁酉月　丙子日　丁酉時

此八字丙子之日才官之格才盛生官終身有慶
遇斯命者本是金紫之榮二千有襟帶手相冲福
力稍尉主人生於右族長於名門椿萱先父別鴻
鴈各行群其為人也手姿儒雅天性老誠穷書史
識古今終是功名之客豈為田舍之人瓊林雖不
忝高宴也應光輝舊門庭文啣萬古江山氣道滌
千年竹帛声晚年光霽景祿位驟加陞此則榮貴
之命鴛幃有碍須招副子嗣秋成貴顯人運行初
戊戌上人庇下未斷平生已亥運中未遂登天步
月志須留灯火十年心庚子運中幾欲思高慕
遠沓成剪雪裁氷辛丑運中　三疊陽関斟別酒
九重天府沐皇恩伊以門外雪明過座間風壬寅
琴堂想是難留住從此滔滔祿位陞須臾風雨
過山青癸卯運中褒德封侯當此未應鮮組向
籬東甲辰運中榮回故里乙巳運中一枕清風

丙午年　丁酉月　壬午日　乙巳時

此八字壬子之日相配柱中金土殺生印綬之格只嫌才神在柱減吾科第成名主人生於右族長於名門水金椿萱雙晚茂天邊鴻鴈各行鳴其為人也丰姿清秀天性聰明窮書覽史學足三冬太山北斗千年在和氣春風四座輕終是功名之客豈為田舍之翁嘉穀不早實名利當晚成文章雖有凌雲志德業豈無觀國賓一朝領得風霜便九天雨露沐皇恩此則榮貴之命鴛幃同屬占姻眷子嗣芬芳五果成運行初戊戌上人庇下天朗氣清已亥運中欲遂功名事還須對短檠庚子運中[illegible]幾欲思高慕遠番成捉月捕風辛丑運中執卷幾回空探月時來機會入橋門壬寅運中皇恩有感多光顯百萬粮儲日用心當此之際素耗紛紛離下樂餘情癸卯運中春光去矣一枕清風

丙午年　丁酉月　庚申日　辛巳時

此八字庚辰日德之辰相配柱中旺火陽刃合殺之格女人得此生於右族長配名門萱母先歸椿後別天邊鴻各行鳴其為人也姿容清秀髮貌精神勝丈夫之氣槩有男子之材能一苑杏桃鋪錦綉滿山松栢映幃屏衣冠濟濟三從備家業昂昂四德新毋懷丸膽意時抱擇憐心難觸難犯易喜易嗔雖不鳳冠霞帔自然穩旺平生此則福祿之命良人年少須年敵子嗣秋來孝且忠運行初丙中香閨之内母訓輙遵丁未運中契合琴窓戚好夢水浮紅葉是良姻甲午運中淡烟楊柳岸薄霧杏花村癸巳運中一抹晚烟迷遊落半泓秋水浸芙蓉壬辰運中痴雲蔽月色妬雨損花容辛卯運中正是太平光睿景須更風雨尚愁人庚寅運中一枕餘香陽雲夢斜風吹落楚山雲

丙午年　丁酉月　辛巳日　己丑時

此八字辛金相配柱中之大杀官之格喜逢建禄身强女人得此生於右族配於高門姿容清秀天性聰明勝丈夫之氣槩有男子之才能治家有理处事克勤助勤每劾和態膳髮能傳佩母心难錮难犯易喜易嗔錦繡花開春富貴琅玕竹豹自外平雖然不作荣封婦也應夫貴有光荣此則粧奩之命翁姑有倚姑先别妯娌行輊少共群夫抬年小荣華客子嗣枝頭一顆荣運行初丙申上人庇下未断平生乙未運中匹配名門交花從錦上增甲午運中雖則夫門財業旺旺中尚有事虧盈癸巳運中沛澤滿門多壮秀風雪飄飄梅尚攻壬辰運中不用高燒銀燭月明添倍精神辛卯運中綠中加綠色紅上增紅美庚寅運中子荣孫秀梅白竹清辛丑運中歸去也

丙午年　丁酉月　戊午日　丁巳時

此八字戊午日刃之辰傷官帶印之格值此象者萱親耐晚椿先别鴻雁行中獨出郡其為人也有應上和下之計欺霜抵雪之能學問頗知今古筆端驚動高人事業每從忙裏就才源自向閙中生頭角巍然聳人間姓字馨此則貴顯之命鴛幃土命年高配子嗣枝頭一果成運行初戊戌淡淡天邊月紅紅葉底英己亥運中但得高人相指引定教禄馬旺前程庚子運中衣冠殊別声雖顯才帛平常未順情辛丑運中到此始知名德振人民称讚势豪生壬寅運中一番風雪過两度聖恩新癸卯運中才源充實声光顯何幸思尊返里中甲辰運中春光盡也夢入巫峯

丙午年　丁酉月　乙亥日　丙子時

此八字乙木相配柱中火土傷官制殺之格亦有鼎貴之奇人生得此本乎仕路榮登入格見官職其福力主人生於良族長於仁門椿父先歸萱耐晚天邊鴻鴈不同群其爲人也丰姿蒼古天性老誠雖不青雲而得路頗識書中理一分自有順天之慶豈無福地之深名利必從天上降財源自向閑中生一朝特運至福祿享無窮此則穩足之命鴛幃年少方偕老子嗣秋成貴顯人運行初戊戌上人庇下月白風清已亥運中皓皓雲間月紅紅葉底英庚子運中世情濃又淡淡處又還濃辛丑運中正好倚樓觀皓月無端又被墨雲生壬寅運中須叟風雨過福祿自駢臻癸卯運中愈老黃花香馥郁歲寒松栢耐長青甲辰運中安閑晚景乙巳運中春夢無憑

丙午年　丁酉月　壬午日　辛丑時

此八字六壬生臨午位號曰祿馬同鄉官印之格人生得此生於右族長於高門椿父先歸萱耐歲天邊鴻鴈各行鳴其爲人也丰姿魁儒天性聰明般般稍覺件件不精雖成新事業難整舊門庭門外田疇千古計庭前花木四時新不向仕途求聞達却來貨利覓黄金消閑碁一局遣興酒三鍾雖不建侯封爵豈也應鄉鄰當人民此則頗神之命鴛幃有寵重招小子嗣森枝有挺崇運行初戊戌上人庇下繈褓平生已亥運中風帶雪來應覺冷鳥啼花落始知春庚子運中雪晴雲散天如洗從此才權倍有增辛丑運中威權布有人欽伏才帛興隆福祿增當此之際須叟風雨縱斷傷心壬寅運中才源有進退人事尚虧盈癸卯運中進寶玩物友會開樽卯字之中花放風生甲辰運中子貴榮門多快樂乙巳運中春歸花落鳥無声

丙午年　丁酉月　戊午日　丁巳時

此八字戊午日刃之辰傷官帶印之格值此象者萱親耐晚椿先別鴻鴈行中獨出群其為人也有應上和下之計欺風抵雪之能學問少知今古筆刀驚動高人事業每從忙裏就財源自向鬧中生頭角嶄嶄聳人間姓字馨此則貴顯之命鴛幃士命年高配子嗣技頭數里成運行初戊戌淡淡天邊日紅紅葉下英己亥運中但得高人相指引定教祿馬旺前程庚子運中衣冠殊別聲雖顯財帛平常未称情辛丑運中到此始知名德振人民称讚勢豪生壬寅運中一番風雪過雨度聖恩新癸卯運中財源充實聲光顯何事思等返里中甲辰運中春光盡也夢入巫峯

丙午年　丁酉月　丙戌日　乙未時

此八字丙戌之日相配柱中旺金才旺生官之格人生得此生於右族長於名門椿萱难雙耄天邊鴻鴈各行鳴其為人也丰姿清秀天性聰明理窮今古事書對聖賢經綸鋒穎利凝無敵筆力縱橫若有終是功名之客豈為田舍之翁瓊林维恭高宴肖洒声名四境聞晚年先霽景豐祿元增此則榮貴之命鴛幃連理須配小子嗣森技有晚榮運行初丁酉戊戌上人庇下化日陽春己亥運中焚膏展卷秉燭觀文庚子運中執卷幾回空探月時未攀桂步蟾宮辛丑運中時來機會好天府便承榮壬寅運中仁風開路張德化啓儒生癸卯運中百里黎民多樂業九天雨露再加陞甲辰運中子貴治恩澤乙巳運中一枕入巫峯

丙午年　丁酉月　丙寅日　丁酉時

此八字丙寅長生之日火尅金才旺生官之格其為人也富智慧善操持般、稍覺件、粗知椿萱有倚分中道鴻雁天边有列飛祖基重整頓事業再添齊筆鋒雄健親君子心術灵通造化機一朝但得時通達也教黎庶衆來皈此則術傑之命鸞幃有碍兩強匹配齊眉子嗣先难晚節棠門有慶運行初戊戌上人庇下安樂何知己亥運中如花散彩似月揚輝庚子運中世事宛如新晨柳人情渾似半開梅辛丑運中閑中生駁襍靜裏有憂疑壬寅運中嚴霜積雪都經過次第春風到故廬癸卯運中天上三陽泰人間五福齊甲辰運中桑榆晚景乙巳運中花落月西

丙午年　丁酉月　己巳日　癸酉時

此八字己土相配柱中金火食神帶印之格女人得此生於茂族配于高門姿容閑朗鬟鬓精神勝丈夫之氣槩有男子之材能雪為輕風舞風傳霞化烟焰伏身處世無衆學平生不富貧此則衆之命良人有碍須年敵子嗣秋菊桑三成運行初丙申上人庇下月白風清乙未運中喜鴻樹葉情初變孔入芳花煖未均甲午運中雖則夫門才業旺、中尚有事逡巡癸巳運中人生正在危光處只恐閑愁事耗生壬辰運中專橋新象遂再整旧依容辛卯運中暮年安享庚寅運中一道訃書

丙午年　丁酉月　癸亥日　丁巳時

此八字癸亥之日相配柱中金土尗生印綬之格才神在柱減我功名主人椿父先歸萱後別天邊鴻鴈不同聯其為人也有微微之計較淺淺之機関當仁不讓見善則迁喜則春陽和煦怒則風雨一天重成新事業再整舊根源雖不成名顯姓當能近貴親賢生計聰容福布江山之外營謀發達名揚湖海之間晚年子貴光家世何須秉笏拜金鑾此則穩娃之命鴛幃得配同庚女子嗣生成奪錦兒運行初戊戌微風微雨淡霧淡烟己亥運中寒向梅中盡春從柳上還庚子運中雖則行藏有慶幾多人事迍邅辛丑運中草色傳經細雨濕花枝欲動春風寒寒壬寅運中莫道才源來滾滾行藏尚有事憂煎癸卯運中天上三陽泰人間五福臻當此之際風雨一番甲辰運中子貴多歡樂光華勝昔年辰巳之中歸去也

丙午年　丁酉月　戊子日　戊午時

此八字戊子日元相配柱中金水傷官助才之格傷官者剛毅之物也主人生於右族長於名門椿萱宗晚贈棠棣各數榮其為人也手姿清秀天性聰明五車書富三冬足兩石弓當萬騎冲衣冠濟濟人中傑和氣怡怡席上珍定提南山豹变堆教北海蛟騰龍門变化三春浪鵬翮高搏萬里程一朝揚姓字秉笏拜金門此則榮貴之命鴛幃連珠須配小子嗣森枝有携芽運行初戊戌上人庇下詩礼趨庭己亥運中十年窓下業黃卷與青灯庚子運中尚浪三層都躍過濟濟衣冠拜九重辛丑運中威飛虬浪怒令重虎風生當是時也風雲還生壬寅運中腰横金作帶符刻玉為麟癸卯運中自嘆引年歸故里朝廷未遂兩眺心甲辰運中榮歸故里美酒盈樽乙巳運中訃音英遺行人說三嘆英雄馬鬣封

丙午年　丁酉月　己卯日　乙丑時

此八字己卯專權之日食神制殺之格春逢卯綬
生身人生得此生於宦族長於高門椿萱榮倚先
亡父天边鴻鵰不聯群其為人也丰姿清秀天性
乖能有徽徽之計較淡淡之聰明福布江山外名
聞閭里中欲為商賈思慕功名祖業添新慶才囊
晚歉存晚年光景多饒裕子顯滔滔福祿增此則
榮晚之命篤悻同屬須招副子嗣生成貴顯人運
行初戊戌上人榮庇快樂平生己亥運中隱隱輕
雷抽碧笋微微細雨潤紅英庚子運中雖則行藏
有慶还愁人事亏盈辛丑運中精神又憔悴憔悴
又精神壬寅運中旺中尚有趦趄事事妥才源倍
有增癸卯運中子显門楣壯觀喧喧車馬迎門甲
辰運中榮沾沛澤乙巳運中一枕難醒

丙午年　丁酉月　丙戌日　壬辰時

此八字丙戌日元相配柱中金水才殺之格陽刃
合殺有功值斯命者生於右族長於名門椿萱有
倚先帰母天邊鴻鴈各翱翔其為人也丰姿清秀
天性明良不慈不勇可員可方重成新事重整舊
門墻英雄惟贈三尺劍豪傑相逢酒一觴田園桑
柘茂畝畝稻梁香樓臺疊疊生涯好才帛盈囊又
積倉非吏非儒非汗馬也應因富顯榮昌此則富
貴之命鶯悍有犯須同屬子嗣生成貴顯郎運行
初戊戌上人庇下紹襲迎祥己亥運中如花向日
枝枝艷似笋穿籬節節長庚子運中水向石邊流
出冷風從花底過來香辛丑運中雖則光華疊疊
還愁人事悠揚壬寅運中貴富榮華當此際須史
風雨揹滄浪癸卯運中才源雖富足風雨一眷寒
甲辰運中子貴晚年應有贈乙巳運中訃音一播
奠楸漿

丙午年　丁酉月　甲子日　丁卯時

此八字甲木相配柱中旺金正官之格正官者殺氣之格也剛衛太重藏我光榮人生得此生於富室長於華堂椿親先別萱存晚鴻雁天邊不共行其為人也丰姿清秀性格果剛學問頗知今古事生平常履貴人鄉不必跨鞍登上國但期樓閣聳軒昂一日貴人相指引也應名譽上朝堂此則豐足之論鸞幃兩敵方偕老子嗣生來有孝節運行初戊戌上人庇下其樂何當己亥運中飄殘楊絮其樂尚悠徉庚子運中雖則才權秉旺又中尚有垂張辛丑運中一番風雪過福祿倍加昌壬寅運中雨過園花簇錦風和堤柳芬芳癸卯運中冲擊之所踐跡無驚甲辰運中生則人共羨死則人共傷

丙午年　丁酉月　辛酉日　戊戌時

此八字辛酉專權日柱中火土殺生印綬之格人生得此生於右族長於名門椿父先帰萱耐晚天邊鴻雁各飛騰其為人也丰姿清稚天性聰明知高下識重輕崇無高人敬時有貴賢欽祖業添新慶根源勝旧風門招生計廣閭里始名榮水光浮座孟盤瑩花氣侵人笑語馨好事番成愚其心换得嗔六親分薄骨肉緣輕雖不建侯封爵自然潤屋潤身此則穩厚之命鴛幃士命須招小子嗣秋来有显榮運行初戊戌上人庇下未斷井況己亥運中世事宛如春夢人情薄似秋雲庚子運中雖則家門显闊閥發番人事尚虧盈辛丑運中才源滚滚家居好尚有鬧非素耗失壬寅運中精神又憔悴憔悴又精神癸卯運中子貴悦年多快樂何愁人事尚遭迍甲辰運中恩沾雨露子貴祿榮乙巳運中春光去也一枕清風

丙午年　丁酉月　癸酉日　壬子時
此八字癸酉日元相配柱中旺金印綬之格印綬
者上格也人生得此生於右族長於高門萱毋先
歸椿後别天邊鴻鴈不同群其爲人也丰姿清雅
性格豪洪知道理識世情不窮書史只好經營風
月處友瀟洒客情高〻起敬貴客相欽祖基置再
整事業必重增月掛碧天多皎潔名揚湖海有光
榮好意番成悪真心換得嗔薄有酒消閑日月苦
無心緒慕功名福元成岳瀆威勢壓郷民此則穩
享之命雋隣同属頁年敵子嗣森茂孝義深運行

初戊戊上人庇下天朗氣清己亥運中登臨雨濘
賞玩春陰庚子運中古樹寒風常帯雪寒岩四月
始知春辛丑運中始覺陽和遍布須史微雨再晴
壬寅運中片雲能發千山雨〻過千山依舊晴癸
卯運中家園旺足事未遑寧卯字之中一番風雨
甲辰運中享子孫之福慶乙巳運中夢杳杳之佳
城

丙午年　丁酉月　壬午日　甲辰時
此八字六壬生臨午位號曰祿馬同鄉財官之格喜
得印守提綱五行清正女人值此姿容平穩髮兒不
輕易嗔易喜克儉克勤翁姑、有倚妯娌少和同雲
收華岳千峯秀水到湘江一樣清世無榮辱生涯不
富貧此則富家之命良人金命須年長子嗣花開果
少成運行初丙申踈雲掩月未見光明乙未運中匹
配仁門友花從錦上增甲午運中小池雨過添新綠
深谷春来發旧馨癸巳運中頃刻風霜擁須史彼浪
平壬辰運中不用高燒銀燭月明添倍精神辛卯運

中家居清吉身位安寧庚寅運中享悠、之福壽己
丑運中夢杳、之佳城

丙午年　丁酉月　己巳日　癸酉時

此八字己土相配柱中金火食神帶印之格女人得此生於茂族配於高門姿容閨朗髮皃精神勝丈夫之氣槩有男子之才能雪為輕粉憑風傳霞作臙脂仗日匀處事無榮辱平生富不貪此則榮秀之命良人有碍須年敵子嗣秋來朶朶成運行初丙申上人庇下月白風清乙未運中春歸柳葉睛如變紅入桃源㛮來匀甲午運中雖則夫門才業旺旺中尚有事遂迟癸巳運中人生正在風光處只恐閑愁素耗生壬辰運中重添新氣象再整旧儀容辛卯運中暮年安享庚寅運中一道訃音

丙午年　戊戌月　壬子日　癸卯時

此八字壬子日刃之辰相配柱中之土殺刃之格又生得此年姿慷慨天性英豪椿萱双皓首鴻鴈各飛遥頻識聖經賢傳深明豹畧龍韜五更鼓角聲悲切三峡星明影動推行看御漭三跳過威風肅肅勢龍高日月虧盈何足慮也須汗馬有功劳此則武業之命駕悻土命須年長子嗣秋風朶朶摽運行初已亥無思無慮快樂淘淘庚子運中幾欲步月登天去依旧門庭守舜寥辛丑運中行蔵多順利財帛積多鍾壬寅運中萬馬軍中膽獨步総兵幕下顯英特癸卯運中百戰功劳後栄加沛澤鍾甲辰運中晚年權令重未許飲香醪乙巳運中人生正在安栄處何慮顛風捲怒濤丙寅運中帰去也

丙午年　戊戌月　戊子日　丙辰時

此八字戊子日元相配柱中旺火雜氣印綬之格女人得此生於右族配於仁門椿父延齡萱早逝天遑鴻鴈各搏風其為人也姿容闓朗髮貌超群勝丈夫之氣槩有男子之材能雲收華岳千山秀水到湘江一様清春入水光成嫩緑日匀花蕚称新紅齗機曾効軻親訓剪髮能傳侃母心雖不鳳冠帔服自然才祿豐盈此則發福之命良人連珠低一載子嗣秋枝一果成運行初丁酉上人庇下毓秀閨門丙申運中雖則夫門才業旺〻中尚有事虧盈乙未運中幾度桑中有悶数畨耗裏憂生甲午運中柳媚不禁三月雨花嬌尤忌五更風癸巳運中才源有旺人事虧盈壬辰運中夫贒子秀以楽無窮辛卯運中粧樓人去也臺鏡掩埃塵

丙午年　戊戌月　己亥日　丙寅時

此八字己亥日元相配柱中木火襍氣官格人生得此生於右族長於名門椿萱亡皓首鴻鴈各行[illegible]為人也手姿清秀天性乖能孝問理窮書史功名有始难成般般稍覧件件不精高人起敬貴客相欽萬里春風行落頌四時佳趣端祥生祖業[illegible]新僂根源勝舊風才源富足家業餘盈無慮盡傳詩礼孝有朋来自遠方親身將隱矣文何用人不知之未更真雖不建封爵自然富足平生此則穩厚之命鴛幃有化須招副子嗣秋来無嫡生運行初己亥上人庇下来新平生庚子運中奠道儒冠悞螢窓患不勤辛丑運中幾欲思高慕遠奮成剪雪截氷壬寅運中才源富足家居好須史風雨[illegible]鷲癸卯運中人生正在風光處只恐閑非素耗生甲辰運中庭前竹報平安日檻外花開富貴春乙巳運中晚年閑快樂丙午運中一枕入巫峯

子平遺書　三

丙午年　戊戌月　乙卯日　庚寅時

此八字丁卯專祿之日相配柱中火土襍氣才官之格傷官在柱事不十全主人生於右族長[illegible]門椿萱不建養鴻鴈不同群其為人也手姿清秀天性聰明胸羅今古事孝識聖賢心處句炒為天下白高材俊似海東青於是功名之[illegible]豈為田舍之翁嘉谷不早實名利當晚成一朝但得風雲便秉笏金鑾拜聖明舒長化日桑麻茂融萬仁風雨露生此則晚顯之命鴛幃有硬須招贈子嗣金風有挺榮運行初己亥上人[illegible]下月白風生庚子運中欲遂平生志須加重子功辛丑運中執卷幾間空探月依然困守讀書灯壬寅運中人生富貴皆前定何必區區貴[illegible]心癸卯運中文章別有凌雲志德業年無親国賓須史風雨過跨馬上神京甲辰運中政化東西洽仁風遠近清乙巳運中天邊無沛澤離[illegible]高情丙午運中春光去也一枕清風

子平遺書　四

丙午年　戊戌月　乙未日　丁亥時

此八字乙未日元相配柱中火土傷官助財之格人生得此生於右族長於名門椿父先歸萱後別天運鴻鴈各行鳴其為人也丰姿清秀天性聰明胸羅今古事學識聖賢心泰山北斗十年在和氣春風四座傾衣冠濟濟人中傑和氣怡怡席上珍紀大功名之客豈為田舍之翁瘦林雖不餐高宴祿位榮看次弟陞舒長化日桑麻茂融蕩仁風雨露沾此則榮貴之命鴛幃有犯須偏正子嗣金風辰辨榮運行初己亥尊人庇下未斷平生庚子運流的雲中舉足還須燈下留心辛丑運中時來機會好騰踏入神京壬寅運中幾載鄉闈多困苦時來德澤惠黎元癸卯運中百里豈能淹驥足九紀是別雞群須臾風雨頃刻遶巡甲辰運中此運見陞還見退且宜籬下樂高情丁巳運中晚年多快樂丙午運中春夢無憑

丙午年　戊戌月　辛卯日　乙未時

此八字辛卯相配柱中才官印三奇之格只因身弱減吾科第成名主人生於右族長於高門椿萱已時首鴻鴈各行鳴其為人也丰姿清秀天性聰明般般稍覽件件不精豈無高仕敬時有貴人欽終是功名之客豈為田舍之翁律法久誇勞案牘功刀須藉筆刀成所執者法所掌者刑晚年光霽景德澤惠黎民此則榮貴之命鴛幃有犯須重續子嗣森枝朵朵榮運行初己亥上人庇下未斷深沉庚子運中時來自有高人薦何須心下太匆匆辛丑運中勞刑案牘多光霽雨晴天路馬蹄輕壬寅運中青陽巾幘替烏帽麻衣換得祿衣新癸卯運中皇恩有感聲名顯蓮幕聲名以水澄當此之冬庭雪滿庭甲辰運中耿耿聲名重滔滔祿位澄乙巳運中子貴重榮贈籬邊樂性情丙午運中鵬鳥賦人已去嘉魚詩在浪傳名

丙午年　戊戌月　甲寅日　壬申時

此八字甲寅專祿之日雜氣才官之格傷官在格爲良人生得此生於温潤之族長於迂変之門椿萱不相守鴻鴈各行群其爲人也丰姿清秀天性義能多機多変知重識輕藕穿平地生荷葉笋出新稍過北庭高人起敬貴客相欽十斷九連成事費一番四覆立門庭是非不管門前客得失須憑塞上翁一朝但入提挈從此滔滔才祿增此則離祖成家之命鴛幃鸞得仁門女子嗣生成孝義入運行初已亥上人庇下未斷平生庚子運中棒地成花柳桃李色鮮明辛丑運中驀地才源滾滾謌然枯木逢春當此之際臨龍還生壬寅運中正是梅青月白幾番人事有斷盈癸卯運中守已自然才祿旺妄爲只恐禍臨身甲辰運中延賓玩物會友閑搏乙巳運中安閑晚景丙午運中春夢無憑

丙午年　戊戌月　戊午日　丙辰時

此八字戊午日刃之辰相配柱中旺火雜氣印綬之格人生得此生於右族長於名門萱毋先歸椿後別天邊鴻鴈各行鳴其爲人也丰姿清秀天性平能學問頗知今古筆鋒稍有威稜豈無高士敬每被小人欽行藏果斷作事老誠終是功名之客豈爲田舍之翁三級浪中難変化九年湯上却馳名佇看頭角聳光耀旧門庭此則榮貴之命鴛幃有托須重結子嗣秋来旺宅門運行初已亥上人庇下未斷升沉庚子運中貴人相指引提挈入公門辛丑運中跨馬隨龍登上國始知冠冕可榮身壬寅運中皇恩有感聲名顯幾載勞繁國課心癸卯運中正欲榮加爵祿後期鮮組恩尊甲辰運中省官閑富貴無事樂平生乙巳運中樽罍有酒延佳客蘭室存書教子孫丙午運中夕陽有限春夢無憑

丙午年　戊戌月　辛亥日　乙未時

此八字辛金相配柱中才官印三奇之格人生得此生於右族長於高門椿萱有倚難雙耄鴻鴈天邊不共群丰姿清雅天性聰明理窮今古事書對聖賢經嘉穀不早實大器當晚成一日風雲相濟會九天雨露沐深恩此則榮貴之命鴛幃有碍須偏正丫嗣秋來有徒奐運行初己亥上人庇下未斷平生庚子運中簡編宜卷舒燈火稍可親辛丑運中幾欲荣登月殿畨成剪雪裁氷壬寅運中機會來時離泮水橋門寄迹沐皇恩癸卯運中慶事但憑三尺法理刑渾似一園春甲辰運中耿耿声名重滔滔禄位陞乙巳運中故園春景好丙午運中一枕清風

丙午年　戊戌月　丁巳日　癸卯時

此八字傷官合殺之格值斯命者生於右族長於仁門椿萱雙晚茂棠棣獨先紅其為人也丰姿清秀天性聡明知高下識重輕當仁不讓見善則欽遊山玩水携詩卷對月觀花把酒斟無慮盡傳詩禮樂有時来自遠方親雖不逮侯封爵自然福禄駢臻此則旺益之命鴛幃有碍須重續子嗣生成貴顯人運行初己亥上人庇下未断平生庚子運中未歀桃李紅紅色且喜湖光淡淡晴辛丑運中幾歀見高多俞達畨成芳雪裁氷壬寅運中雖則行藏有慶還愁人事虧盈癸卯運中片時風雨過從此旺才名甲辰運中才源富足喜慶重重乙巳運中子貴孫賢家業旺丙午運中訃音一播衆傷情

丙午年　戊戌月　巳亥日　巳巳時

此八字巳亥日元相配柱中旺火襍氣印綬之格人生得此生於右族長於高堂椿父早歸萱晚別天邊鴻鴈各翱翔其為人也丰姿清秀天性果斷般般稍覽件件平常李得不如顏孟葉生平當獲貴人鄉重成新事業再整舊門墻英雄惟贈劍三尺豪傑相逢酒一觴才源旺足楼閣軒昂五湖生計好四海祿元昌但願一生才祿旺何必思登天子堂此則穩旺之命鴛幃之命須半小子嗣生成孝義即運行初巳亥上人庇下襲慶迎祥庚子運

中如花向日枝枝艷侶爭穿泥節節長辛丑運中水向石邊流出冷風從花底過来香壬寅運中此際但知才祿旺還愁人事有忿揚癸卯運中不是一番寒徹骨焉得梅花噴鼻香當此之際枝葉有丐甲辰運中進賓酌酒會友流觴辰字之中花放風輕乙巳運中晚年安享兒孫福丙午運中春光尽也花落水流

丙午年　戊戌月　乙亥日　辛未時

此八字乙亥相配柱中旺火雜氣印綬之格印綬者上格也女人得此生於良族配於高門椿父先歸萱後別天邊鴻鴈各行群其為人也姿容清致天性聰明雖是裙釵之下過如男子材能般般琢立件件當心雖觸雖犯易喜易嗔才源旺足弟兄增新霞帔鳳冠身外事生平才祿足豐盈此則掌家之命良人年長已亥配子嗣枝頭結不成運行初丁酉上人庇下未斷平生丙申運中未觀桃李紅紅色且喜湖光淡淡猜乙未運中雖則夫門才業旺旺中尚有事虧盈

甲午運中可惜月明無永夜堪笑奇花不耐春除此癸巳運中巳卯之花重壯艷田潮之水復波興壬辰運中不用高燒銀燭月明倍倚精神辛卯運中花已落月尤沉

丙午年　戊戌月　壬寅日　壬寅時

此八字壬寅趨艮之日祿氣才殺之格人生得此生於右族長配名門姿容清秀鬓兒精神有針綴之巧立業之勤常懷九膽意時抱擇隣心萬象光華沾沛澤四時佳趣樂升平夫榮子秀樂意忘情濟濟裙釵約日輝輝羅綺臨風此則榮旺之命良人年長攀英客子嗣秋成奪錦人運行初丁酉上人庇下未斷平生丙申運中帳前初繪鴛鴦帶堂上新開孔雀屏乙未運中淡烟迷弱柳微雨洒晴空甲午運中雖則夫榮身樂還愁人事虧盈癸巳運中天上三陽泰人間雨露均壬辰運中無思無慮辛卯運中一枕清風

丙午年　戊戌月　乙卯日　甲申時

此八字乙卯專權之日祿氣才官之格傷官轉展相生遇斯命者生於感族長於華庭椿親榮贈萱先別天邊鴻鴈各飛騰丰姿雅淡處事忠誠衣冠濟楚天性聰明胸次峥嵘書萬卷英材敏捷壓群倫自欽瓊林後感飛群騄驚足步黃金殿身朝白玉京此則忠烈之命鴛帏有碍重年少子嗣花前果後生運行初己亥上人庇下未斷平生庚子運中刺股螢窗應継夜埋頭雪案不知辛辛丑運中霹靂一声雲霧合禹門躍過浪三層埋輪却便奸邪伏攬轡能令宇宙清壬寅運中耿耿声名重滔滔禄位陞當此之際衣冠正在權衡處只恐閑非素耗生癸卯運中戢迁金紫貴感布一方春仕路或逢霜雪阻天恩頃刻又相徵甲辰運中宰政百官才獨称儀容四海望尤尊乙巳運中還留輔国丙午運中一枕佳城

丙午年　戊戌月　丁未日　庚子時

此八字丁未陰刃之日傷官制殺之格奈乎四柱逢孤帶寡骨肉寒如雪六親冷似冰椿萱先别父鴻鴈不同群其為人也有機变頗聰明高仕敬善人欽難入春園折柳好居梵刹誦經金尊三秀詩壇瑞寶樹千花佛界春此則傑僧之命運行初巳亥雖居昆下未必為寧庚子運中好清甚而投蓋地棄塵俗以入空門辛丑運中擅那有倚活計維新壬寅運中幾度樂中駁雜依然不損精神癸卯運中名重諸山之上職居主席之尊甲辰運中冲擊之所頃刻風生乙巳運中過戶清風人快樂可挺明月是親朋丙午運中心常不離彌陀佛諸障消除百事通丁未運中涅槃時到萬古難醒

丙午年　戊戌月　庚戌日　丙子時

此八字庚戌魁罡杀生印綬之格值斯象者椿萱堂上先虧父鴻鴈天邉不共鳴丰姿標致性格聰明理窮古事兼今事書對賢經與聖經嘉谷不早實大器當晚成瓊林難不忝高宴禄位榮看次第陞此則榮顯之命鴛幃正副尤防損桂子秋来尚廣生運行初巳亥上人在下月白風清庚子運中踏破泮橋霜幾板讀殘旁店月三更辛丑運中幾歡榮登月殿番成剪雪裁冰壬寅運中機會未離泮橋門除硯守清灯癸卯運中運中政化東西洽仁風遠近清甲辰運中金魚綰帶權行重一度風波也惱人乙巳運中崇同故里丙午運中春夢無憑

丙午年　戊戌月　辛亥日　乙未時

此八字辛亥日相配柱中財官印綬三奇之格只嫌身弱滅福祿將題名主人生於右族長於西門椿萱不逮並養鴻雁有不同群其為人也丰姿清秀天性聰明胸羅今古事學識聖賢心太平北北千年在和氣春風四海傾終是文場榮貴客豈為田舍鑿耕人爲門跳出高攀桂天府榮沾聖帝恩一江姓題名後金榜榮香次第隆也此則榮貴之命鸞幃有犯須相敵子嗣榮門脫節香運行初巳亥上人庇下未斷平生庚子運中欲遂平生志須加灯火功辛丑運中執卷幾回登夜月時來機會發榮家壬寅運中寄跡衡門守十載他時有路桂名香癸卯運中身中不遇恭高宴皇恩有感姓名傳仁風揚百里政化甲辰運中一天恩雨隨車至千載仁風遇便生當此之際未許行榮乙巳運中方始回田里丙午運中青夢尚不知

丙午年　戊戌月　己亥日　癸酉時

此八字己亥日元相配柱中雜氣印綬之格人生得此生於右族長於名門椿父先歸萱後別天邊鴻雁各行鳴其為人也丰姿清秀天性聰明胸羅今古事學識聖賢心麗句妙為天下白高材俊似海東青終是功名之客豈為田舍之翁瓊林難不叅高宴自有仁風向增情此則榮貴之命正副方偕老子嗣秋來朶朶榮運行初己亥上人庇下未斷平生庚子運中欲遂平生志須加董子功辛丑運中擕卷幾回空探月時來幾會入神京壬寅運中一從沐得天邊寵濟濟生徒集泮宮癸卯運中雪晴雲散天如洗百里弦歌樂太平甲辰運中一天膏雨隨車至千里仁風遂何生乙巳運中榮回故里美酒盈樽丙子運中春光去也一枕清風

丙午年　戊戌月　己亥日　丙寅時

此八字己土日之相配柱中木火官印之格只嫌運行皆地減我光榮椿規耐晚萱先别鴻雁成群作隊飛其為人也多智慧有操持少習金古事自有貴人携祖業添新慶資粟勝舊時不見倚羅倚叢窓豈應湖海禄元齊此則不煖不寒之命鴛幃重叠子嗣長方枝運行初己亥不虧不益無退無飛庚子運中爆竹催殘臘春從柳上歸辛丑運中雖則行藏有慶幾多人事驅馳壬寅運中一得一失一喜一悲癸卯運中財源豊阜福慶標奇甲辰運中霜雪初消後滔滔雨露濡乙巳運中晚清趣丙午運中夢入仙纓

丙午年　戊戌月　己酉日　甲子時

此八字襟氣才官之格主人生於文望長於名家椿萱雅並耄鴻雁各天涯丰姿清楚性格儕華李問三冬足詩書覽五車曹聘定須頒紫詔節趙不待賜黄麻一日風雲相際會禄位榮看次弟如此則畐貴之命鴛幃宜有贈桂子發奇芘運行初己亥上人庇下安樂和加庚子運中夜案挑灯明翠幕読窓滴露点朱砂辛丑運中風雲相際會跨馬到皇家壬寅運中皇恩有感仁風播舒長化日照桑麻癸卯運中恩波廣給名振迩遐甲辰運中錦衣肥馬重重貴未許籬边樂歲華乙巳運中榮田故里丙午運中命掩黄沙

丙午年　戊戌月　戊申日　壬戌時

此八字戊申長生之日相配柱中旺火稟氣印綬之格女人得此生於右族長於名門萱毋先歸搭後别天邊鴻鴈陣行分其爲人也姿額清秀髮貌起群勝丈夫之氣際有男子之材能雲收華岳千山秀水到湘江一樣清每懷凡膽意時抱擇隣心風送芰荷香滿院日匀花蔓發新紅滔滔無阻滯步步助夫門难觸难犯易喜易嗔佇看夫榮子貴也應福祿無窮此則榮旺之命良人年少榮華容子嗣生成貴顯人運行初丁酉上人庇下毓秀閨門丙申運中契合翠鳶成好梦黃緣紅葉是良姻乙未運中雖則夫門快樂幾多人事虧盈甲午運中正是太平光霽景还愁索耗片時侵癸巳運中光華疊疊沛澤紛紛須更風雨雨過山青壬辰運中明月當天生氣爽光華萬里絲衣新辰字之中如履薄冰辛卯運中晚年快樂庚寅運中一枕了平生

丙午年　戊戌月　己丑日　丙辰時

此八字己丑日之相配柱中水大稟氣印綬之格印綬者上格也只嫌力旺無依之氣主人生於右族長於名門搭萱有倚先虧父天邊鴻鴈各行飛其爲人也丰姿清秀天性操持斷爲理直作事三思孝問不窮今古深知表意精粗自有順天之慶豈無福地之深重成新事業再整舊門庭遨遊酒落馳遂東西英雄推贈劍三尺豪傑相交酒一鍾好意番成惡真心覓得非雖則才源高學何須天府榮歸此則穩之命外情同居子女後易上人檐下未斷爲低庚子運中雨過未逢特辛丑運中有得有失有喜有悲壬寅運中雖則行藏有慶幾多人事虧盈癸卯運中遨遊滿後天光霽还愁風雨趑趄甲辰運中天上三陽泰人間五福臻辰字之中片特風雨乙巳運中人生後相别無路里柯儀

丙午年　戊戌月　壬申日　乙巳時

此八字壬申長生之日相配柱中火土雜氣才殺之格生於巨室長於名門椿萱親偶儻萱歸早天邊鴻鴈各搏風其為人也手姿清秀禮樂權衡千古事文章寵渥顯光榮一天星斗煌心朐驪駒始為天下白高材俊是海東青終是功名客豈為天舍翁三汲浪中龍变化九霄雲外鳳飛騰此則顯耀之命鴛幃燭夜添新卺子嗣生成貴顯榮運行初巳亥上人簷下灾悔未伸庚子運中欲問雲中各顯須當窓下留心辛丑運中時来風送滕王閣須刻飛騰萬里程壬寅運中但得風雲際脊會九重雨露再承恩癸卯運中雪晴雲散天如洗金鱗光照紫微宫甲辰運中榮歸故里美酒盈樽乙巳運中夕陽有露春暮無憑

子平遺書　二三

丙午年　戊戌月　戊戌日　癸丑時

此八字戊戌魁罡之日相配柱中旺火襍氣印綬之格印綬者上格也主人生於文望之族長於詩禮之居椿萱有倚難雙耄天邊鴻鴈各行飛其為人也丰姿清秀天性能為始㝈今古涉獵詩書袖裡虹霓冲霄色筆端風雨駕雲程終是功名之客豈教田野耕鋤不登金榜也折桂枝一日風雲相際會九五天門掛紫衣此則榮貴之命鴛幃有碍須招副子嗣榮門悦節謦運行初巳亥上人庇下未斷高低庚子運中翰簡留科从青篇日進功辛丑運中雖則泮林得志還宜待價沽諸壬寅運中雖駕一時之鶴馭橋門還困守書帷癸卯運中仁風千里感政化洽東西甲辰運中皇恩有感金紫光輝乙巳運中正欽重金重紫貴何事尊觔有所思丙午運中春光歸去也一枕入仙衢

子平遺書　二四

丙午年　戊戌月　丙午日　戊戌

此八字丙午日月之辰相配柱中旺土傷官之格丙午
下雜殺氣相生主人生於喬木長於宦門椿樹高榮難
並老天邊鴻雁各行鳴其為人也精神炯炯容態明
明學問有成錦綉胸藏賢聖學珠璣口吐武文風
衣冠濟濟人中傑和氣怡怡席上珍終是文場折
桂客却来田舍鑿耕人雖不儒林看玳宴錦衣青
鎖翠光榮柳桃曾何須慮陞陞金祿千鍾此則
榮貴之命鴛幃有犯須招副子嗣秋来朶朶榮運
行初已亥上人庇下未斷平生庚子運中十年窗

下業黃卷與青灯辛丑運中一從折得蟾宮桂
恩寵欽除輛樂明當此之際不見加陞还有降榮貴
佐政陰黎民壬寅運中皇恩有感重加祿千里寬名
父老迎癸卯運中江山迎五馬花柳拂双旌旌須史
風雨雨過依舊再加榮甲辰運中任政省堂何足羨
榮陞二品職尽尊乙巳運中晚年籬下樂丙午運中
一枕入巫峯

丙午年　戊戌月　甲辰日　甲子時

此八字甲辰日元相配柱中火土食神助財之格
人生得此生於右族長於名門椿萱不逮祿養鴻
鴈有各飛騰其為人也丰姿清秀天性聰明學問
資先覽群書貫一經太山北斗千年在和氣怡怡
席上珍終是功名之客豈為田舍之翁嘉名不早
實名利當晚戍瓊林雖不叅高宴自有仁風四境
清一朝但得風雲便九天雨露沐深恩此則榮貴
之命鴛幃有犯須招贈子嗣榮門晚鄙馨運行初
已亥上人庇下未斷升沉庚子運中欲遂平生志

潛心對短檠辛丑運中執卷幾回空嘆月依然困
守讀書燈壬寅運中時来機會好寄跡入橋門癸
卯運中橋門豈是常留恋忽然奏最祿光榮甲辰
運中佐政黄堂名望重皇恩有感職腰金乙巳運
中天邊無沛澤籬下樂高情丙午運中歸去也

丙午年　戊戌月　癸卯日　壬戌時
此八字癸卯日貴之辰禄氣才官之格遇斯命
者生於茂族長於高居椿萱有倚先嚴父天遐鳴
雁有聯飛其為人也丰姿清雅天性能為般般好
李件件粗知曰福曰榮自有順天之慶常安常樂
豈無福地之深花盈上苑果盈園稻滿平疇水滿
池成四時佳趣立萬古根基端世功名身外事五
湖風月樂多餘此則穩旺之命鴛幃同慶慰重綾
子嗣秋来有顯榮運行初已亥上人庇下天朗氣
清庚子運中天遐初出月施上始開英辛丑運
中得中有失晦後還明壬寅運中雖則才源穩
旺幾番微雨弄晴癸卯運中旺中尚有盈虧事依
旧才源倍有增甲辰運中才源富足行樂如心
乙巳運中子榮孫秀梅白風清丙寅運中帰
去来兮

丙午年　戊戌月　己亥日　丙寅時
此八字己土相配柱中木火禄氣官印之格人生得此生於温
温之福長於穩享之門金水椿萱先別母椿親招継兩番
重天边鴻鴈白隻分明其為人也丰姿瀟洒天性光誠知
軽識重理白分清能近上愛下能會友和朋重成新事
業再整旧門庭有心於畝畝無義暮功名月掛碧天
多鼓傑名揚閭里乎推尊遇高人别相欽相敬小筆則
布得成嗔花無飛李非春色人有榮枯是太平晚年光
霽景子貴福無穷此則穩旺之命外幃魁水重招火
子嗣枝枝一頭榮運行初己亥幼年之下未斷平生庚
子運中世事宛如新折柳人情渾似半開美辛丑運中
小池雨過添新綠深谷秋来發旧蕃五七之年内萱草
春傷情壬寅運中雖則行藏有慶歲多人事亏盈数
逢鷄犬歲絃断未如心須臾風雨頃刻变巡癸卯運中
旺中尚有盈頭雪霽依然福禄増甲辰運中子貴孫賢
家業旺才権秉美楽無穷乙巳運中安閑晩景丙午
運中春夢無憑

丙午年　己亥月　丙子日　戊辰時

此八字偏官之格人生得此生於茂族長在玄門椿萱難守祖業不相親四極無情難入春園折柳多逢孤氣好來上院持鍾龍虎咸嚴官将勇祛風嘆雨鬼神驚此則出家之命運行初庚子投師學礼悟入玄宗辛丑運中片云蔽月不損儀容壬寅運中道高龍虎伏法重鬼從癸卯運中才源滚滚氣勢雍容甲辰運中擅那有倚引鶴徐行乙巳運中沖擊之所云月朦朧丙午焕樂炉中灰已冷清君一夢入巫峯

丙午年　戊戌月　戊子日　丁巳時

此八字戊子之日相配柱中旺火襍氣印綬之格人生得此生於右族長於高門椿萱難到老鳴鴈各行鳴其為人也丰姿清秀天性聰明斷高理直処事公平有近貴親賢之德奉上和下之能篤長名園過旧竹花閑上苑騎先春曰福曰榮自有順天之慶常平常榮豈無禄地之深終是功名之客宜為田舍之翁時来逢貴助三載便成名點筆光霽景还許戰腰銀此則榮貴之命鴛幃有嗣須招副子嗣秋来朶朶榮運行巳亥上人庇下读读春雲庚子運中貴人相指引禄馬旺前程辛丑運中趨承上貴勞迎送須刻風波未是驚壬寅運中除奸提惡声名量一番風雨始加陞癸卯運中佐政琴堂民悅服須史踐踐又光榮甲辰運中腰横銀作帶何事又思尊乙巳運中子貴滔滔多快樂丙午運中鳥啼花落過水無声

丙午年　戊戌月　戊子日　己未時

此八字戊土日元相配柱中旺火祿氣印綬之格才神在柱﨑我功名主人生於盛族長於仁門椿親耐悅萱母先行其為人也丰姿清秀性格剛柔無決無斷多見多聞行藏竟消洒咲傲任枯榮般般稍覽件件不精欲為商賈思慕功名福布江山外名聞湖海中遊山翫水携詩卷對月觀花把酒斟月掛碧天多皎潔名聞閭里有光榮是非美官門前客得貴須憑客上翁每以恩中惹怨多應布德成嗔雖然不是金數客也應潤屋而潤身此則穩厚之命駕幃木命須年火子嗣秋未尚庚生運行初已亥上人庇下月白風清庚子運中風帶雪未多竟冷鳥啼花落始知春辛丑運中正是梅青月白也應人事盈虧壬寅運中幾番駁祿都經過從此滔滔才祿增癸卯運中貨利交通千里順片時風雨不為驚甲辰運中庭前竹報平安日檻外花開富貴青乙巳運中才源富足弟宅增新丙午運中花幾翫月尤沉

丙午年　己亥月　辛酉日　辛卯時

此八字辛酉專祿之辰傷官帶殺是格局無偏此生於義勇之家長於干戈之族椿頭不如萱有壽聯行鳴鴈失和鳴其為人也行藏倜儻標格精神須窮黃石略自許顯聲名氣焰摩牛斗威稜肅霽庭風生紫塞秋橫劍月落黃河夜渡兵此則武官之命驚幃帶硬霜添鬢子嗣無虧晚秀香運行初庚子惠風和暢天顯氣清辛丑運中自覺聲名舊誰知雨露新壬寅運中百辛行中瞻獨步也曾風浪暫時驚癸卯運中聲權耿耿氣宇英英甲辰運中不在刀戈囊馬資將有功乙巳運中有名閑富貴無事樂昇平丙午運中江山不盡登臨興夢斷南柯了此生

丙午　癸巳　壬申　丙午

此八字壬申之日身坐長生財官之格財成金官終身有慶遇斯象者生於望族長於高門椿萱有倚難双鸞鴻鴈聯群又失群精神炯々知慧明々般々易學件々少精終是功名客豈為田舍人機會忽從天上降飛黃騰踏到宸京此則榮華之命鴛幃宜有贈桂子綻秋英運行初甲午東風和暢天朗氣清乙未運中欲跨騰雲驥思囊貽露螢丙申運中特來風送滕王閣何必區々費盡心丁酉運中得祿成名當此際玉闌干外馬蹄輕戊戌運中熙々雞犬風烟靜藹々桑麻雨露榮巳亥運中一番風浪息三度寵恩隆庚子運中收拾英雄事辛丑運中南軒一夢中

丙寅年　辛丑月　乙卯日　戊寅時

此八字乙卯專祿之日相配柱中金土月上偏官之格丙辛作為良人生得此丰姿秀爽性格能為生於茂族長於華居金命椿萱雙白首庭前棠棣兩聰枝祖業重磨琢才囊自整齊但頤一尊花下酒任教白髮鬓邊絲此則快足之命鴛幃春色麗桂子綻秋枝運行初壬寅上人庇下無是無非癸卯運中幾歎思高慕遠依然湖海交馳甲辰運中財源雖穩旺行樂尚越趄乙巳運中不獨樓臺僅漢尚祈桑柘盈畦丙午運中旺中生跋跡幸不損威儀丁未運中晚年安享第宅光輝戊申運中烏啼花落歸去来兮

丙午年　己亥月　乙亥日　丁亥時

此八字乙亥日相配柱中旺水印綬之格印綬者上格也人生得此本乎得祿得名只嫌水泛木浮減其福力主人生於富室長於西家丰姿慷慨性格英華椿樹早凋萱後别雁行天際隔雲霞稅地栽桃多結實借園種杏倍生花佇看晚年增福慶孫賢子秀倍光華此則富貴之命鴛幃土命須年少桂子秋来盛莫加運行初庚子上人庇下詩禮堪誇辛丑運中隨風柳絮帶雪梅花壬寅運中雖則行藏倜儻旺中人事如麻癸卯運中江湖生計廣家業倍豪華甲辰運中滿堂珠履酌酒烹茶乙巳運中沖擊之所月被雲遮丙午運中正歎悠悠處樂胡為命掩黃沙

丙午年　己亥月　庚申日　庚辰時

此八字庚申專祿之辰配合柱中水火食神制殺之格王謂一殺一制豈是常人主人風姿魁偉天性聰明生於喬木長於衣簪椿萱半道相分別棠棣庭前独發榮學問有成不躍禹門三級浪英才特達快登天府九重城橋門自榮身路一旦成飛郡縣驚此則榮英之命比幃帯礙先教琴操評声桂子有成晩節班衣對舞運行初庚子惠風和暢天朗氣清辛丑運中讀殘泮水三更月會合秦樓一片情壬寅運中三疊陽關斟別酒一番風雪洒門庭癸卯運中榮沾雨露承恩摩澤被居民顯政声甲辰運中皇恩有感重加貴金紫光輝職分清乙巳運中正思解印歸田里何必區區上玉京丙午運中夕陽帰去後空怨子規声

丙午年　己亥月　乙亥日　庚辰時

此八字乙亥日相配柱中金水印綬之格人生得此本顯科名只嫌水泛木浮富中加貴椿萱中道相鬭奉鴻鴈天邊各奮鴻丰姿洒落天性剛明學識粗通今古智謀能動財英但領才名登上國何須甲第沐恩榮此則富實之命鸞幃配合須年少桂子秋來朵朵榮運行初庚子上人庇下詩禮趨庭辛丑運中有心生貨利無志守青灯壬寅運中踈踈風雪過滾滾貨財生癸卯運中交四方之豪傑生千里之光榮甲辰運中英雄惟贈劍三尺毫傑相尊德望清乙巳運中老當益旺祿位加陞丙午運中依然處樂丁未運中一夢難醒

丙午年　己亥月　癸酉日　丙辰時

此八字月上偏官之格女人得此姿顏清穩性格乖能處事無偏黨治家頗克勤性快如江濤春壯心安似山月秋清翁姑少倚妯娌難憑般般須整頓事事復磨礱初運中平中駁雜晚年頗覺長精神此則掌家之命良人須配殘婚交子嗣虧中宜有盈運行初戊戌昏昏晚霧淡淡春雲丁酉運中小堤楊柳垂新綠深谷梅花吐舊馨丙申運中幾多嵩霞未致安寧乙未運中崎嶇都歷盡依舊瑞祥生甲午運中家居有變世事維新癸巳運中無思無慮樂意忘情壬辰運中優游晚景辛卯運中臺鏡生塵

丙午年　己亥月　壬申日　辛亥時

此八字壬申日相配柱中金土官印之格人生得此本顯功名只嫌身旺官衰減虧福力椿親耄別萱尤壽鴻鴈天邊各奮飛丰姿灑落天性仁慈有濟人之德無殺害之機但願財名湖海旺何須得到鳳凰池此則富實之命鴛幃魁後重年少桂子秋來舞綵衣運行初庚子上人莊下有何是非辛丑運中便向江湖生貨利何須孝礼與聞詩壬寅運中財源來旺處人事有傷悲癸卯運中但願江湖才帛旺何須世事有趨趨甲辰運中到此時來逢貴弼才源滾滾旺門閭乙巳運中悅宰蘭桂秀安樂勝常時丙午運中依然昌樂丁未運中歸去來兮

丙午年　己亥月　壬戌日　庚子時

此八字壬戌日元相配柱中火土財官之格人生得此姓顯名揚椿萱一對先虧父鴻鳫天邊不共翔丰姿穏厚性理明章筆下能分曲直胷中頗識文章休向泮林養志可從案牘軒昂機會來時逢貴助天官奏最沐恩光此則榮達之命鴛幃剋後重年少桂子秋來吐異香運行初庚子上人庇下便讀文章辛丑運中志欲登天步月身還履雪經霜壬寅運中一旦勞刑案牘斷弦聲裹荒涼癸卯運中足馬登天路悠悠沐寵光甲辰運中除奸捉惡財旺名揚乙巳運中再加祿位丙午運中夢入仙鄉

丙午年　己亥月　丙寅日　乙酉時

此八字丙寅之日身坐長生月上偏官之格其才印用才帶殺減虧福力注人生於平順之族長於華麗之居椿萱棠棣難相倚祖業根基自變移稅地栽花多艷麗移桃接柳愈芳菲佇看晚年光霽景孫賢子秀氣怡怡此則離祖成家之命鴛幃土命須年少桂子秋來舞綵衣運行初庚子幼年之限花逐風飛辛丑運中藕穿平地生荷葉笋過東家作竹籬壬寅運中財源來愈旺旺慶得趑趄癸卯運中重山疊水都經過坦坦平途穩步時甲辰運中門外田疇曠闊庭前花木芳菲乙巳運中冲擊之所跋陟無虞丙午運中子貴身榮樂風光異昔時丁未運中桃源春去也蓬島信來稀

丙午年　己亥月　甲子日　戊辰時

此八字甲木相配柱中旺水印綬之格女人得此容顏平穩性格操持生於良善之家長配仁義之庭堂上翁姑雅並巻庭前妯娌自辛勤有針線之巧紡績之能性若寒潭月心如古井冰待親尽礼處事操心此則治家女命良人有碍難偕老子嗣招來有果聲運行初戊戌上人庇下未剖什沉丁酉運中天晴日炫未許遊春丙申運中匹配良門文花從錦上增乙未運中正在旺夫成立業良人別我淚沾襟甲午運中雨散雲收星月朗琅玕竹報日清寧當是時也慎則驚癸巳運中有子成家安享福頒孫堂上舞衣襟壬辰運中一夕不來都是夢水流花落不聞聲

丙午年　己亥月　壬午日　庚子時

此八字壬午日相配柱中金土官印之格人生得此宜乎得祿得名椿萱堂上双榮壽鴻鴈天邊有共鳴學問三冬足詩書萬巻精黃道三秋騰驥足赤霄千里奮鵬程長安人似蟻爭看錦衣榮此則顯貴之命鶯幃金玉賢子嗣桂蘭英運行初戊戌上人榮庇暮史朝經丁酉運中欲遂平生志潛心對短檠丙申運中一日風雲際會果然浪躍三層乙未運中雪晴天仗麗祿位又加陞甲午運中山河千里振風雪不傷情癸巳運中再遷再擢未辭簪纓壬辰運中黃花綠酒辛卯運中杳夢蓬瀛

丙午年　己亥月　乙丑日　丁亥時

此八字乙木相配柱中旺水傷官帶印之格人生得此生於溫潤之族長於清隱之門萱毋先歸椿後別天邊鴻鴈各行飛其為人也多機多变有操有持行藏果斷作事三思見善則持於己當仁不讓於師盈沼芰荷香馥郁湍園花木色芳菲重成新事業再整舊根基豈無高仕敬時有貴人携雖不青雲得路也須名播鄉閭江湖有意公卿小廊廟無心宇宙界此則發福之命鴛幃得合舉案齊眉子嗣有成森枝一顯運行初庚子上人庇下安樂何知辛丑運中如花向日似笋穿籬壬寅運中行藏雖有慶人事尚趑趄癸卯運中莫作千年調還生一度悲甲辰運中小池雨過添新綠深谷春来發舊枝乙巳運中高朋滿座美酒盈卮丙午運中老来尤快樂酌酒與談琴丁未運中清風明月不用一錢買玉山自倒非人推

丙午年　己亥月　甲申日　乙亥時

此八字甲申專祿之日相配柱中金木偏官印助之格人生得此雖不成名亦能發福主人生於右族長於名門椿萱有倚难双耄天边鴻鴈各行鳴其為人也半姿清秀天性聰明般般稍覽件件不精行藏應消洒笑傲但枝荣祖業添新慶根源勝旧風月掛碧天多皎潔名揚湖海有光荣門外田疇千古計庭前花木四時新雨都秋色皆喬木喜得風流有幾人拙於自巳巧與他人鄉民仰德閭里推尊此則穩厚之命鴛幃有犯須偏正子嗣荣門晚節馨運行初庚子上人庇下化日陽春辛丑運中世事宛如春夢人情薄似秋雲壬寅運中淡烟楊柳岸薄霧杏花村癸卯運中財源滾滾家居旺尚有閑非素耗生甲辰運中世情濃又淡淡處又还濃乙巳運中薰捲香風生百福軒開化日福源增丙午運中無處尽傳揚名樂有朋来自遠方親丁未運中黃粱尤未熟一枕了平生

甲戌年　甲戌月　甲申日　癸酉時

此八字甲申日相配柱中金土雜氣才技之格亦有金神之意人生得此仕路榮登堂上椿萱双皓首庭前棠棣有奇英丰姿俊秀天性剛明理貫古今之學才全文武之能霹靂一声雲霧合果然三跳上天廷此則榮耀之命鴛幃配合須年少桂子庭前有挺榮運行初乙亥風和日麗天朗氣清丙子運中欲遂平生志潛心對短檠丁丑運中蟾宮須快步緩緩上丹廷戊寅運中錫宴沾恩寵威飛肅氣清己卯運中一番風雪過祿位又階陛庚辰運中藩臬一方天下未應便解簪纓辛巳運中黃花綠酒壬午運中一夢难醒

戊辰年　庚申月　甲申日　己巳時

此八字甲申日相配柱中之金殺重身柔之格人生得此金紫榮封椿萱榮養難全耄鴻鴈天邊各奮雄丰姿磊落天性剛忠筆底詞源三峽迭胸中學業五車通一從宴賜瓊林後人似神仙馬似龍此則顯榮之命鴛幃有犯須偏正桂子秋來吐嫩紅運行初辛酉上人福庇詩礼從容壬戌運中欲遂平生志須加董子功癸亥運中躍禹門之三汲登天府之九重甲子運中虎風警郡縣雪霽戩加封乙丑運中金紫權衡振振一番行樂生香丙寅運中佇看官封三級灼然祿享千鍾丁卯運中英雄尽也淚洒西風

戊辰年　庚申月　乙酉日　甲申時

此八字乙酉日相配柱中之金殺重身柔之格人生得此乎姿英俊天性剛雄堂上椿萱雙耐晚天邊鴻鴈各凄風般般都歷學件件不全通才囊宜自整基業自磨礱一聯美景無瑕玉千里長江有順風但頗才豈家業旺何須身跨五花驄此則富厚之命鴛幃年少須生雪桂子秋來發錦叢運行初辛酉庇佑之下快樂從容壬戌運中功名身外事財帛便藏豐癸亥運中黎雨初晴天但洗才源滾滾氣溶溶甲子運中一番風雪過豪傑飲千鍾乙丑運中不獨粟陳貫朽尚祈壯觀門風丙寅運中孫賢子秀丁卯運中夢入巫峯

庚戌年　丁亥月　乙未日　丙戌時

此八字乙未相配柱中旺水印綬之格人生得丰丰姿洒落志氣剛稚生於茂族長於芹宮椿萱半道相分守手鳴鴈天边斷却踪識見親君子機謀壓衆稚不入文墻非業犢持戈執戟也成功此則顯武之命鴛幃年少方偕老桂子秋來長嫩叢運行初戊子上人庇下樂享從容己丑運中春園雲霽柳綠花紅庚寅運中歷盡重、險依然氣勢洪辛卯運中不入天山路安成汗馬功壬辰運中皇恩有威沛澤榮封癸巳運中權高損福慎則無凶甲午運中悠悠籬下樂乙未運中香夢遶巫峯

丙戌年　癸巳月　甲午日　乙亥時

此八字甲木相配柱中火土傷官助才之格喜逢六甲起氣人生得此生於宦族長於名門萱母續絃椿磊落天邊鴻鴈有行鳴其為人也丰姿清秀天性聰明學問三冬足群書萬卷能辭章材志疑無敵筆力縱橫若有神北海蛟横出頭角南山豹變霧文英衣冠濟濟人中傑和氣怡怡庠上珍一朝騰達飛黄去金紫榮看次第陞此則榮貴之命鴛幃得配名門女子嗣森枝一顯榮運行初甲午上人庇下化日陽春乙未運中十年窓下樂黄卷

對青灯丙申運中禹浪三層都躍過風生鉄面兕神驚丁酉運中三度君恩喜一番風木驚戊戌運中錦衣服馬重重貫天上恩波浩浩新當此之際鳳雪盈庭已亥運中正宜輔聖主未許便安榮庚子運中榮帰故里詩酒忘情辛丑運中春光去也一枕青風

丙午年　癸巳月　己卯日　甲子時

此八字己土生於殺鄉相配柱中木火殺鄉之格人生得此丰姿慨慷性格剛明生於詩書之族長於華驟之亭椿親先別萱尤去鴻鴈天邊各奮鳴學問有成終是利名之客英材特達豈為遯世之靈一朝騰達飛黄去頭角崢嶸氣焰騰此則榮英之命鴛幃年少須招贈桂子森森有繼榮運行初甲午上人庇下黄卷青灯乙未運中孔雀屏開生喜氣芹池月落有書聲丙申運中執卷我回空採月依然窓下守淒清丁酉運中雪寄開雲路東

君努力行戊戌運中宴錫瓊林從臧飛群縣駕已亥運中祿位兩還金紫貴一方天下肅威稜庚子運中榮回故里辛丑運中夢入蓬瀛

丙午年　癸巳月　癸酉日　癸丑時

此八字癸酉日相配桂中金火棄印就才之格人生得此丰姿忠厚天性公平心下存救人之德人前無殺害之声萱毋先帰椿後别鴈行天際各飛騰識古今之事畧知世務之衰興遨遊湖海生財利行樂鄉邦樂酒情晚年更有光華日蘭桂荣芳福禄増此則富荣之命鴛幃剋後重偏正桂子秋来有錦兵運行初甲午幼承尊庇萱草凋零乙未運中身衣芦花絮寒来根自生丙申運中財旺福與人敬仰雪晴豪傑擁門庭丁酉運中湖海財名荣旺旺中風浪無驚戊戌運中積玉堆金懽喜足趦趄人事又相縈己亥運中門閥輝煥車馬喧争庚子運中孫賢子秀辛丑運中一夢難醒

丙午年　己亥月　戊寅日　辛酉時

此八字壬寅専禄之日財殺之格女人得此生於右族配於高門椿萱堂上先虧父妯娌翁姑不共群其為人也姿容清雅髮皃精神有治家立業之道相夫教子之能雪為輕粉憑風傳霞作胭脂伏日匀慶世幸無荣辱生平喜不富貧此則平穏之命良人壬命演年長子嗣春花一果馨運行初戊戌上人庇下化日熙春丁酉運中路入桃源花爛熳橋横銀漢水澄清丙申運中片時風雨過依舊瑞祥生乙未運中正值湯和景花開風又生甲午運中重添新氣象再整旧儀容癸巳運中子秀家寛多享福壬辰運中黄粱一枕永難醒

丙寅年　辛丑月　乙巳日　丁丑時

此八字月上偏官格丙辛作合有功女人得此姿容朗朗智慧明明生於詩禮之族配於清白之庭椿萱棠棣難相倚妯娌翁姑義尚軽有針黹之巧剌綉之能性急如江濤拍岸心安似瑶漢垂星初運平和中末順晚年羅綺耀層層此則能事女命運行初庚子閨門毓秀月白風清己亥運中正配賢良友花從錦上增戊戌運中漸漸精神爽看看氣象清丁酉運中一番風雪過財帛旺門庭丙申到乙未運中一聯二運風光好子秀夫賢福祿增

甲午運中春歸花落日香夢入蓬瀛

丙子年　戊戌月　壬辰日　己酉時

此八字壬辰魁罡之日相配柱中火土雜氣才官之格陰刃合殺爲良主人生于右族長于名門椿萱双晚茂棠棣各敷榮其爲人也丰資清矢性聰明錦綉胸藏賢聖學珠璣口吐武文風衣冠濟濟人中傑和氣怡怡座上珎驪珠照耀光難掩雷動生鋒氣自弗終始功名客豈爲田舍翁素志十年勤洋水芳名一但顯朝廷佳看官封三級酌然祿事千鍾此則榮貴之命鴛幃宜有副子嗣秀還榮運行巳亥上〻人來下未斷年生庚子運中十年窓

甲午運中春歸花落日香夢入蓬瀛

丙午年　戊戌月　壬辰日　己酉時

此八字壬辰魁罡之日相配柱中火土雜氣才官之格陰刃合殺爲良主人生于右族長于名門椿萱双既茂棠棣各敷崇其爲人也丰資清天性聰明錦綉胸藏賢聖學珠璣口吐武文風衣冠濟濟人中傑和氣怡怡座上珎驪珠照耀光難掩雷動生鋒氣自冲終始功名客豈爲田舍翁素志十年勤泮水芳名一但顯朝廷佳看官封三級酌然祿享千鍾此則榮貴之命鴛幃宜有副子嗣秀還榮運行己亥上人走下来斷年生庚子運中十年窓下業黄卷與清燈辛丑運中時来風送滕王閣頃刻高搏萬里程壬寅運中令重奸邪伏威嚴兇膽驚癸卯運中職位迁金紫權衡出等倫當此之際風雪滿庭甲辰運中赤心扶日月素志展經綸乙巳運中正欲成梁棟何期夢不醒

乙巳年　戊子月　乙未日　辛巳時

此八字乙未日相配柱中之金時上偏官之格喜逢印綬以技身人生得此丰姿慷慨天性維新椿萱半道相丂奉鴻雁天邉各奮身理窮今古事學貫聖賢文十載泮林養志一朝天府沾恩此則顯榮之命鴛幃全正副桂子發芳蘩運行初丁亥幼承上庇化日陽春丙戌運中芸窓篤志雪案勞神乙酉運中幾田空探月風雪擁天津甲申運中時来機會好匹馬到都門癸未運中陰硯寒毡困苦徐徐歷過榮身壬午運中萬民沾德化百里蕩陽

戊辰年　庚申月　癸巳日　乙卯時

此八字癸巳日相配柱中之金印綬之格人生得此宜乎仕路榮登椿親蔡貴萱居側鴻鴈天邊不共鳴平姿英傑天性聰明學問胸中廣詞源筆下精黄道三秋騰驤足赤霄千里奮鵬程禹浪連三躍衣冠拜聖明此則榮貴之命鴛幃年少先招副桂子秋來三四英運行初年酉上人庇下詩礼趨庭壬戌運中從遂平生志潛心對匙藥癸亥運中一朝雲霧合躍過浪三層甲子運中一番風雪過祿位又階陞乙丑運中有衛千萬里金紫貂英英丙寅運中老當大用丁卯運中一夢難醒

丙戌年　庚子月　己卯日　乙亥時

此八字己卯專權之日相配柱中水木才官之格陽刃合柔有功人生得此生於右族長於名門其為人也幸資清秀天性聰明般般稍覺件件不精有近貴親賢之德應上和下之能祖業添新慶根源勝舊風箏長名園過舊竹花開上苑勝先春終是功名之客豈為田舍之翁時來自有淵淵祿運至原來處處通一朝際會沾天澤也應祿馬旺前程不慮區區力此則擊石生烟之命鴛幃春色靡子嗣有光榮運行初辛丑上人庇下未斷平生壬寅運中欲思登仕路須用對青灯癸卯運中天上三陽泰人間仕路通甲辰運中威權遠布嚴名重祿進財添雨露均乙巳運中霜雪滿天輊撥掃雨晴雲散祿元生丙午運中明同秋月家家見聲逐青雲處處聞丁未運中春光去也一夢難醒

己丑年　丁丑月　己酉日　乙亥時

此八字己酉之日相配柱中金木傷官制殺之格人生得此土合椿萱連珠配天邊鴻鴈各聯群其為人也丰姿清雅天性機關不惹不勇可方可員不親顏孟業豈讀聖賢篇般般好覽件件不全祖業添新再整根源十歲九運琴樽風月樂生計全玉松筠舊歲寒凌雲樓閣連畝田園飛詔任他來北闕草玄終不出南山屏列金斂行十二門迎珠履客三千江湖風味好何用去朝天比則穩富之命鶺鴒木命連珠合子嗣枝枝孝義全運行初丙子芰荷遺夏雨弱柳畏春寒乙亥運中新宜初鮮篳漸漸拂雲長甲戌運中爆竹声催殘臘畫折梅香引早春还癸酉運中萬疊好山雲乍斂一樓明月正當天壬申運中才源富足福祿閬閬須史風雨柳絮飄綿辛未運中軒開化日增光彩簾捲香風益祿元庚午運中馬啼花壽不再延

甲戌年　甲戌月　癸酉日　乙卯時

此八字癸酉日相配柱中火土雜氣財官之格人生得此丰姿俊秀天性聰明木土椿萱雙耐晚庭前棠棣挺高榮學識聰明不向仕途求聞達智謀宏遠却從湖海旺財名佇看時来加壯觀喧喧車馬集門庭此則富厚之命鶺鴒諧老尤招副桂子庭前三四英運行初乙亥上人庇下快樂昇平丙子運中便擬生財覔利無心講道窮經丁丑運中家業多豐富風霜不致生戊寅運中僕馬從行樂笙歌擁醉醒己卯運中一番風雪過金玉積盈盈庚辰運中老當益壯頭角峥嵘辛巳運中悠悠處樂壬午運中夢入蓬瀛

丙寅年　辛丑月　乙巳日　丁丑時

此八字乙木相配柱中金火傷官合杀之格值斯造者丰姿潇洒天性良能遇豪強全然不惧逢達士相敬相親其為人也生於富室長於名居連珠椿萱分中道天邊鴻鳫昰飛騰李閗鮮知今故事行藏四遠貴賢欽但顧家門生意廣積玉堆金貫索陳般般塵過件件劳心觀花酌酒理白分清初限中年官灾耗暮年子息享豐登此則富足之命死幃有贈方同老桂子遅來出錦人運行初壬寅上人之下讀史觀經癸卯運中財源多進退灾素耗憂驚甲辰運中財源春水漲眼破又相侵乙巳運中積雪都消盡貫朽粟粮陳丙午運中季倫錦帳何為貴秦帝阿房不足稱丁未運中子朝金闕官誥封身戊申運中花已落月尤沉

戊辰年　甲寅月　壬辰日　戊申時

此八字壬辰魁罡之日相配柱中金土食神制杀之格人生值此生於右族長於名庭水命椿萱亡皓首天邊鴻鳫家中騰其為人也丰姿穩達立性聰明理窮古事熏今事書對賢経典聖経一日風雲相際會九天雨露沐深恩此則榮貴之命鴛幃火命宜早長桂子生来有挺芳運行初乙卯上人之下詩禮相親丙辰運中款遂丈夫之志須下燈火之勤丁卯運中報道南山貌豹变果然北海蛟横戊午運中化日桑麻茂仁風雨露均己未運中一番風雪過禄位又加增庚申運中冲擊之所慎則無驚辛酉運中才應大用未許恩寧壬戌運中百年夢断歸何處一入南柯再不醒

戊辰年　辛酉月　丁卯日　辛丑時

此八字丁逢卯日相配柱中旺金才旺生官之格女人得此本授榮封只嫌卯酉衝破減虧福壽主人儀容嬌媚體態輕盈生於善念之家長於豐潤之庭椿萱雙耐晚棠棣有聯英性急如江濤拍岸心安似山月秋清一苑杏桃鋪錦綉滿山松柏映幃屏此則能事女命良人配合須年長子嗣秋来綻錦英運行初庚申閨門之内快樂安寧己未運中片雲能發千山雨雨過千山色愈清當此之際鳳舞鸞鳴戊午運中夫門財祿旺行樂尚防驚丁巳運中杏艷桃嬌春色麗才源滚滚福崢嶸丙辰運中日明雲霽花於風生乙卯運中門闌添喜慶福祿倍添新甲寅運中月落西風急霜後斷數聲

戊申年　己未月　戊子日　壬子時

此八字戊子相配柱中木水雜氣財官之格女人值此容顏秀麗性格能為生於良門戚族長於潤麗之庭堂上翁姑雖並耄庭前妯娌我豐盈侍夫惟尽礼訓子有規箴衣冠濟濟三從倫家業昂昂四德貞克勤而克儉慶事果懿勤性急儼然風火發片時觸起片時寧助勤每勸九態瞻遺訓迎從斷織心良人敵配齊諧老子嗣枝枝出冨榮此則旺夫耀子女命運行初戊午閨門毓秀慶未許樂心情丁巳運中益蕩花深处並立梧桐枝穩鳳双鳴其中小晦稍見困脩丙辰運中然則家門而有慶也有蹇迍幸不深乙卯運中正在幇夫立業慶一番梨雨晦和迎甲寅運中到此中年光景好驅奴使婢帶簪金癸丑運中出則僕僮扶轎往歸則使女後隨跟夫權名振貫朽粟陳壬子運中上五年華堂納慶一子簪纓下五年蟠桃皆已熟王母郡未尋

戊辰　辛酉　己未　甲子

此八字己未日相配柱中金水傷官生財之格女人得此多智惠有操持椿萱棠棣分中道妯娌翁姑奉不齊心靜似春陽和煦性急如風浪奔飛有針綴之功立業之爲守運平和守到中年未樂中年未棠不如晚景安舒此則能事女命良人配鸞須年長桂子秋風秀色奇運行初庚申庇佑之下樂守安居已未運中雖則鸞歌鳳舞樂中暗自生悲戊午運中到此精神爽快不妨人事趦趄丁巳運中春風桃李花開夜秋雨梧桐葉落時丙辰運中滔滔發旺步步安舒乙卯運中有子有孫且樂守一番風急浪花飛甲寅到癸丑運中歸去也

甲戌年　丙子月　癸酉日　丙辰時

此八字癸酉日元相配柱中火土才官之格人生得此雖不成名安能發福主人生於右族長於名門椿萱有倚雁雙荏天邊鴻雁各行鳴其爲人也丰姿清秀天性聰明般般稍覺件件不精謀動君子威伏小人有近貴親賢之德應上和下之能重成新事業再整舊門庭不以功名爲念豈將冠冕磨礱花無桃李非春色人有笙歌是太平但嫌才源旺足何須天府承恩此則穩厚之命鸞幃有犯須招副子嗣秋來有挺榮運行初丁丑上人庇下化日陽春戊寅運中如花向日似月離雲己卯運中德德精神爽看看氣象新庚辰運中正是太平光霽景还愁風雪滿門庭辛巳運中才源富足家業餘盈壬午運中無處尽傳詩礼樂有朋來自遠方親癸未運中松尚茂栢尤青甲申運中春光歸去也一枕入巫峯

丙午年　庚子月　癸卯日　乙卯時

此八字癸卯日貴之辰相配柱中金水木傷官助殺之格傷官者歷事風雲之象行藏機變之能人生得此丰姿倜儻天性剛明上和下睦之德截長補短之能其為人也生於善族長於仁庭椿父先歸萱後謝鴈行各自獨飛鳴祖業宜更整財囊虧復盈學問不深應近貴行藏出入富豪欽花無桃李飛春色人有笙歌是太平執鞭墜鐙非常計勾攝公文只暫時性不受觸心不藏機般般磨琢件件様持初運中年官破跌晚年積粟子馳名此則劳碌成家之命鴛幃尅過宜重贅子嗣遲招孝義心運行初辛丑上人之下也到書庭壬寅運中便有貴人来提起其中作事未如心癸卯運中幾次梧桐遭夜雨數番桃李艷春陽甲辰運中到此公門才愈旺憂喜官非耗未寧乙巳運中仍有貴人相指引財源進退返官鸞保扶妻子謹慎無侵丙午運中刱置樓臺增基業粟陳貫朽享豐登丁未運中上五年子名振顯下五年一夢無迴

丙午　庚子　庚子　庚辰

此八字庚子日相配柱中之水傷官之格傷官者剛勇之宿也人生得此丰姿英傑天性明良椿萱年耄相連別鴻鴈天邊有共翔學識窮今博古智謀截短補長祖業增華麗財囊阜積藏雖不建侯封也須威轄一鄉此則豪富之命鴛幃配合須偏正桂子秋来有發芳運行初辛丑上人福下冬暖夏凉壬寅運中志不思登仕路身還倦讀文章癸卯運中才源来旺處栁絮飛川墻甲辰運中一番風雪過名勢自軒昂乙巳運中才源滾滾人事光揚丙午運中晚年加沛洋金玉積盈囊丁未運中依然昌樂戊申運中夢入仙鄉

丙午年　庚子月　甲午日　辛未時

此八字甲午日相似柱中金水殺印之格人生得此丰姿厚重性格剛明椿親先別萱禁晚鴻鴈天邊少合情頗知今古事泛覽聖賢經遊山玩水携詩軸對月臨風樂酒情但願江湖生貨利何須誇馬工神京此則書實之命鴛幃有犯重莫少桂子秋來綉色多運行初辛丑庇佑之下快樂安寧壬寅運中春園初過雨桃李便生英癸卯運中行藏順利才源旺一度趦趄又不驚甲辰運中梨雨初晴後紛紛貨利生乙巳運中不獨粟陟金玉盛尚祈車馬擁門庭丙午運中老當光霽丁未運中花落月傾

丙午年　庚子月　戊戌日　丙辰時

此八字戊戌魁罡之日相配柱中之水財旺生官之格人生得此丰姿英俊天性聰明椿樹先凋萱後別鴈行天際各飛鳴詩書破萬卷今古盡窮精泮林踏過橋門去次第登天沭寵榮此則榮顯之命鴛幃配合須年少桂子秋來始有英運行初辛丑上人庇下快樂昇平壬寅運中欲遂平生志潛心對短檠癸卯運中幾回空執卷依舊履霜冰甲辰運中三疊陽關登上國寒氈陰硯又淒清乙巳運中榮沾新雨露百里頌昇平丙午運中重加祿位旺處生驚丁未運中辭榮處樂戊申運中一夢難醒

丙午年　庚子月　庚戌日　丁亥時

此八字庚戌魁罡之日相配柱中之水傷官之格人生得此本顯功名只嫌傷官見官減虧福力椿萱難擬雙雙耄鴻鴈天遣有各翔丰姿英俊性理明良祖業增新慶財源晚積藏英雄交會財來旺晚節光華總異常此則富貴之命駑㤜有碍須年殺桂子秋來沐寵光運行初辛丑庇佑之下冬暖夏凉壬寅運中詩書未必成身業貨利還應便孚藏癸卯運中一番生祖節依舊樂安康甲辰運中財源滾滾人事乖張乙巳運中雪情春信轉紅紫麗門墻丙午運中老當益壯人事光揚丁未運中孫賢子秀戊申運中夢入仙鄉

丙午年　庚子月　戊午日　癸亥時

此八字財旺生官之格子午冲破事不十全女人得此翁姑少靠父母無緣件件自爲自作般般難事自然性急猶如風捲浪心安濺似月當天活計來諸處生涯在四邊初運榮中苦中年悦處憐惟有晚年争福慶春風和氣樂陶然此則損夫能事之命良人重有魁桂于一枝研運行初己亥無榮無辱庇下少年戊戌運中曾歷幾多崎險處依然問處復成懽丁酉運中雖則財源不虧屢世情幾度覆還番丙申運中獨守青燈多懊恨世人起敬樂無邊乙未運中漸漸增光彩滔滔勝昔年甲午運中行藏有慶世業增添癸巳運中花落春何處東風叫杜鵑

丙午年　庚子月　丁酉日　丙子時

此八字丁酉日貴之辰相配柱中之水偏官之格人生值此椿萱雖並耄鴈字各聯行其為人也丰姿清洒立性不剛高人相敬遠客相攀忙裏生意好閙處福元昂倘若機會天邊至也須頭角聳崢嶸其壽且長其福洋洋此則近貴立身之命鴛幃全正副子嗣舞班衆運行初辛丑上人之下一度風霜壬寅運中行藏進退未見安康癸卯運中不意之中曾獲福用心之處反成忙甲辰運中積雪嚴霜欲歷過春風次第集門墻乙巳運中名利必從天上降財源自向遠方生丙午運中彩彩之中加彩色紅紅之上贈紅光丁未運中子貴孫秀快樂何當戊申運中一世平能歸去也夢加流水赴西廂

丙午年　庚子月　丙申日　戊子時

此八字丙申日相配柱中之水正官之格人生得此仕路光榮椿父先歸萱後別鴈行天際不交盟丰姿洒落天性剛明學識窮通今古筆鋒能理究情空向儒林養志可從案牘勞形天官考最沾恩寵百里山河化日明此則榮身之命鴛幃年少雙諧老桂子庭前三兩英運行初辛丑幼年之景月白風清壬寅運中讀殘窗下月囊死案頭螢癸卯運中一番風雪過公府便馳聲甲辰運中疋馬登天路長安緩緩行乙巳運中榮沾新雨露光耀舊門庭丙午運中萬民沾化育財旺勢崢嶸丁未運中榮回故里戊申運中一夢難醒

丙午年　庚子月　甲辰日　乙亥時

此八字甲辰日相配柱中金水木印之格喜得羊刃相和人生得此丰姿英傑天性果刚萱親先別椿後去鴻鴈天邊不共翔李識穷通今古筆鋒能理憲章桃會來時逢貴助劳形案牘沐恩光此則貴人之命鴛帳招賢高一歲桂蘭先損後承芳運行初辛丑初年之景冬暖夏凉壬運寅中詩書虽篤志仕路未光揚癸卯運中風霜都歷過趋事向公堂甲辰運中三疊陽関調趑趄辛不妨乙巳運中榮沾新寵渥光耀旧門墻丙午運中琴堂佐政未擬还鄉丁未運中黄花緑酒戊申運中夢入仙鄉

丙午年　庚子月　庚寅日　丁亥時

此八字庚金相配柱中水火去官留煞之格人生得此丰姿磊落性格果刚生於豊順之室長於遷變之堂椿萱半道相分別鴻鴈天邊不共翔學識頗知今古筆鋒指有堅鋼劍戟叢中曾佇立風雲會處尚輕行佇看晚節多光霽荣旺財名福慶昌此則崇達之命鴛幃尅後重交配桂子秋来始發香運行初辛丑不崇不辱其樂何當壬寅運中志欲登天步月身還履雪經霜癸卯運中花落花春色變斷絃聲裏暗悲傷甲辰運中到此漸知時運達恩沾雨露動和陽乙巳運中政化東西洽仁風遠近揚丙午運中重加祿位衣錦還鄉丁未運中落日青山外西風起白楊

丙午年　庚子月　癸巳日　戊午時

此八字癸巳日相配柱中火土財官之格亦有三奇之美人生得此富貴兩全椿親先別萱親去鴻鳫天邊不共聯半姿慷慨性格良賢頗知今古事稍識聖賢篇祖業有依重整麗才囊旋積晚豐妍但顧江湖生貨利何須跨馬去朝天佇看來晚節榮贈禁稀年此則冨榮之命鴛幃全命須年少桂子森森奪錦仙運行初辛丑輕寒輕暖快樂自然壬寅運中氣轉陽和生活計無端風雪酒山川癸卯運中英雄惟贈劍三尺豪傑相逢酒一船甲辰運中一番風雨過才福旺招前乙巳運中翀凌雲楼臺交四海英賢丙午運中子秀孫賢沾寵渥門前日日擁雕鞍丁未到戊申運中歸去也

丙午年　庚子月　丙申日　壬辰時

此八字丙申日相配柱中之水去官留煞之格女人得此儀容秀美天性良能椿父先歸萱耐晚翁姑妯娌牢無盟立業掌家之道相夫教子之能性急如江濤春壯心安似山月秋清佇有來晚節夫顯子光榮此則榮夫顯子之命良人年少功名容桂子森森有顯英運行初巳亥幼年之景月白風清戊戌運中杏艷尨遷媚鸞歌鳳亦鳴丁酉運中裙釵雖壯麗風雪又嚴凝丙申運中雨過萬重山有色雲開千里月揚明乙未運中家業昌饒裕風生一旦生甲午運中夫顯身榮樂滔滔福慶榮癸巳運中天榮子貴壬辰運中機杼無聲

丙午年　庚子月　丙辰日　壬辰時

此八字丟官留殺之格人生得此手姿英俊性格果剛生於仁義之族長於豐富之堂椿萱堂上先鬱毋鴻鴈天邊各奮翔稍有賢良之志粗知禮義之方祖業添新慶才囊倚積蔵佇看晚年多壯麗喧喧車馬集門墻此則穩富之命鴛帳招賢須配少桂蘭選擬發天香運行初辛丑上人庇下其樂何當壬寅運中雖則陽田宇宙未應挑李芬芳癸卯運中才源穩旺生涯富一旦懽聲入洞房甲辰運中風雲初晴後江湖姓字揚乙巳運中才源滾滾風絮飄揚丙午運中樓臺疊疊財帛盈囊丁未運中依然光霽戊申運中夢入黃粱

丙午年　庚子月　癸卯日　戊午時

此八字癸卯日貴之辰財官印綬俱全三奇之格值此象者生於右族長於良家椿萱榮耐晚鴻鴈奮天涯其為人也手姿磊落性格奢華驪珠照耀光難掩雷劍藏豐氣莫遮龍門變化三春暖鵬路逍遥九萬餘此則英雄之命鴛幃正副桂子先花運行初辛丑襁褓之下事事亨嘉壬寅運中夜案挑燈明翠幕殘窓滴露點珠砂癸卯運中青雲隨穩步似此發光華甲辰運中花縣豈能留得住烏臺還見集群鵷乙巳運中玉佩迎朝日緋衣帶禁霞丙午運中須吏風動波紋皺還有聲名振遐邇丁未運中人老思春酒秋深對菊花戊申運中香魂若夢仙魄乘槎

丙午年　庚子月　己亥日　戊寅時

此八字己亥日相配柱中水土雜氣才官之格人生得此儀容特達處置多方椿萱雙白首鴻鴈不成行學識粗知禮義機謀稍近賢良祖業重增麗才囊積倍藏不須跨馬長安道且向江湖意趣長此則穩富之命鸞帳招賢潤賢郎姓字香運行初丁酉上人庇下樂享徜徉丙申運中春圃雨過未許尋芳乙未運中貨利交通千里外一番風雪墜門墻甲午運中但見行藏有慶不妨人事乖張癸巳運中才源滾滾家業昂昂壬辰運中孫賢子秀宜榮樂一夢胡為萬里長

丙午年　庚子月　丙午日　乙未時

此八字丙午日丙之辰正官之格午字沖破格局偏欹大命椿榮晚方別春風棠棣長芳枝其為人也行藏特達性格操持研窮今古漁獵詩書般般頗曉事事粗知運至始知壯觀時來早覺光輝報道晚年添彩色纍然金菊泛東籬此則晚芳之命鸞幃有慰須招硬挂子金風一兩枝運行初辛丑上人庇下無事無非壬辰運中輕雷抽碧笋微雨潤楊堤癸卯運中青雲難力救賦命有疾徐甲辰運中幾番名不就靜裏見趨趄乙巳運中積雪嚴霜經歷過始教行樂當時丙辰運中人生正是光華景豈肯悠悠守硯池丁未運中晚景優游樂戊申運中猿啼日又西

丙午年　庚子月　壬辰日　戊申時
此八字壬辰魁罡之日半月全赤之格人生得此
生於茂族長於華宗椿萱難並耄鴻雁有飛騰學
問不深知義理智謀深遠近高人半資清秀天性
忠誠祖業多華麗財囊事見成不入文墻非業牘
乃仍頭角峥嵘此則因富致貴之命鴛幃宜兩
敵桂子獲秋英運行初辛酉上人庇下未斷升沉
壬寅運中幾欲登高慕遠依然困守家庭癸卯運
中才源難隱學人事尚逡巡甲辰運中一番風雨
過財帛愈添增乙巳運中機會忽從天上降翻金
納粟顯功名丙午運中沖擊之所忽生驚丁未運
中春殘花落流水無聲

丙午年　庚子月　庚子日　壬午時
此八字傷官帶赤之金水傷官喜見官星人生得
此本為得祿名只嫌因柱兩沖減其福力主人生
於右族長於高門椿親先別去鳴雁不聯行半姿
清秀性格異常般般好學件件平常常招君子地
時優貴人鄉莫思仕路登雲險但願江湖風味香
住看時通并運達才源滚滚盈囊此則穩旺之命
鴛幃魁後須招續桂子秋來吐異香運行初庚丑
上人庇下紹襲迎祥壬寅運中雪晴天未煖行樂
尚悠揚癸卯運中人生富貴皆前定何必區區鎮
日忙甲辰運中一番風雨過財帛頗軒昂乙巳運
中戌四時佳趣空萬畝田庄丙午運中返吟之地
樂處生殃丁未運中人生此去求為別江水東流
日夜忙

丙午年　庚子月　甲寅日　庚午時

此八字甲寅專祿之日配合柱中金火傷官制殺之格傷官者氣高傲物性不伏人歷事有風雲之家行藏有州斷之能生於仁穩之宅長於名室之門堂上椿萱雅並巷鴈行列各上飛騰多聞而多見多智又識深算長名園建旧竹花開上苑勝先春有分清理白之志出類拔萃之能祖基吾必添加置財帛資囊饒裕與學問詩知今古事生來四遠貴人蓮五湖四海當留意柳陌花街莫戀親但顛江山消遣與何須秉笏到神京此則貴族之命

鴛幃土命招勤儉子許先花桂綬縈運行初辛丑淡雲龍芍藥秋雨滴街庭壬寅運中既濟七妨於未濟得經七慮失經癸卯運中不戀鼓鄉風土美遨遊異境覓財生其中無險蹉官耗眼災侵甲辰運中然財則源而有進尚妨人事乱擾遇乙巳運中生計從容福布鄉閭之外境營謀發達名馳浙郡有權英然無大憂非耗不容丙午運中富貴榮華當此際綠楊汀外馬蹄輕消閑棋一局會友酒三醒丁未運中有子登龍帝闕烏阿簪纓福非輕堆金薰積玉無事小仙人戊申運中上五年華堂

丙午年　庚子月　戊申日　丙辰時

此八字戊申之日身坐長生財旺之論主人生於茂族長於華宗堂毋先帰春耐晚幾行鴻鴈遂西風其為人也手姿雅秀智慧雍容不負寸陰之惜豈韋題柱之功果是功名客豈為田舍翁一旦風雲便衣冠拜九重此則光揚之命鴛幃全正副蘭桂長芳叢運行初辛丑春和景媚柳綠梔紅壬寅運中心思千古學足三冬癸卯運中漸漸陽回喬木看看氣轉鴻濛甲辰運中文望從斯顯生徒四遠從乙巳運中皇恩有感雨露加封丙午運中威降黎庶政洽西東丁未運中帰享田園樂戊申運中南柯一梦中

丙午年　庚子月　辛卯日　己亥時

此八字辛金相配柱中旺水傷官帶才之格喜逢官印以相生人生得此丰姿俊彥性格果剛生於戈矛之室長於劍武之門一對椿萱先別父数行鴿鴈少知心學問不親於孟孔機謀稍動於賢英祖業重磨琢才囊晚積盈一朝時運達貴葯粟乜陳此則晚富之命鴛幃火命須年少桂子秋來長嫩叢運行初辛丑上人庇下未許升沉壬寅運中雖則才源有望也防人事相采癸卯運中洞房生喜氣風雪舞晴空甲辰運中滾滾才源來愈旺芬芬事業起無心富此之際樂處生凶乙巳運中不獨門蘭生意廣尚祈樓閣聳峥嵘丙午運中冲擊之所月入云屏丁未運中人生從此去無復見儀容

丙午年　庚子月　壬辰日　丁未時

此八字壬辰魁罡之日相配柱中金火棄印就財之格人生得此丰姿清致天性公平椿萱堂上雙年老鴻鴈天邊有共鳴季識聰明掌上星辰知禍福英才特達胸中智策動賢英自有貴人敬仰豈無才祿生成湖海財名榮旺輝輝弟宅新興此則起家之命鸞幃土命須全屬桂子秋來有顯榮運行初辛丑風和日麗天朗氣清壬寅運中便有名揚鄉井豈無財旺家庭癸卯運中才源來旺處世事有相榮甲辰運中家業輝輝人敬仰踈踈籬雨便閒情乙巳運中嚴霜積雪都經過囊裹金珠積漸盈丙午運中老當沾沛澤子顯福峥嵘丁未運中悠悠享用戊申運中夢入蓬瀛

丙午年　庚子月　丙午日　庚寅時

此八字丙午日刃之辰水克火正官之格人生得此本子得禄得名只嫌子午冲破賊殺福力注人丰姿都吝稟賦良能生於豐潤之族長於詩礼之庭堂上椿萱先别父庭前棠棣有星榮般般都歷覧件件不全精祖業有依增秀麗才稟晚節愈豐盈此則豐足之命鴛幃土命須年少枝子森枝一挺榮運行初辛丑上人庇下快樂和平壬寅運中雨過山方秀雲開天始清癸卯運中幾度樂中有悶數回靜裏生驚甲辰運中桃嬌杏艷春光好一度風波險阻生乙巳運中門迎車馬客往來無白丁丙午運中閥閱增輝才業廣孫賢子秀樂升平丁未運中老當益壯戊甲運中一夢難醒

丙午年　庚子月　甲子日　己巳時

此八字甲子日相配柱中之水印綬之格人生得此丰姿清瘦天性賢良椿父先歸萱後别鴈行天際不成聯學識旁通今古筆鋒能掃危究終擬揚名顯姓宣教鑿井耕田天官考最沾恩寵禄位榮看次第廷此則榮貴之命鴛幃鼠屬須年少桂子金風朶朶妍運行初辛丑幼年之景不暖不寒壬寅運中詩書雖有志焉得去朝天癸卯運中公府名馳才帛旺陽關三唱上長安甲辰運中榮沾新寵屋風雪不成寒乙巳運中困餚随眠掌浪息便榮廷丙午運中清風楊百里化日照黎元丁未運中榮回故里戊申運中夢入九泉

丙午年　庚子月　乙巳日　丁亥時

此八字乙巳日相配柱中水火傷官用印之格人生得此顯姓揚名堂上椿萱双茂庭前棠棣联英丰姿潇洒天性忠誠孝門三冬足詩書万卷精終是功名之客宜為避世之英泮林蹈過橋門去荣沐恩波顯政声此則顯荣之命篤備年長須招副桂子花多秀晩英運行初辛丑幼承上庇詩礼趨庭壬寅運中讀残芸店月行落泮林星癸卯運中機會来時飛麟廷陽関三疊上天庭甲辰運中橋門多樂趣人事有驚荣乙巳運中寵渥荣沾權百里風霜阻節不傷情丙午運中禄元重顯擢桃李韵春荣丁未運中荣回故里戊申運中梦入蓬瀛

丙午年　庚子月　甲寅日　壬申時

此八字甲寅專禄之日相配柱中金水殺印之格女人得此福足以庇其身主人儀容嬌媚德性温良生於仁義之族配於豊配之堂椿萱棠棣難相守妯娌翁姑有共行心静似月明霄漢性急如風捲海浪伫看晩年增福慶輝輝羅綺積千箱此則掌家女命良人配合須年少桂子先凋晩發芳運行初己亥上人庇下毓秀閨房戊戌運中配匹成佳偶花開錦綉香丁酉運中雖則夫門才業旺幾番人事有悲傷丙申運中雲開山黛翠雨過月揚光乙未運中裙釵多壯麗人事有乖張甲午運中桑榆暮景福享荣昌癸巳運中粧楼人去也臺鏡權晨光

丙午年　庚子月　乙巳日　己卯時

此八字乙巳日相配柱中金水官印之格喜逢日祿以歸時稟得五行之秀氣人生得此半姿英厚天性溫良椿親先別萱墳室鴻鴈天邊不共翔學問有成終是求名之客筆鋒雄健豈爲避世之郎一朝跨馬登天府榮沐恩波姓顯揚此則榮貴之命鴛幃配合双諧老桂子秋來吐異香運行初辛丑幼年之景庇下安詳壬寅運中詩書不負平生志來擬文聲播試場癸卯運中貴人相薦引便擬旁軒昂甲辰運中風雪初消馳駿馬都門聊寓興

悠揚乙巳運中榮沾寵渥便振權衡丙午運中化日輝千里金球積滿囊丁未到戊申歸去也

丙午年　庚子月　甲辰日　庚午時

此八字甲辰日相配柱中水局印綬之格印綬者上格也人生得此富貴兩全椿親双別萱尤峯鴻鴈天邊有共聯手姿穗厚天性良賢祖業添新慶財囊自積全但願門迎車馬客自然晚節算巍然此則富上榮封之命鴛幃鷄屬須年少桂子榮看祿位遷運行初辛丑上人庇下快樂自然壬寅運中滔滔旺家業無暇讀書篇癸卯運中椿樹凋零後財源愈勝前甲辰運中重興事業廣置田園乙巳運中子貴門闌壯光華出自然丙午運中榮沾

寵渥車馬喧喧丁未到戊申運中歸去也

丙午年　庚子月　己酉日　甲子時

此八字己土相配柱中水木財盛生官之格才盛
生官終身有显值此象者丰姿磊落天性老誠言
不妄發事不胡行其為人也生於有名之家長於
良善之居堂上椿萱先後別天邊鴻鴈我飛騰祖
業宜添整花木四時馨李間博親姻間綠楊官路
靜英材廣潤雨滋紅杏宅門深威風凜凜人中罕
氣宇昂昂席上珎多聞多見多智多能初運中年
突險過暮年增祿子孫崇此則显耀之命兆幃有
魁宜添副桂子中來有錦英運行初辛丑雨餘山
路滑未是賞花春壬寅運中雖有凌雲加秀氣其
中運滯耗憂迍癸卯運中便有声名揚閭里進退
相兼素悔驚甲辰運中此運崎嶇灾素過名揚四
遠幸无侵乙巳運中威儀赫赫声名重官灾服破
保身行丙午運中不分東南西與北庶人仰德播
權能丁未運中子荣朝鳳閱快樂勝仙人戊申運
中留名萬載一夢亚峯

丙午年　庚子月　癸卯日　癸亥時

此八字癸卯日貴之辰相配柱中木火傷官助財
之格人生得此丰姿清俊性格良能椿堂先別萱
禁晚鴻鴈天邊有各鳴李識粗通今古威儀也壓
鄉城祖業重增聚財囊自積成但願生涯旺湖海
何須天府沐恩榮此則富實之命鸞幃赴後重交
丞桂子無多一兩荣運行初辛丑庇佑之下樂享
昇平壬寅運中風霜何足慮人事便光榮癸卯運
中財源来滚滚樂處又悲生甲辰運中重成新喜
慶再整旧門庭乙巳運中英雄交敍厚財帛事相
縈丙午運中晚年發旺食廩豐盈丁未運中依然
享用戊申運中一夢難醒

丙午年　庚子月　已酉日　已巳時

此八字已酉日相配柱中之水財旺生官之格正謂財盛生官終身有慶人生得此丰姿清楚性格柔剛萱毋先歸椿後别天邊鴻鴈不同翔粗知今古事稍識聖賢章祖業添新慶財源自積藏但願財名旺湖海何須姓字達朝堂此則富旺之命鴛幃重重魁破桂蘭朶朶秋香運行初辛丑庇佑之下未斷哀祥壬寅運中志欲嘲風咏月身還履雪經霜癸卯運中斷弦重把鸞膠續彈出聲來又斷腸甲辰運中財源來旺處柳絮又飛揚乙巳運中到此逢高貴財源倍勝常丙午運中晚年光譽金玉盈囊丁未運中黄花緑酒戊申運中猿断人傷

丙午年　辛丑月　甲寅日　辛未時

此八字甲寅專祿之日相配柱中金臨祿氣生官之
格人生得此生於右族長於宦門豈毋續絃椿貴
顯天边鴻鴈有行鳴其為人也丰姿清秀天性聰
明錦綉胸藏賢聖李珠璣口吐武文風衣冠濟濟
人中傑和氣怡怡席上珎終是功名之客豈為田舍
之翁鵬路高搏知健翼龍門浮躍是修鱗一從
姓字傳揚後金紫榮看次弟陞此則榮貴之命篤
悌木命須年老子嗣生成貴顯人運行初壬寅上
人庇下未斷平生癸卯運中十年窓下業黃卷
與青灯甲辰運中遠望天恩雲外路思攀桂子手
中馨乙巳運中躍过禹門三級浪象笏金鑾待聖
明丙午運中戝迁金紫貴風雲不為驚丁未運中
佇看官封三級酌然祿享千鍾戊申運中子貴重
榮贈己酉運中帰去也

丙午　辛丑　己丑　乙丑

此八字特上偏官之格喜有傷官制用印綬生身
椿父先歸萱後别西風鴻鴈各分群律法條章深
用意筆刀場上愈留心世事覆番雖照舊根基頹
毀必重新此則貴達之命兄怫全正副子嗣數枝
新運行初壬寅少年之際何慮平生癸卯運中貴
人指引登崇域人事紛紛多变更甲辰運中失之
非是悶得也未為榮乙巳運中雲開綫見銀河色
雪濟方治雨露恩丙午運中三年不改来時政百
姓咸誇去後能丁未運中一陞還見退故里乞閑
身戊申運中黃花綠酒己酉運中夢入佳城

丙午年　辛丑月　癸未日　壬子時

此八字癸未日配相柱中火土雜氣才官之格丙辛作合有功女人得此福足以榮其身椿萱棠棣難相守妯娌翁姑侍不平姿容秀麗性格金剛立業掌家有道相夫教子多方心淨似月明霄凜性急如風捲滄浪生於茂族配於慎房佇看夫榮子秀輝輝福慶非常此則榮秀女命良人年長残婚合桂子秋来有異芳運行初庚子庇佑之下快樂何當己酉運中杏艷桃還媚鸎歌鳳亦翔戊戌運中風霜都歷過家業愈榮昌丁酉運中百味珎羞列席一番風浪何當丙申運中重添新氣象福祿享安康乙未運中鴛幃驚散後閨閣夜荒京甲午運中粧樓人去也臺鏡掩晨光

丙午　辛丑　乙卯　甲子

此八字杂氣財官之格子卯刑去杀星梧局粹人生得此堂不光揭萱棠耐晚春父先亡其為人也半姿洒落氣性果剛曾開營中施武略不劳窓下李文章号令凜冰霜之肅權旗蔽日月之光重々金紫貴疊々祿元昌此則威権之命北幃有尅須重續子嗣班衣文武祥運行到壬寅春風科峭未稱尋芳癸卯運中如花上死似筍出東籬甲辰運中声名增此振冠冕異於常乙巳運中威名降士卒令望壓邊疆當此之際風浪何婦丙午運中東風忽有吹噓力沛澤崇加令望彰丁未運中威權肅々祿位昂々戊申運中老成离下游優業且把勳功付令郎己酉運中香魂杳々談水洋々

子平遺書　五

丙午　辛丑　乙酉　癸未

此八字巳酉專權之日偏官之格傷官制服為良椿萱之耐晚鴻雁各飛翔其為人也不慈不勇可方可貴逢凶而獲吉遇險而無方親情寒似雪骨肉冷如霜志誠朝上帝皎命里玄黃停看一日逢高貴重諸山獨羨芳此則高人之命運行到壬寅春風習々秋月蒼々癸卯運中暮道覓仙林之路尋師遊云水之鄉甲辰運中異刈行藏而標也防風起浪还生乙巳運中但宜聽天方為吉妄有謀為反不妙丙午運中至此始知名蒐显榮荷巾上澤洋々丁未運中徒孫吾滿座賓客有盈堂戊申運中參合長生恭元精深閑莊巳酉運中化鶴登天外寒云冷々伙

子平遺書　六

丙午年　辛丑月　辛巳日　巳亥時

此八字辛巳日配乎柱中之大雜氣財官之格傷官冲破不貴而富椿萱難擬雙同老桂鴻雁天邊不共翔羊姿英俊天性明良學識粗知禮義智謀能合賢良祖業重新整才囊自積蔵但願才名旺湖海何須跨馬上天堂此則富旺之命鴛幃配合重年少桂子秋来有挺芳運行初壬寅不榮不辱庇下安詳癸卯運中有心生貨利無志讀文章甲辰運中踈々風雪過日々旺財囊乙巳運中幾番生晦悶依樂樂安康丙午運中財帛来多旺風霜惱一場丁未運中晚年興旺其樂何當戊申到巳酉運中歸去也

丙午年　辛丑月　乙丑日　甲申時

此八字官星七殺交差却有合殺爲貴身弱莫能勝任爲此虛利虛名主人生於善族長於良門一對椿萱先别母聯行鴻鴈少飛鳴其爲人也丰姿清俊性格良能般般好將就事事不全通君子敬貴人欽事業再磨再琢根基重立重成但顧有醪招客飲何須騎馬上神京此則穩盛之命鴛幃諧百歲桂子綻秋風運行初壬寅輕輕曉霧淡淡春雲癸卯運中雙親蔭庇無虧益光景如心又稱情甲辰運中滿庭風雪曾懷悶依舊雲開萬物榮乙巳運中門閫增彩色福祿始添增丙午運中化日晞霜雪行藏足稱情丁未運中延賓而玩物會友以論盟戊申運中春光盡也好夢難醒

丙午　辛丑　甲申　乙亥

此八字甲申日相配柱中金土雜氣財官之格人生得此大器晚成椿萱不逮雙榮養鴻鴈天邊有各鳴丰姿洒落天性聰明學問有成空向儒林跋跋筆鋒雄健可從公府馳聲三疊陽關斟别酒九重天府沐恩榮此則顯榮之命鴛幃有碍須相骶桂子秋來有顯英運行初壬寅庇佑之下黃卷青灯癸卯運中恰似洛陽三月景楊花飛處牡丹馨甲辰運中志欲登天步月依然困守鄉城乙巳運中時來聲價顯筆力掃寃情丙午運中到此榮沾寵渥果然光耀門庭丁未運中仁風揚百里才旺勢崢嶸戊申運中再加祿位己酉運中夢入蓬瀛

丙午年　辛丑月　己巳日　癸酉時

此八字己巳日癸酉時乃是金神之格女人值此椿萱先別父厲字各聡飛其爲人也姿容清穩作事能爲性氣急如風火發片時易起片時除芰荷香馥鄰雨滋花蕚發新輝此則能爲女命良人火命宜年長子嗣先花後果期運行初庚子上人之下刺繡之機己亥運中共結絲蘿山海固永諧琴瑟地天齊戊戌運中一番風雪幾度趦趄丁酉運中寸雲掩月不損光輝丙申運中雲收明月見雨過竹重蒐乙未運中使婢厨中烹異品抱孫堂上樂餘情甲午運中暮年清泰金帛光輝癸巳運中儀容去也夢入蓬瀛

丙午　辛丑　丁卯　丁未

此八字丁卯日相配柱中金土雜氣財官之格人生得此丰姿英傑天性公平椿萱皓首難全奉鴻鴈天邊各奮鳴心下存濟人之德胷中無杀害之情祖業重新慶財囊自積成雖不建侯封爵也須名布鄉城此則富旺之命鴛幃有犯須拈副桂子秋来發錦英運行初壬寅上人庇下詩禮趋庭癸夘運中志思登仕路也讀聖賢経甲辰運中家業多豐足風霜一旦生乙巳運中踈踈風雪過日日會賢英丙午運中狼虎関中得路果然風浪無驚丁未運中粟陳米朽珠玉盈盈戊申運中悠悠処樂己酉運中一夢難醒

丙午年　辛丑月　辛未日　庚寅時

此八字辛未日相配柱中木火才殺之格人生得此行藏倜儻處用多機椿親耐晚萱先別鴻雁天邊各奮飛祖業重磨琢才囊自積成湖海市廛才旺日英雄交款勢輝輝此則守旺之命鴛幃金命須年少桂子庭前一兩枝運行初壬寅幼年之景無是無非癸卯運中財帛生成行樂順一番風雪洒門閭甲辰運中世事儼如新折柳人情渾似半開梅乙巳運中樂中生出悶悶過旺家資丙午運中門闌壯觀才旺福獮丁未運中悠悠處樂戊申運中歸去來乎

丙午　辛丑　癸亥　壬子

此八字癸亥日相配柱中金土雜氣殺印之格人生得此半姿洒落性理剛明心下存濟人之德胸中無穀害之聲明古今之事知賢聖之經祖業重華廳才囊厚積盈自有貴人敬仰果然湖海馳名佇看晚年光齋景喧喧車馬集門庭此則富貴之命鴛幃諧白首桂子沭恩榮運行初壬寅上人庇下快樂昇平當此之際椿樹凋零癸卯運中詩書雖有志貨利又相崇甲辰運中世事儼如新折柳人情還似半開英乙巳運中一番風雪過則帛愈豊盈丙午運中滔滔發旺安步生成丁未運中沖擊之所桂子英榮戊申到巳酉運中歸去也

丙午年　辛丑月　乙亥日　癸未時

此八字偏官之格其爲人也生近韋壓城郭出於富門雙親有魁椿府先歸萱母有從携燈嘆息學問英才貴財源富飾榮此則名利人也鴛幃爲上年當長子嗣榮華積慶深運行壬寅癸卯之中螢窓守硯學禮攻書行甲辰乙巳運中莫嫌金榜窄身到玉堦墀行丙午丁未運中江山無限登臨興樓閣多歆雅詠詩行戊申己酉運中月色朦朧行庚戌運中清光皎潔財帛從容辛亥運中一息不来空嘆息夢隨蝴蝶到莊周

丙午　辛丑　乙亥　辛巳

此八字乙亥日相配柱中金土偏官之格丙辛作合有功人生得此丰姿英俊性格果剄椿萱雙皓首鴻鴈有分翔學問有成終貴顯筆鋒健利擬軒昂機會來時逢貴助勞形案牘倍光揚姓字一朝登鳳闕天官奏最禄元昌此則榮達之命鴛幃魁後重年少桂子秋來朶朶香運行初壬寅上人庇下快樂安詳癸卯運中讀残窓下月未許便鷹揚甲辰運中貴客吹噓登案牘高揮劍筆振權衡乙巳運中三疊陽関馳疋馬恩波榮沐耀家鄉丙午運中天府榮徽風雪過黎元百里樂安康丁未運中再加禄位財禄豊昌戊申運中榮回錦里己酉運中一夢黄粱

丙午　辛丑　庚辰　丙戌

此八字庚辰魁罡之日偏官之格羊兩作合為榮椿父先歸萱白首西風鴻雁各分飛其為人也行藏特達舉用人欽有抑強扶弱之志欺風概雪之能祖基宜整舊事業在重成江湖有意公卿小廊廟無心軒冕輕此則穩旺之命鴛幃宜副宜年小子嗣旁枝挺秀馨運行初壬寅踈踈烟雨星月昏濛癸卯運中花開上苑春光好頃刻風波豈致驚甲辰運中得中曾有失險處幸無凶乙巳運中但宜守已方為吉妄有求謀未必亨丙午運中家門壯觀福祿駢臻丁未運中西風吹盡天邊雪財帛紛紛家業增戊申運中延賓玩物會交論文己酉運中杳冤何處雲水濵濵

丙午年　辛丑月　戊寅日　丁巳時

此八字戊寅日相配極中金火傷官佩印之格人生得此生於善順之族長於詩礼之門丰姿儒雅性格和温萱毋早凋椿後別鴈行天隊不同群祖業添新度才囊自積存不須踏馬長安道且向花前飲一樽此則穩富之命鴛幃尅後重年少挂子秋風兩果存運行初壬寅庇佑之下化日陽春癸卯運中身衣芀花絮寒来若逼身甲辰運中焦桐声間歇重續断泣新乙巳運中旺中生玫瑰棘處見迩迩丙中運中才源来滚滚福慶自臻臻丁未運中桑榆暮景樂享兒孫戊申運中英雄惟　劍三尺豪傑相逢酒一樽己酉運中惟有猿啼處青山　白

丙午年　辛丑月　己丑日　乙卯時

此八字己土相配柱中火木時上偏官之格人生得此多機多变不柔不剛生於富室長於華堂椿萱分前後鳴鴈各分行祖業重新驥才源厚積蔵但顧有情交貴客何須跨馬上朝堂此則富實之命鴛幃魁後重年少桂子高枝有挺芳運行初壬寅上人庇下其樂何當癸卯運中雪晴春信轉紅紫閑芬芳甲辰運中恰似洛陽三月景楊花飛處牡丹香乙巳運中花落花憂变喜才源旺處暗相傷丙午運中樓臺疊疊生涯富氣岸英英福慶昌丁未運中孫賢子秀光耀門墻戊申運中桑榆景己酉運中夢入仙鄉

丙午年　辛丑月　庚申日　辛巳時

此八字庚申專禄之扆陽兩合朵之格人生得此生於茂族長於華扆椿萱萱有壽鳴鴈有聯英芉姿高古天性良明學問有成終是登庸之客英才敏捷豈為田舍之人嘉谷不早食大器當晚成一朝陽姓字端簡拜金門此則晚崇之命鴛幃土命須俟屬桂子生成顕貴人運行初壬寅上人庇下礼樂維新癸卯運中風狂春樹折困守讀書灯甲辰運中枕卷蠶田豈嘆息何必畜心對短檠乙巳運中一声春歷霹靂躍過浪三層丙午運中滿天膏雨至千里仁風逐扇生丁未運中崇田籬下樂一枕了平生

丙午年　辛丑月　丁丑日　辛丑時

此八字食神帶財之格只嫌比刼太旺福氣欠新堂上椿萱中道別天邊鴈字各分群其爲人也智謀宏遠性格乖能非討論於事理非博覽於古今世業區區而琢立財源役役而留心炯潤綠揚官路靜雨滋花萼宅門深市井多生意耆年福慶臻此則守常之命鴛幃得合宜年少子嗣森枝旺戶庭運行初壬寅蹤雲掩月薄霧漫空癸卯運中堤柳已含新歲月園梅不改舊時馨甲辰運中春色滿園關不住一枝黎玉出墻來乙巳運中但宜守舊方爲吉妄有謀求反致凶丙午運中萬里春風行樂好滿庭佳氣瑞祥生丁未運中家居饒裕福祿駢臻戊申運中孫賢子孫樂豈忘情己酉運中光陰如過隙花落月尤況

丙午年　辛丑月　丙子日　乙未時

此八字雜氣才官之格喜逢印綬以扶身稟得五行之秀氣女人得此生於茂族配於賢英椿萱棠棣難相守妯娌翁姑分上輕姿容閶朗歷事乖能性急如懸飛瀑心安似逕漢垂星一苑杏花紅錦綉滿山松柏映幃屏佇看晚年光霽景輝輝羅綺積千層此則榮旺女命良人命敵方偕老桂子秋成奪錦人運行初庚子上人庇下廕秀家庥巳亥運中秦樓年少簫歌女漢院風流付粉人戊戌運中片雲能發千山雨雨過千山依舊青丁酉運中雖則行藏有慶一番風雪侵身丙申運中禍斂濟濟福祿駢臻乙未運中孫賢子秀沛澤加增甲午運中綉閣人何在粧樓鏡掩晨

丙午年　辛丑月　辛酉日　壬辰時

此八字辛酉專祿之辰雜氣官印之格四柱有拱有助五行無尅無妨其爲人也丰姿磊落性格聰明學問可知今古平生尤近豪英堂上二親椿早殞天邊鴻鴈失行群貨利交通千里外生涯盡在五湖中中限幾多閑駁雜晚年愈見樂豐隆此則安和之命鴛幃有犯須相觝桂子金風旺宅門運行初壬寅不虧不益無辱無榮癸卯運中雨過山方秀雲開月有光甲辰運中幾度閑中會蹭蹬依然和氣且春風乙巳運中忽有高人私指引財源增進樂匆匆丙午運中靜裏人情擾閙中世事榮丁未運中遣興莫過棋一局消閑惟有酒三鍾戊申運人生到此東籬含菊北嶺蒼松己酉運中童言採藥登山去知在雲間第幾峯

丙午年　辛丑月　己丑日　丁卯時

此八字己土相配柱中之木時上偏官之格喜逢印授以扶身人生得此丰姿穩重舉用人欽生於望族長於叢林椿萱棠棣难相守佛祖師天共一心初運清寧中快樂晚年福相等觀音耿耿禅灯輝佛塔泠泠澗水滴山陰此則出家之命運行初壬寅上人庇下風雪相侵癸卯運中聞經听法礼佛敬師甲辰運中一番行樂逡巡過才帛資囊積有餘乙巳運中山鬼听経於座側獼猴朝果於山前丙午運中主席名山威德振法幹常轉福元堅丁未運中三昧無障五戒精專戊申運中依然安樂己酉運中夢入黃粱

丙午年　辛丑月　己酉日　丁卯時

此八字己土配桂中火木時上偏官之格人生得此多機多变不柔不刚生於富室長於華堂椿萱分别後鴻雁不聯行祖業增新麗才囊厚積藏但願有情交貴客何須讀馬上朝堂此則富実之命鴛幃魁後重年少桂子高枝有挺芳運行初壬寅上人庇下其樂何當癸卯運中雪晴春信至紅紫鬧芬芳甲辰運中恰似洛陽三月景楊花飛颺牡丹香丙午運中楼臺盈盈生雅富氣宇英英福慶昌丁未運中孫賢子秀光耀門庭戊申運中桑榆暮景己酉運中夢入黃粱

丙午年　辛丑月　癸亥日　癸丑時

此八字相配桂中火木雜氣才官之格人生得此姓顯名揚椿萱不遠双栄贈鴻雁天邊各奮翔丰姿慷慨天性剛明筆下能分枉直胸中精貫文章瓊林雖不登高宴禄位尤能沐寵光此則榮顯之命鴛幃須偏正桂子秋吐異香運行初壬寅幼承上庇何論炎涼癸卯運中尋章摘句入室升堂甲辰運中抛卷已番嘆息時未也上天堂乙巳運中榮沾新寵渥化日引春陽丙午運中一番風雪過禄位又加昌丁未運中權衡奮千里何事便还鄉戊申運中黄花綠洒己酉運中夢入石梁

丙午年　辛丑月　丁丑日　己酉時

此八字傷官帶財之格女人得此生于仁善之族適于道義之門翁姑失相倚妯娌欠同心治家活潑歷事辛勤代夫而盡禮訓子以多能性急恰如風捲浪心安儼似月當庭初運安和中限雜晚年富貴樂昇平此則發福之命良人年長衣冠列子嗣光顯後有成運行初庚子未詳得失恪守閨庭己亥運中郭合翠鸞成好夢鸞緣紅葉叙佳盟戊戌運中清風播爽徹雨弄晴丁酉運中一番駁雜纔經過萬里春風祥瑞生丙申運中福元饒瀾世利光新乙未運中天榮身快樂此際果如心甲午運中晚年康樂癸巳運中一夢佳城

丙午年　辛丑月　癸亥日　癸亥時

此八字癸水配合柱中火土樵氣才官之格值斯象者丰姿質朴天性威能有慈祥愷悌之德无酷毒害人之心其為人也生於名宅長於詩庭双恩別後榮陞显鴻鳳行中挺奮鳴李閅有成不負勤勞窗下叢英材豪邁定應显祖又封親闈闔關黃道衣冠拜帝君佇看風雲相際會晚年壽祿必腰金此則貴显之命死幃年長桂子金英運行初壬寅上人庇下習史攻經癸卯運中讀殘茅店月憂非悔未寧甲辰運中雖則留心於經史焉能特達返非逸乙巳運中時來風送滕王閣灾憂非耗保身行丙午運中他日功勞從此显灾險憂非未脫身丁未運中一運二陞權显耀黃堂治政必腰金戊申運中苦苦辭思樂一梦見隋君

丙午年　辛丑月　乙丑日　丁亥時

此八字乙木相配柱中金水禄氣赤印之格女人值此容顏厚重操幹勤能其為人也生於名室長配名門翁親先別姑後謝妯娌行中各有馨羅綺滿箱家富足琅玕竹報日康寧衣冠濟濟三從備家業昂昂四德貞助勤每効孔能膽遺訓遂從斷織心然則女人之体貌賽如男子之聰明待夫有礼訓子規成初限中年灾耗過晚来相子助夫門此則賢淑女命土命良人豪傑客桂子生来富与榮運初庚子閨門之内語李金針已亥運中萬紫

千紅景憂喜不傷侵戊戌運中一對鴛鴦齊並立憂耗危來幸喜臨丁酉運中然幇夫業崎嶇有救神丙申運中良人必然帰領袖灾素官非耗未寧乙未運中驅奴然使婢危憂謹已行甲午運中出入簪金而帶玉子嗣攀龍祿贈身癸巳運中訃音遠播夢入佳城

丙午年　辛丑月　癸未日　乙卯時

此八字癸水相配柱中金土赤生印綬禄氣之格值斯象者丰姿魁偉膽氣騰騰遇豪強全然不惧遇達士相敬相親其為人也生於豪勢之家長於名望之庭椿萱前後帰泉世篤行出我貴賢明祖業宜添整花木四時新李問也知今古事行藏出入遠馳名烟樹依依遮北斗楼臺疊疊隱南深艇艇歷過件件勞心但顏有酥抬上客何須跨馬入神京此則富貴之命她幃有犯須抬副桂子秋来出錦人運行初壬寅恩光之下无辱无榮癸卯運

中讀書曽努力運阻不能伸甲辰運中貴人然指引憂耗素无迍乙巳運中郷邦人仰敬四海盡皈遵財源進退危悔傷心丙午運中然則成家而立業灾破非憂素又臨丁未運中再捌楼臺增産業往來車馬盡填門戊申運中有子朝綱显積玉與堆金己酉運中良田将不去分與衆兒孫

丙午年　辛丑月　壬午日　甲辰時

此八字六壬生臨午位馳日祿馬同鄉襟氣才官
之格遇斯命者椿萱双鬢白棠棣獨標香行藏慷
慨動用軒昂筆底倒傾巫峽水胸中學就錦雲章
壯日功名空撿束晚年頭角始崢嶸月窟攀仙桂
天門沐寵光此則貴顯之命鴛幃年少如魚水子
嗣金風蘭桂香運行初壬寅未分寒暑局斷災祥
癸卯運中味道心思千古披文目兩覽行甲辰運
中幾回空問月為得到朝陽乙巳運中豁然機會
至必到五雲鄉丙午運中日日面君聲價重飄々
風雪点羅裳丁未運中佇看連封三級喜其四境
安康戊申運中、悠悠籬畔謾飲壺觴己酉運中
杳杳香䰟何處去年年流水送殘陽

丙午年　辛丑月　庚申日　丙子時

此八字庚申日相配柱中之火偏官之格人生得
此丰姿俊雅天性聪明椿萱分缺难双養鴻鴈天
边有各鳴李閤胸中廣詞源筆下精報道南山豹
变果然北海波横泮林踏過橋門去千里山河化
日明此則荣贵之命兆幃有得須相配桂子秋来
有継荣運行初壬寅上人庇下快樂昇平癸卯運
中行藏讀書史仕路来荣鳯甲辰運中到此雲程
有路果然足馬飛騰乙丑運中棲身太李末振威
稜丙午運中霜威千里政治民情丁未運中荣回
故里戊午運中梦入蓬瀛

庚戌年　戊寅月　丙寅日　己丑時

此八字丙寅日刃之辰相配拄中旺本印綬之格印綬者上格也人生得此生於旺族長於高門萱母先歸椿後則天邊鴻雁各行飛其為人也丰姿清秀天性能為奸竊今古漁獵詩書袖裡虹霓沖霄色筆端風雨駕雲衢終是功名之客豈教田里耕鋤一朝得風雲便會九天雨露沐恩歸初從翕錦揚名姓脫向朱門掛紫衣此則榮貴之命鴛幃連珠高二載子嗣秋來有出奇運行初己卯上人庇下有何是非庚辰運中十年窓下業萬卷腹中

書辛巳運中一從折得蟾中桂且與生徒辨惑數須臾雨雪峯不成危壬午運中未應祿位滔滔振且向窓前訓大儒癸未運中鱣堂想是難留住整肅威儀宿華除甲申運中片時風過後双　五鳳池乙酉運中樂安田里綠酒盈巵丙戌運中清風明月不一錢買玉山自倒非人推

庚戌年　戊寅月　丙辰日　戊戌時

此八字丙辰日德之辰傷官用印之格人生得此生於名門長於良族椿父中途先別去萱留老母在堂中其為人也丰姿清淡天性兼能有微微之計較潰潰之聰明知高下識重輕自有順天之慶豈無福地之深門外生涯千古計庭前花木四時新事業再整舊世事有增有減才源或發或與花無桃李非春色人有笙歌是泰平初限從容中進退晚年子秀槩平生本君畧帶些些疾手足之中有疾崇此則旺足之命鴛幃未合須中屬子嗣春

英果果成運到己卯工人庇下月白風清庚辰運中如花散彩似月離雲辛巳運中雖則行藏有慶也愁人事虧盈辛巳運中才源生進退得失不均旬當此之際椿樹彫零癸未運中一番風雪初晴後從此滔滔第宅盈甲申運中引鶴徐行三徑曉約梅同醉一壺春子賢孫秀梅白松青乙酉運中安閒晚景丙戌運中春夢無憑

庚戌年　戊寅月　丁巳日　庚戌時

此八字丁火柱中旺木印綬格印綬者上格也女人得此生於良族配於高門椿萱早逝先嚴父天邊鴻雁各行群姿容清雅天性克勤翁姑翁先逝妯娌不同群有針綴之巧立業之能雪叔牽岳千山秀水到湘江一樣清處事無偏無黨生性易喜易嗔一苑杏桃錦綉滿山松柏映幃屏雖然不是崇封婦自然衣祿足豐盈此則旺足之命良人士風須年長子嗣枝枝崇恩忠運到丁丑上入庇下未斷平生丙子運中匹配名門一夕花從錦上晴

乙亥運中須史風雨過淡淡月華明甲戌運中乍雨乍晴留客景或寒或煖困人春癸酉運中旺處一番生煩惱仍然祥瑞滿門庭壬申運中夫賢子秀多好意烟雨濛濛不稱情辛未運中滔滔享福庚午運中鏡撞晨明

庚戌年　戊寅月　癸酉日　癸亥時

此八字癸水相配柱中木火傷官助才之格亦有拱祿之意人生得此生於溫潤之族長於迁變之門萱毋先歸椿耐晚天边鴻雁各飛鳴其為人也手姿清秀天性聿能雖無深計較稍有淡聰明雖不離宗更祖也應重拜及親梅開白雪飄東閣筍出新梢過北庭重成新事業再整旧門庭豐年田舍禾盈疊臘日山家酒滿斟鄉民仰德閭里推尊晚年更有升平福子秀家寬弟宅興此則發福之命鸞幃有碍須年敵子嗣秋來始秀馨運行初已

卯上人庇下未断平生庚辰運中梳地栽花多艷羸移桃接柳色鮮明辛巳運中綉花看有艷蚕水聽無声當此之際飛縈滿庭壬午運中才源滔滔長旺世情还有虧盈癸未運中人生正在風光處只恐閑非耗生甲申運中延賓玩物會友開樽乙酉運中但使家園而富足何愁白髮鬢边生丙戌運中落花片片流水泫泫

庚戌年　戊寅月　丙辰日　戊戌時

此八字丙辰日德之辰相配柱中旺木印綬之格人生得此生於石族長於名門椿萱晚茂先虧母天邊鴻鴈各行分其為人也丰資清秀天性聰明世事頗能將航般般學久精通萬里春風[illegible]時佳趣瑞祥生鬧里聲名播江湖姓字馨重成新事業再整舊門庭琴樽風月閑生計金石松筠舊歲寒施恩惹怨命德戌嗔時至財源當足運來福祿駢臻雖不建侯封爵自然潤屋潤身此則豐厚之命鴛幃正副重重別子嗣秋來旺旺門運行初

己卯上人庇下未斷平生庚辰運中水向石邊流出冷風從花底過未香辛巳運中幾欲思高慕遠番成剪雪裁冰壬午運中得中有失悔後還明癸未運中不是一番寒徹骨焉得梅花噴鼻香甲申運中財源旺足當斷滌幾度風波尚怕人乙酉運中庭前竹報平安日檻外花開富貴春酉字之内花依風生丙戌運中人生從此別無復見儀形

庚戌　戊寅　丁卯　辛亥

此八字丁卯之日相配柱中水木官印之格正謂有官有印無破作廊廟之材運行背地事不十全主人生於右族長於名門椿萱有倚难双耄天邊鴻鴈各飛騰其為人也丰姿清秀天性聰明窮書覽史李足三冬麗句好為天下白高材俊似海東青終是成名之客豈為田舍之翁莫言金榜小終是祿衣人早歲功名爲遂意晚年祿位豐光榮此則榮貴之命兆幃重合蚤已子嗣晚光榮運行初己卯上人庇下未斷平生庚辰運中焚豪展卷秉烛觀文辛巳運中人生富貴皆前定何須心下太忽。壬午運中文章别有凌雲志得業

豈無觀国賓癸未運中到此始知文李好長安道上馬啼輕仁風揚遠政頃化冷西東甲申運中錦衣肥馬重貴天上恩波浩、青乙酉運中晚年籬下樂丙戌運中一枕入巫峯

庚戌年　戊寅月　乙卯日　庚辰時

此八字乙卯專祿之日相配桂中金火傷官助才之格人生得此生於芳族長於仁門椿父先歸萱後別天邊鴻雁各行鳴其爲人也丰姿清秀天性公明般般稍覽件件不精謀動君子感伏小人行藏竟消洒咲傲任天枯榮萬里无雲天一色三秋好景月長明重成新事業一弃愁旧門庭拋於自已巧与他人雖不綺羅衣領袖也應鄉黨有声名此則發福之命鴛幃有犯須重續子嗣秋來孝義深運行初已卯上人庇下淡淡春雲庚辰運中登

臨雨潭賞玩春陰辛巳運中此意之中還得意用心之処不如心壬午運中世情濃又淡淡処又還濃癸未運中財源滾滾家居好尚有閑暇素耗生甲申運中門楣壯觀樓閣淩雲丁酉運中無思無慮有孝有榮丙戌運中春光去也一道訃音

庚戌年　戊寅月　乙亥日　丙戌時

此八字乙亥日元相配桂中火土傷官助財之格傷官者剛毅之物靈變之星主人生於右族長於名門萱母早歸椿後別天邊鴻鴈各搏風其爲人也丰姿清秀天性聰明源流三峽誰能及筆掃千軍孰與論衣冠濟濟人中傑和氣雍雍席上珎終是文塲折桂客豈爲田舍作耕人龍門变化三春浪鵬路逍遙萬里程一從姓字傳揚後金紫榮眉次第陞此則榮貴之命鴛幃有犯須重續子嗣生成貴顯人運行初已卯上人庇下未斷平生庚辰

運中十年窓下業黄卷與青灯辛巳運中一從折得蟾宮桂喬門幾載宴瓊林當此之際風雪還生壬午運中粉署聯班財祿位皇恩有感大夫榮癸未運中江山迎五馬花柳拂双旌梨花舞雪雨過山青甲申運中榮中尚有趦趄事事安依然祿位陞乙酉運中子貴重榮贈丙戌運中花落月沉

庚戌年　戊寅月　乙卯日　庚辰時

此八字乙卯專祿之日配合柱中火土傷官財才
之格傷官者恰变之物也主人生於武狭長於轅
門椿萱榮倚难雙耋天邊鴻鴈各行群其為人也
丰姿磊落天性平能雖無深計較稍有淡聰明豈
無高仕數特有貴人歎終是功名客豈為田舍翁
姓字难登輸苑姓名還播芳营對月夜窮黃石畧
望雲能計黑山強此則武显之命鴛幃配得名門
女子嗣生戌維最人運行初已卯上人庇下天朗
氣清庚辰運中特来沾雨露何須嘆未能辛巳運
中威德特特長恩波日日同壬午運中錦衣日煖
趨金闕宝殿雲開識聖明當此之際風雨還生癸
未運中春光恰似官情薄山色不如歸興濃未字
之中如履薄冰甲辰運中享子孫之福祿乙酉運
中夢杳杳之佳城

子平遺書　九

庚戌年　戊寅月　戊辰日　癸丑時

此八字戊辰日德之辰相配柱中木火殺生印綬
之格殺印相生功名顯達主人生於右族長於名
門春父先歸萱耐睆天邊鴻鴈各行鳴其為人也
丰姿清秀天性聰明理穷古事兼今事書對賢經
與聖經衣冠濟濟人中傑和氣怡怡席上珍終是
登庸客之客豈為田舍之翁聲教不界實大器當
晚成一朝但得風雲便跨馬天邊沐寵荣此則荣
貴之命鴛幃有犯須招副子嗣秋来有挺荣運行
初已卯上人庇下来斷平生庚辰運中讀殘茅店
月囊飛棠頭黃辛巳運中雖有凌雲志前程路未
未通壬午運中路遠天邊雲外際高攀桂子折中
蟾癸未運中寄跡橋門困幾載時来天府便光荣
甲申運中處事但憑三尺法理刑凖似一團春當
此之際風雪滿庭乙酉運中金紫迁荣於任重何
胡觧組向籬東丙戌運中歸去也

子平遺書　十

庚戌年　戊寅月　戊午日　丙辰時

此八字戊午日刃之辰杀印之格主人生於文望之族長於閥閱之堂椿萱有相守鴻鴈各翱翔丰姿清秀礼樂鏗鏘稍有賢良之智粗知礼義之方祖基宜革古才帛脫盈囊妙術專傳俗灵丹慣有識非吏非儒非釋道如何名譽遍鄉邦一生自得清高趣萬古賢英仰秘方此則清高之命鸞幃贅得名家女子嗣秋来朶朶香運行初巳卯上人荣庇其樂何當庚辰運中春草春江相妬綠新鶯新柳競争黄辛巳運中小池雨過添新綠溪谷春来始發香壬午運中片時風雨過依舊禄元昌癸未運中妙術廣傳神效驗才源滾滾旺門墻甲申運中不獨才源茂盛尚祈声價高揚乙酉運中始知藥餌全無用訃音一播奠淋漿

庚戌年　戊寅月　丁巳日　庚戌時

此八字丁巳孤高之日相配柱中木土傷官用印之格女人得此生於右族長於名門椿親耐晚萱先别天邊鴻鴈各行鳴其為人也丰姿清秀髮貌精神有針綫能巧立業之功雲妆霽岳千山秀水到湖江一樣清每懷九膽意特把憐憐心滔滔無阻滯步步助夫門玉在崐崙藏閣色蘭生楚澤散清馨難觸難犯易喜易嗔雖不鳳冠披服自然金谷豐盈此則益旺之命良人兩敵方偕老子嗣秋來朶朶新運行初丁丑上人庇下未断平生丙子運中契合翠窓成好梦寅緑紅葉是良姻乙亥運中淡烟楊柳岸薄霧杏花村甲戌運中雖則夫門多快樂幾番人事尚齗盈癸酉運中椰擻不禁三月雨花嬌猶忌五更風壬申運中，萬疊好山雲乍散一輪明月雨初晴中字之中如履薄氷辛未運中粧臺人去也塵鏡掩晨明

庚戌年　戊寅月　戊辰日　壬子時

此八字戊辰之日旺辰相配柱中木火煞生印綬之格本是功名只嫌神在柱中事不十全主人生於右族長於名門椿萱有倚难双耄天邊鴻鴈各行鳴其爲人也丰姿清秀天性聰明般般稍覧件件不精行藏果斷作事老誠雖不成名利生平近貴人祖業移南就北根源華古棄新門外達觀千畝地庭前闔賞四時春雖不成名利生平逢貴人但愿一生湖海樂何必天邊寵榮此則豐饒之命鴛金玉潤子嗣桂蘭榮運行初已卯上人庇下天朗氣清

庚辰運中淡烟楊柳岸薄霧杏花村辛巳運中財如風捲浪福似月離雲壬午運中陽月之地一枕难醉

庚戌年　戊寅月　戊辰日　壬子時

此八字戊辰日德之辰相配柱中木火傷杀生印綬之格本顯功名只嫌才神在柱事不十全主人生於右族長於名門椿萱有倚难克双天邊鴻鴈各行鳴其為人也丰姿清秀天性為能般、稍覧件件不精行藏果斷作事志誠雖不成名利生平遇貴人祖業移南改北絶後営古行新門外遠歆千池化庭前開堂四時春好意畨成悪真心攪得嗔雖然不顯金鞍也應郷黨衆推尊此則豐潤之命外帑有犯忝招硬子女秋来桑、成運行初已卯上人庇下未断平生

庚辰運中娟娟雲克月灼灼貴中英辛已運中盈水無声空有浪綉花雖艷不聞馨壬午運中雖則行藏有度丕愁素耗相侵癸未運中人生正有風光處只恐須臾風雨生申申運中微雨弄犄乙酉運中門楣壯觀丙戌運中春光去也啼鳥無声

庚戌年　戊寅月　癸亥日　乙卯時

此八字癸亥日元相配柱中木土傷官助才之格喜逢時值貴人遇斯命者生於名族長於名門椿萱有倚先數廿天邊鴻鴈陣行分其爲人也丰姿清秀天性聰明胸羅今古事參識聖賢心驪珠照魏光難掩雷劍生豐氣自充終是功名之客豈爲田舍之翁嘉谷不早實名利當晚成雖不三登科甲時來天府沾榮此則榮貴之命鶺鴒同屬須年小子嗣生成貴顯人運行初己卯上人庇下化日陽春庚辰運中欲遂平生志潛心對短檠辛巳運中幾欲思高慕遠番成捉月捕風壬午運中時來機會好寄跡入橋門癸未運中莫言太參多淹留一旦天邊便顯名甲申運中黎民皈父母政化洽西東乙酉運中子貴晚年開故里悠悠籬下樂高情丙戌運中無思無慮丁亥運中一枕難醒

庚戌年　戊寅月　丙午日　辛卯時

此八字丙午日辰相配柱中旺受之格印受者上格也生人得此生於右族長於名門椿父先鄰萱後別天边鴻鴈各行鳴其爲人也半姿清秀天性聰明世事少博覽般般靡不精有近貴親賢之德應上和下之能祖業添新慶根基勝舊風田園桑柘茂畝畝稻粱馨鬧處愛走冷處不行幾載公門空着力數年仕路不成名花無恭李非春色人有望歌是太平好意番成惡真心換得嗔晚年才祿旺何必入青雲此則穩厚之命鶺鴒有犯須招剩子嗣秋來有威門運行己卯上人庇下未斷平生庚辰運中世情濃又淡淡處又还濃辛巳運中幾欲思高慕遠番成剪雪截冰壬午運引離不就畫虎不成須史風雨雨過还清青山癸未運中雖則才源富足还愁素耗相生甲申運中威權有布人欽服才帛盈囊福又增乙酉運中如月入雲丙戌運中無憂無慮丁亥運中春夢無憑

庚戌年　戊寅月　丁巳日　甲辰時
此八字丁火相配柱中土木傷官帶印之格人生
得此生於文望之族長於詩礼之庭椿萱有倚难
双耄鴻鴈天邊不共鳴其爲人也丰姿清秀天性
聪明胸羅今古事學識聖賢心北海蛟橫頭角簪
南山豹变爪牙新一朝騰蹈飛黃去濟濟衣冠拜
聖明此則業顯之兪鴦幃宜有贈子嗣桂蘭馨運
行初己卯上人庇下負笈趣庭庚辰運中十年寒
下業黃卷與青灯辛巳運中到此始知文學好果
然雲路任飛騰壬午運中雨腈開闔闖禄位每光

榮癸未運中錦衣肥馬重重貴牖上桃符字字真
甲申運中權高損禄慎則無驚乙酉運中棠回離
下丙戌運中春夢無憑

庚戌年　戊寅月　辛未日　庚寅時
此八字辛未日元相配木火才官之格才盛生官
終身有慶只嫌身弱減我功名主人生於右族長
於高門萱母先歸椿後别天邊鴻鴈各行鳴其爲
人也丰姿清秀天性華能雖無深計較稍有淡聰
明水光浮座盃盤堂花氣侵人笑語聲有心於貨
利無意慕功名英雄性贈劍三尺豪傑相逢酒一
鍾朝中無姑子湖海有弁名拙於自已巧與他人
雖不建侯封爵自然潤屋潤身此則穏厚之命蓋
幃正副方偕老子嗣秋來纍纍成運行初己卯上

人庇下天朗氣清庚辰運中綉花看有艷盃水听
無聲辛巳運中古樹含風常帶雨寒岩四月始知
春壬午運中世事有增有減才源或發或興癸未
運中才源富足家居好还愁素耗片時生過此甲
申運中不独才源富足尚祈頭角崢嶸乙酉運中
晚年閑快樂會文以閑樽丙戌運中春光去也一
枕难醒

庚戌年　戊寅月　丙子日　戊子時

此八字丙火相配柱中水才官之格遇斯命者生於盛族長於高門椿萱　皓首鴻鴈陣行分其為人丰姿清秀天性聰明般般好學件件不精惟裕君子敬時有貴人欽祖業重華襲根源勝舊鳳雖不青雲得路也應閭里推尊芳因落難方成竹魚為奔波始化龍君子有心於仕路也教祿馬旺前程此則琴石生烟之命鴛帏有碍重年敵子嗣生成貴顯人運行初己卯上人庇下未斷平生庚辰運中未覩桃李紅色且喜湖光淡淡晴辛巳運中旺中曾見崎嶇事何期絃斷不聞聲壬午運中一番風雪初晴後從此才源倍有增癸未運中富貴當斯際才囊豐豐甲申運中子顯業身樂乙酉運中無常一夢中

庚戌年　戊寅月　戊辰日　癸亥時

此八字戊辰日德之辰相配柱中水木才杀之格人生得此宜帛仕路榮登主人生於茂族長於高堂手姿英俊性格果剛椿萱不逮双榮养鴻鴈天邊各翼翔李間三冬足詩書萬卷藏一朝但得風雲便徒翼高飛上帝鄉此則貴人之命允帏有碍須年少挂子秋来有継芳運中初己卯上人庇下其樂何當庚辰運中漂麦濆書似高颯引灯顏史效庭衡辛巳運中执卷幾回空㮾月依然猶碎泮橋霜壬午運中到此漸知光景好雲程萬里任翺翔癸未運中榮沾新寵淮千里振權衡甲申運中金魚綰帶来許使还鄉乙酉運中榮故里丙戌運中梦入巫峯

庚戌年　戊寅月　甲戌日　乙丑時

此八字甲木相配寅戌之火傷官制殺之格乙庚作合特帶金神值斯命者萱椿分别早鴻雁不聯群羊姿平淡天性乖能頗知今古事書對圣賢經祖業添新慶根源勝舊凤定擬得名得禄豈教南畝躬耕際會凤雲應有日豈無雨露沐深恩此則榮貴之命鴛幃兩敵霜添鬓桂子榮門孝義深運行初己卯淡淡梨花月翩翩㭾絮凤庚辰運中莫道儒冠悮螢窓患不勤辛巳運中执捲㦮田空探月依然困守讀書灯壬午運中騰身离津水資次上神京癸未運中百里声名重絃歌樂太平當是時也一番凤雨甲申運中耿耿声名重滔滔禄位陞乙酉運中天边無沛澤蘿下樂高情丙戌運中黄粱未熟清夢先行

庚戌年　戊寅月　甲子日　戊辰時

此八字甲子日之相配柱中金火傷官則殺之格人生得此生於右族長於名門椿父先帰萱後别天遣鴻鴈各行鳴其為人也羊姿清爽天性聰明高謀遠見機關别慷慨春風一好人般般稍攬件件不精謀動君子威伏小人水光浮座盞盤盛和氣侵人咲語聲朝中無姓字囊底有珠环田園曠濶楼閣凌雲花無桃李非春色人有笙歌是太平常将好意番成悪每把真心换得嗔雖不建侯封爵自然潤屋潤身此則富顯之命鴛幃有犯須年長子嗣森森有梃榮運行初己卯上人庇下未断平生庚辰運中雲開山鑿翠雨過竹挺青辛巳運中着意種花花不發無心插㭾㭾成陰壬午運中才源旺足家居好凤雨飛来喜不驚癸未運中雖則財源富足還愁災晦相侵過此庭前竹報平安日檻外花開富貴春甲申之中如履薄氷乙酉運中安樂脱景丙戌運中一道訃音

庚戌年　戊寅月　乙卯日　庚辰時

此八字乙卯專祿之日相配柱中金火傷官助才之格主人生於右族長於名門椿萱老耄尤光顯天邊鴻鴈各行鳴其爲人也丰姿清秀天性聰明般般稍覽件件不精謀動君子感伏小人曰福曰禁目有順天之慶常安常樂豈無福地之深祖業添新慶根原勝旧風遊山玩水携詩卷對月觀花把斟不以功名爲念豈將冠冕磨礱但願才源富足何須天府求榮此則穩厚之命鴛幃兩敵方偕老子嗣秋來有挺榮運行初已卯上人庇下來斷

平生庚辰運中登臨雨澤賞玩春陰辛巳運中畫水無空有浪綉花雖艷不聞馨壬午運中沛澤紛紛家業旺須史風雨幸何驚癸未運中才源滾滾行藏好尚恐鬧非素耗生甲申運中天上三陽泰人間五福增乙酉運中如松含晚翠似菊吐金英丙戌運中春光去也一枕清風

庚戌年　戊寅月　丙寅日　壬辰時

此八字丙寅長生之日時上偏官之格食神制伏印綬存提值斯命者生於右族長於富門丰姿磊言語輕清機謀滿腹峯用人欽龍帷帘上行行健律法吳條欽欽明恒拍君子義待有貴人欽閒處亥入冷處不行飛吏非儒非顯達也應鄉里還感名但願貴人相處樂何須衣紫与腰金此則特達豪傑之命鴛幃兩敵方偕孝子嗣秋來孝義深運行初已卯上人庇下不辱不崇庚辰運中娟娟雲裏

月灼灼葉中燕辛巳運中着意種花花不活無心插柳柳成陰壬午運中狼虎窠中書得失萃然不損旧感棲癸未運中英雄惟贈劍三尺豪傑相過酒一鍾甲申運中田園茂盛樓閣凌雲乙酉運中無慮尽傳詩礼樂有朋來自遠方親丙戌運中光陰如過驟一枕了平生

庚戌年　戊寅月　丁巳日　庚戌時

此八字丁火相配柱中土木傷官用印之格人生得此生於溫潤之族長於清白之門椿萱雙晚茂棠棣頤光榮手姿磊落天性聰白理窮古事兼令事書對賢經與聖經萬里彩旗驚過客一聲霹靂躍潛鱗長安人滿道爭看錦衣新足步黃金殿身朝白玉京此則榮貴之命鴛幃正副方諧老子嗣生成貴顯人運行初己卯上人庇下未斷非況庚辰運中讀書雖用意未許遂功名辛巳運中霹靂一聲雲露合禹門躍過浪三層壬午運中重沐恩波鳳池裏朝朝染翰侍明王當此之際職任金紫柳絮輕盈癸未運中重重金紫貴疊疊聖恩封甲申運中正在權衡光霽景須臾風浪不為驚乙酉運中解組回來青夢重維有青山樹暮山

庚戌年　戊寅月　戊午日　乙卯時

此八字戊午日刃之辰合官留殺之格喜逢印局扶身主人生於茂族長於名門丰姿清秀天性老誠知高下識重輕自有順天之慶豈無福地之課高士敬善人敬道高龍虎伏德重鬼神驚觀將和共瘦心與竹俱空簪冠朝紫府披服禮天尊此則高潔之命運行初己卯上人衣下未斷升況庚辰運中棄塵捉益地解脫入空門辛巳運中片雲蔽日雨過山青壬午運中萬將雞犬雲間試琴許魚龍月下聽當此之際須刻風雲癸未運中法令降龍虎彈光伏見神甲申運中匣中藏寶劍鼎內煉神燈乙酉運中造孫滿目快樂平生丙戌運中一時化鶴萬古難醒

庚戌年　戊寅月　丁未日　乙巳時

此八字陰刃之日印綬之格傷官助用為良主人生於右族長於富門椿親耐晚萱毋先行其為人也丰姿磊落天性忠誠謙動君子威伏小人般般好學件件不精當仁不讓見善則欽遊山翫水塍詩卷對月觀花把酒斟門田疇千古計庭前花木四時春雖不建侯封爵自然潤室潤身此則穩旺之命鴛幃年長須招副子嗣秋未尚廣生運行初己卯上人在下月白風清庚辰運中綉花看有艷蚤水聽無声辛己運中世事有增有減才源或發

或興壬午運中千里関山千里念一番風雨一番驚癸未運中才源滾滾第宅重新甲申運中英雄維贈劍三尺豪傑相逢一鍾乙酉運中安閑晚景丙戌運中春夢無憂

庚戌年　戊寅月　乙巳日　丙戌時

此八字乙木相毗柱中金火傷官助才之格木在春生處世安然必壽遇斯命者生於右族長於名門椿萱先別文業棟独光榮其為人也丰姿清秀天性聰明學問知先覺群書貫一經終是功名之客豈為田舍之人一日風雲相際會九天雨露沐深恩此則榮貴之命鴛幃正副方偕老子嗣金風有显榮運行初己卯上人在下未斷平生一番風雨過雪梁有書声庚辰運中讀書映雪觀史引灯辛巳運中雲程坦坦登天

去舉兒悠悠名利成壬午運中自沐天恩寵威飛郡縣驚癸未運中三度錦衣歸故里兩扶日月上天庭甲申運中權重生蹁躚何不早思尊乙酉運中安閑籬下一枕清風

庚戌年　戊寅月　甲子日　甲子時

此八字甲木相配柱中傷官帶煞之格官有逢祿之意喜得印綬扶身女人得此生於茂族長於仁門姿容清秀性格重能勝丈夫之氣際有男子之才能翁姑少倚妯娌欠同有肝食霄衣惧恤治家立業之幸勤霞被鳳冠身外事平生才祿浸斷盈此則旺秀之命良人士命須年長桂子森枝晚秀馨運行初丁丑香閨之內母訓䎡遵丙子運中花紅柳綠語燕啼鶯乙亥運中片雲能谷千山雨雨過千山依旧青甲戌運中崎嶇都磨尽方覺瑞祥生癸酉運中春富貴日安寧壬申運中裙釵濟濟家業盈盈辛未運中旺身臨暮一道赴音

庚戌年　戊寅月　丙辰日　戊戌時

此八字丙辰日德之辰印綬之格食神生旺感似才官人生得此生於濕潤之族長於清白之門椿萱难並耄鴻雁各西東半姿清瘦天性老誠善決善斷多見多聞萬里韶華世事每從忙裏就一聯美景才源自向遠方生雖不建侯封爵自然湖海馳名此則發福之命鴛幃重合香子嗣綠衣新運行初己卯上人庇下未断升沉庚辰運中青婦柳葉晴初変紅入堯花媛未匀辛已運中得失相半憂喜並行壬午運中旺中曾見風翻依旧雲收月倍明癸未運中田疇千古許花木四時春甲申運中孫賢子秀暮景昇平乙酉運中無思無慮丙戌運中春夢無憑

庚戌年　戊寅月　辛亥日　戊子時

此八字辛金相配柱中木火才官之格亦有朝陽之意女人得此生於良族長配高門椿萱分別早棠棣各敷榮姿容清雅髮兒精神翁姑有倚妯娌綸經有針綴之巧立業之能雲收華岳千山秀水到湘江一樣清才源富足行樂如心雖然不作榮封婦且喜平生福祿增此則旺盛之命良人高一截子嗣晚森森運行初丁丑上人庇下未斷虧盈丙子運中踈踈風雨過淡淡月華明乙亥運中片雲能發千山雨雨過千山依舊晴甲戌運中旺中

曾見風波湧欒處還愁世事縈癸酉運中一抹曉烟迷弱柳半泓秋水浸芙蓉壬申運中安閑暮景子顯夫榮辛未運中無思無慮庚午運中花落月沉

庚戌年　戊寅月　庚戌日　庚辰時

此八字庚戌魁罡之日才殺之格人生得此生於右族長於高門椿萱難並奉棠棣不聯英丰姿平淡天性昏沉般般好覽伴件不精行藏如醉酒舉用似痴人祖業三番兩覆根源十破九成初運安和平破敗脫年無辱也無榮此則平常之命鴛幃不配方無尅子嗣頭枝結不成運行初己卯上人庇下樂享無窮庚辰運中如花向日似月離雲辛巳運中才源生進退人事有虧盈壬午運中頗覺行藏有慶不妨霧鎖烟凝癸未運中椎陽三月花

如錦物我來時不遇春甲申運中始知春晝永方覺瑞祥生乙酉運中春光歸去也一枕了平生

庚戌年　己卯月　乙未日　戊寅時

此八字乙未日相配柱中金土財官之格人生得此本顯功名只嫌木旺土衰滅斷福力椿親先别萱禁脫鴻鴈天邊不共飛半姿洒落立性仁慈祖業重添慶才財自整齊但願江湖生計廣何須鳳闕聽棠除此則穩旺之命鴛幃水命須年少桂子秋來三兩枝運行初庚辰庇佑之下風雪相欺辛巳運中恰似洛陽三月景牡丹開處榔花飛壬午運中雖則財源來旺也防人事傷悲癸未運中到此亨衢漸達何愁行樂趑趄甲申運中世事儼如新折梛人情還似半開梅乙酉運中晩年蘭桂秀財帛積多餘丙戌運中孫賢子秀丁亥運中歸去來兮

庚戌年　己卯月　丙戌日　辛卯時

此八字丙戌日相配柱中之木印綬之格人生得此本顯功名只嫌財印相不貴而富椿萱堂上難雙老棠棣庭前各挺英半姿慷慨性格聰明識古今之要畧交湖海之賢英祖業重磨琢財囊自積成佇看來晚節黎庶仰感稜此則自守之命鴛幃配合須年敵桂子秋來一兩英運行初庚辰上人庇下快樂安寧辛巳運中雖則詩書窻下未應仕路馳名壬午運中交四方之豪傑估時價之重輕癸未運中世事儼如雲裏月時來名勃馨鄉城甲申運中家業多光彩財源日有增益乙酉運中老當益壯財旺福興丙戌運中悠悠處樂丁亥運中一夢難醒

庚戌年　己卯月　戊子日　壬戌時

此八字戊子日相配柱中之木正官之格女人得此姿容朗朗智慧明明椿萱棠棣難相守妯娌翁姑婦尚輕有立業掌家之道針線刺綉之精性急風翻待恕心安天朗氣清裙釵加壯嚴晚節福昌榮此則掌家女命良人年長得年耄桂子庭前有假英運行初戊寅幼年上庇閨閣昇平丁丑運中歌桃夭天化兆鸞鳳之盟丙子運中家業難饒裕風霜一但生乙亥運中淡淡天邊月紅紅葉下英甲戌運中細雨湿衣看不見閑花落地聽無聲癸酉運中裙釵濟濟羅綺層層壬申運中悠悠康樂辛未運中機杼無聲

庚戌年　己卯月　癸巳日　甲寅時

此八字癸巳日相配柱中木火傷官合殺之格人生得此無驕無傲有守有為萱母先歸椿後別鴈行天際各分飛知輕重識高低件件都將就般般自整齊自有貴人交敬果然湖海名馳市壓交貨利晚節福元綏此則富旺之命鴛幃配合須年少桂子秋來挺秀枝運行初庚辰淡淡輕風播爽踈踈細雨還飛辛巳運中風舞楊花三月景牡丹開處尚趑趄壬午運中時來財帛旺何慮暗生悲癸巳運中財帛損中求益人情義處招非甲申運中雨過山方秀雲開月始輝乙酉運中老景清臞心自樂一觴一咏向東籬丙戌運中險中無陷丁亥運中夢斷華胥

庚戌年　己卯月　辛巳日　己亥時

此八字辛巳日相配柱中木局財旺生官之格正謂才威生官終身有慶值斯象者仕路衆登椿萱榮贈難全鳶鴻厲天邊各奮鳴半姿慷慨天性剛明理貫古今之學心明賢聖之經禹浪三層教躍足威聲煒煒播神京此則榮耀之命鴛幃有碍須偏正桂子秋來有継榮運行初庚辰幼承上庇詩禮趨庭辛巳運中詩書窮萬卷便擬奮雲程壬申運中一聲霹靂風雲會三級榮翻氣燄騰癸未運中祿元階進威稜壯兩度榮遷勢要生甲申運中權衡千萬里紫金勢英英乙酉運中大才大用威振邊　丙戌運中榮回故里丁亥運中夢入

庚戌　己卯　癸巳　壬子

此八字癸巳貴令日食神制殺之格喜逢日祿歸時人生得此豈不光輝榮贈椿萱難盡美發輝棠棣莫能如其為人也胸藏錦繡口吐珠璣自有風雲濟會日豈無雨露沐恩時佇看頭角聳霖雨潤黔黎此則貴顯之命鴛幃兩硬方偕老子嗣金風秀幾枝運行初庚辰雙親庇下有何是非辛巳運中夙有凌雲筆方躋問月梯壬午運中榮中曾有區區阻習習文風四境噓癸未運中舒長化日桑麻茂融蕩仁風雨露濡甲申運中皇恩有感遷高爵久困疲氓甦醒時乙酉運中正宜秉笏未許懸車丙戌運中晚年有慶丁亥運中歸去來兮

庚戌年　己卯月　丁丑日　癸卯時

此八字食神制殺之格喜得印綬生身秉乎中和之道主人生於大厦長於高堂椿萱晚蒼翠鴻雁有翱翔丰姿俊雅志氣果剛不向市廛求貨殖肯於芸几習文章一朝機會從天至從此沾恩拜聖王此則顯宦之命鸞幃重合丕桂子晚生香運行初庚辰只宜襁褓何論災祥辛巳運中聞詩學禮摘句尋章壬午運中幾回思步月依舊事悠揚癸未運中寄跡橋門名必顯時通晉取祿元昌甲申運中一天膏雨隨車至千里仁風逐扇生乙酉運中重重祿位承恩重風雲飛来也惨傷丙戌運中懸掛金紫威布一方丁亥運中鳥啼花落春何處流水年年送夕陽

庚戌年　己卯月　辛卯日　己亥時

此八字辛金於卯月財格之具值斯象者生於仁德之門長於信義之族椿萱有倚難兄鴻雁聯飛獨出群其為人也能計較頗聰明學問頗能親貴客華刀筆寫晉藝文九載公庭多俊役一朝富貴顯其身此則顯達之命鸞幃正副方偕老子嗣班衣晚有成運行初庚辰只宜襁褓何論休咎辛巳運中登臨而雨淳賞玩以春陰壬午運中到此漸知光景好貴人提挈始精神癸未運中足馬駿駿登鳳闕片帆隱隱上神京甲申運中聲名顯煥氣勢縱橫乙酉運中一番風浪息燈火照千門丙戌運中桑榆晚景丁亥運中一枕難醒

庚戌年　己卯月　丁亥日　辛亥時

此八字丁亥日貴之辰相配柱中木局印綬之格喜逢正貴官至人生得此平安瀟洒斷制公平椿樹早凋萱晚别庭前棠棣少聯枝學識聰明終是民之父英才特達擬應騰踏天梯泮林脫迹橋門過崇沐恩波便振威此則貴顯之命鴛幃偕老尤招副桂子秋来舞綵衣運行初庚辰不崇不辱慈視安舒辛巳運中欲遂平生志潛心下董帷壬午運中執卷幾回探月空教嘆息趑趄癸未運中到此始知雲路達寒鱣淦硯又悽悽甲申運中威風千里戲化日照黔黎乙酉運中名列大夫權要重未應此際便懸車丙戌運中榮田下樂夢逐杜鵑啼

庚戌年　己卯月　癸巳日　癸亥時

此八字癸日坐向巳宮才官双美之格女人值此容顏儀楚髮貌精神其為人也生于右族長配豪庭木命翁裳姑先別妯娌行中我顯封羅綺層層家富貴金玉盈盈樂太平衣冠濟濟三從倫家業昂昂四德員掌家有道操幹良能侍夫盡礼訓子能成初運中年災厄過春年子顯鎮邊庭此則榮夫顯子女命良人同屬英雄客子嗣麒麟輔聖明運行初戊寅閨門之內月白風清丁丑運中一封鸞幃當配偶雖有憂危不損身丙子運中良人權耀三軍伏臘耗憂來幸不親乙亥運中叢砧腰懸神策鉤灾纔臨門保佑行甲戌運中助起夫門威揚廣仍見崎嶇纔惱人癸酉運中出入高樓銀頂轎紛紛軍卒兩邊跟壬申運中子顯威稜一夢佳城

庚戌年　己卯月　丙子日　壬辰時

此八字天元丙火配合壬辰之時傷官之格丙火生於二月木能生火值此格者注人丰姿磊操拾精神機謀靈變親近貴人學問聰明英才壓衆此則清貴之命鴛幃正副魚水之歡子女不孤鵬程之遠行庚辰辛巳秀而不實生計和平行癸未甲申月離海嶠清光爽花園林瑞氣新家成計立財帛與隆乙酉丙戌石鼎夜聯詩句健布囊春醉酒携長丁亥運中幽骨空埋芳草地銘旌徒倚夕陽天歸去也

庚戌年　己卯月　庚子日　丁亥時

此八字庚金相配柱中木火財旺官之格財盛生官絡自有慶女人得此生於善扶長於良門攢萱白髮鴻鴈分群治家操幹處能儉勤性急風波浪心安月離雲裰叙濟濟三從備家業昌四德此則掌家之命良人龍虎客子嗣有光榮運行初戊寅消消雲裏月灼灼月中英丁丑運中契合翠鴦成好夢廣緣紅葉叙佳盟丙子運中雖則家居有慶幾多心事未安寧乙亥運中守舊安心豫百福淡雲微雨便開晴甲戌運中助夫門之福祿長自已之精神癸亥運中冲繫之所月入云屏壬午運中安亨昇平福辛亥運中臺境已生夢

庚戌年　己卯月　己卯日　丙寅時

此八字己卯日相配柱中之不忝重身柔之格女人得此姿容秀奕天性聰明椿萱堂棣棠迭壽妯娌翁姑两處情掌家全礼道歷事愈勤精綉花空有艷盈水听無声信看晚年重壯觀裙釵錦綉色鮮明此則能家女命良人赴後重年長桂子難為向後崇運行初戊寅父母庇下閨閤昇平丁丑運中匹配賢良灰花開錦綉明丙子運中鴛鴦驚鸂夢飛舊隔滄溟乙亥運中重添新氣象懽勝舊時声甲戌運中寸雲瑞月何損其明癸酉運中晚年臻福慶家業愈崢嶸壬申運中悠悠慶樂辛未運中粧鏡塵生

庚戌年　己卯月　戊寅日　戊午時

此八字戊寅専權之日相配柱中火土官印之格官印者上格也人生得此丰姿老誠稟性剛能高謀遠見機關别慷慨情懷志氣深其為人也生於田族長於名門庭恩親难並鴦鴻鴈我飛鳴學問有成富貴必從天上降英才出類九年三載必榮身般般劳碌件件尚心初限中年憂非耗暮年陞爵治人民此則貴顯之命鴛幃有犯宜添贈桂子生来富與英運行初庚辰上人之下學禮趋庭辛巳運中貴人指引崇華路進退憂非不順情壬午運中他日声名從此振幾書憂悔幸無侵癸未運中呈恩陞禄位災險破非驚甲申運中一運二陞當此量仍見危非保己行乙酉運中榮回故里樂守琴書丙戌運中黄梁夢斷直到佳城

庚戌年　己卯月　壬午日　辛亥時

此八字六壬生臨午位歸日祿馬同鄉傷官助才之格人生得此半姿清俊性格明良生於豈潤之族長於詩礼之堂椿萱皓首方帰去鴻鴈天邊不共行學問聰明一舉登虎龍榜英才特達十年身到鳳凰崗此則榮顯之命鴛幃配合須年長桂子秋枝有継芳運行初庚辰上人福庇其樂何當辛巳運中讀殘茅店月踏破野橋霜壬午運中探月空回休嘆息時来还擬姓傳揚癸未運中禹浪三層都躍過皇恩深沐展臺潤甲申運中風雪初晴後權名傍勝常乙酉運中金紫遷榮權任重未冥解印返仙鄉丙戌運中懸知埋玉處寧木欝森森

庚戌年　己卯月　己卯日　甲戌時

此八字去官留殺之格女人得此亦以發身一對椿萱先別父兮行鴻鴈各守雲姿容平穩髮貌精神治家撐变處事乖能有丈夫之見識男子之聰明烟潤綠柳官路静雨滋紅杏宅門深潔白賢新女天緣配合婚此則當家之命良人有碍須年長子嗣先虧後有成運行初戊寅溶溶梨月淡淡柳風丁丑運中匹配良門女花從歸上增丙子運中登臨雨淨賞翫春陰乙亥運中爲能遂其意未許称其心甲戌運中家居多吉慶身胃有光明癸酉運中一旦縈悶頃刻昇平壬申運中悠悠安逸辛未運中一枕難醒

庚戌年　己卯月　丁酉日　癸卯時

此八字丁酉日貴之辰相配柱中之水時上偏官之格食神制伏為良人生得此本顯功名只嫌卯酉沖破不貴而富椿萱難擬雙年耄鴻鴈天邊有奮鳴丰姿慷慨天性公平般般都好學件件不全精祖業重新慶財囊自積成但顧財名旺湖海何須姓字達天廷此則榮富之命駕幬有碍須偏正桂子秋來有顯英運行初庚辰幼承上庇天朗氣清辛巳運中詩書雖有志貨利亦關情壬午運中財源來旺處人事有悲驚癸未運中樂中生出悶悶過旺才名甲申運中交四方之豪傑積金玉之盈盈乙酉運中老當益壯倍旺才名丙戌到丁亥運中歸去也

庚戌年　己卯月　戊戌日　癸亥時

此八字戊戌魁罡之日正官之格財神生旺為奇主人生於茂族長於高居椿親晚秀萱母先歸丰姿俊偉天性能為知禮義習詩書學問有成終擬天門沾寵渥英材特達宦應田里務耕耔忽遇風雲便麻衣換錦衣此則貴顯之命駕幬得合宜招硬子嗣金風秀幾枝運行初庚辰非榮非辱無損無虧辛巳運中汗簡留神久青藜照誦初壬午運中雖有凌雲志緣無接漢梯癸未運中莫道儒生難奮發驀然變化在斯時甲申運中濟濟衣冠聲價顯綠揚汀外馬頻嘶乙酉運中千里威稜布一番風木悲丙戌運中正宜致政未許懸車丁亥運中夕陽有限歸去來兮

庚戌年　己卯月　戊子日　己卯時

此八字戊子日相配柱中之木正官之格女人得此儀容秀爽天性明良椿萱雙耐晚妯娌有分翔立業掌家有道相夫教子多方一苑杏桃鋪錦綉満山松栢映紅粧晚年更有光華日濟濟裙釵述寵光此則助夫顯子之命良人水命須年屬柱子森森吐異香運行初戊寅幼年之景毓秀蘭房丁丑運中配匹成佳偶鸞歌鳳亦翔丙子運中才旺家門夫業盛樂中焉有事驚惶乙亥運中旺中生阻節依舊不為傷甲戌運中財源滾滾家業昂昂癸酉晚年光壽享用何當壬申運中榮沾沛澤己酉運中鏡掩晨光

庚戌年　己卯月　庚子日　己卯時

此八字財官之格兩干不雜之論女人值此亦是以救其身椿光別壹親壽鴻雁天邊少隊群姿容清楚性格爭能勝丈夫之氣槩有男子之聪明難觸難犯易喜易嗔楊柳舞風枝婀娜梅花有月夢精神初運不如中限好晚年愈見福峥嵘此則益旺之命良人倜儻須年長子嗣榮门有好人運行初戊寅鎖雲掩月雨過山青丁丑運中匹配仁门友花從錦上增丙子運中世事短如春夢人情薄似烟雲乙亥運中萬疊好山雲下斂一樓明月雨初晴甲戌運中夫賢子秀家门旺五福駢臻氣象新癸酉運中生涯廣濶福慶弥深壬申運中春光一去不復再晨

庚戌　己卯　辛巳　己亥

此八字辛巳日相配柱中之木才旺生官之格人生得此手姿雅俊性格聰明堂上椿萱先別父天邊鴻不交鳴般般都好件件不全精祖基重整頓才帛有康成但頗英雄照管何身天庭此則常人命駕悰配合須年少桂子秋来吐嫩英運行初庚辰武寒武煖不雨不晴辛巳運中但知世利紛紛有行處全無一點成壬午運中無事畨畨寢寢人情重重輕輕癸酉運中空精家業方成就遇貴人扶持氣象增甲申運中到此豁然亨達才深滚滚生成丙戌運中人生從此別無復返鄉城

庚戌　己卯　庚子　庚辰

此八字庚子日相配柱中之木才旺生官之格正竭才竭生官終身有慶值斯象者手姿清雅天性良能椿萱半道難相逢鴻雁天邊各奮鳴六根清净心無碍五戒精生法性明任看叢林尊主席惠光普照福昌榮此則清僧之命運行初庚辰幼年之景快樂安寧辛巳運中離塵脫垢聽法閑經壬午運中才源来照處入事有相榮癸未運中化日長輝名位重風波些些不為驚甲申運中心懷踊躍人欽伏主席名山法令生乙酉運中山鬼聽經於座側獮猴献果於岩扃丙戌癸亥運中歸本也

庚戌　己卯　丙申　戊子

此八字丙申日相配柱中之木印綬之格入生得此本顯功名只嫌才印混逢減虧福力椿樹早凋萱後殞鴈行天際有高飛丰姿英雅處用多機件件都經歷般般只畧知十斷九連成事業三番四覆旺家資田園桑柘茂湖海姓名馳佇看來晚節子顯福嵬嵬此則富貴之命鴛幃遲配須年少桂子金風三四枝運行初庚辰萱親庇下椿樹無依辛巳運中詩書無暇讀財利尚盈虧壬午運中世事翻翻覆覆人情冷冷淒淒癸未運中藍田方種

玉瓊樹始生枝甲申運中才帛生成人事廣徵風鼓浪又驚疑乙酉運中交四方之豪傑整一簇之門閭丙戌運中孫賢子秀光耀門楣丁亥運中人生從此別無復見形儀

庚戌　己卯　辛巳　戊子

此八字辛金相配木火財旺生　之格安有朝陽之意人生得此丰姿洒落性格果剛椿萱双耐晚鴻鴈各分翔學問有成未必瓊林參玳宴筆鋒雄健尤龍鳳闕沐恩光機會來時雲霧合果然名勢便軒昂威稜驅庶卒皆聽封彊此則貴顯之命鴛幃有碍須偏正桂子秋來朵朵香運行初庚辰上人庇下摘句尋章辛巳運中志歎登天步月特來才許　揚壬午運中等閑借得吹噓力足馬登天拜衮章癸未運中威飛驚武卒德布茂農桑甲申

運中祿元重進顯何處見風霜乙酉運中晚年威重任職列大夫行丙戌運中榮回故里丁亥運中夢入黃粱

庚戌　己卯　戊寅　壬戌

此八字戊寅日相配柱中之木偏官之格女人得此儀容秀爽天性良能椿萱棠棣難相守妯娌翁姑半有情立業掌家有道相夫教子多精雲開華岳千峯秀水到瀟湘一樣清佇看夫榮子貴輝輝羅綺崢嶸此則榮夫賢子之命良人同屬榮華客桂子生成俊貴英運行初戊寅閨門之内樂守清平丁丑運中匹配成佳偶鴛歌鳳亦鳴丙子運中家業有成行樂順西風朔雪洒門庭乙亥運中囊空休嘆息風雪不傷情甲戌運中珎羞百味羅綺千層癸酉運中晚年壯觀快樂昇平壬申運中榮沾沛澤辛未運中粧鏡空明

庚戌年　己卯月　乙巳日　庚辰時

此八字乙卯相配柱中金土官財之格女值此足以榮封翁姑有慶妯娌聦群姿容清爽髮鬒丕輕九膽助勤之志斷機教子之能性急如風潮拍岸心静侶秋月光明看夫雲霈澤鳳冠霞帔同榮此則受贈女命良人木命舊婚士桂子生成奪錦英運行初戊寅上人庇下淡霧淡雲丁丑運中配匹鸞凰友花從錦上添丙子運中侶笋纖〻班上苑如花灼〻茂園林乙亥運中福禄增家業榮華一派濃甲戌運中如雲歸古洞侶月掛長空癸酉運中冲擊之慶有子登庸壬申運中正宜安逸徽悔無凶辛未運中春宵去也夢入仙宮

庚戌　己卯　癸未　癸亥

此八字癸水日主相配柱中之土偏官之格傷官制伏為良椿父先歸萱後別西風鴻鴈後聯行其為人也人材倜儻取置有方平生覓財利豈獲問文章逢凶終有救遇難幸無傷但使家肥而壽引不思跨馬到朝陽此則穩傑之命鴛幃木命宜年小子嗣花開果後芳運行初庚辰少年之際或煖武京辛巳運中陽囬宇宙瑞色藹門墻壬午運中雖則行蔵蕭洒幾多跋涉空忙癸未運中西風吹過天邊雪從此春風萬里揚甲申運中財源充足第宅軒昂乙酉運中延賓酌酒會友流觴丙戌運中晚景黄花馥郁歲寒翠栢蒼蒼丁亥運中百年繾綣成何用一別音容兩渺茫

庚戌　己卯　辛巳　己亥

此八字辛巳日相配柱中之木財旺生官之格人生得此仕路声揚椿萱榮贈难全耄鴻鴈天邊不共翔奉問三冬足詩書萬卷蔵終是青雲之客豈為白屋之郎快登蟾窟攀丹桂纔步天門沐寵光此則显耀之命鴛緯有碍須偏正桂子秋来吐異香運行初庚辰上人庇何論炎京辛巳運中尋章摘句入室升堂壬午運中执卷幾回探月時来方許名揚癸未運中宴罷沾恩寵斑聯粉署行甲申運中腥風捲浪何須急禄位重還势显揚乙酉運中權高千萬里金紫大夫行丙戌運中榮回故里丁亥運中夢入烏啼

庚戌年　己卯月　甲午日　乙亥時

此八字甲木日元相配柱中火土傷官助才之格陽刃合殺有功遇斯命者生於良族長於仁門椿萱有倚先帰父天邊鴻鴈各行鳴其為人也丰姿平淡天性聪明有博古通今之志窮書覽史之能爭長名園過旧竹花開上苑勝先春終是功名之客豈為田舍之翁不登科甲自尤顯也應天府沐皇恩佇看頭角聳德澤惠軍民嘉谷不早實大器當晚成此則榮貴之命鴛幃有犯須治贈子嗣榮門孝且忠運行初庚辰上人庇下未斷朴沉辛巳

運中欲遂平生志潛心對短檠壬午運中機會来時離泮水橋門依旧守青灯癸未運中皇恩有感光榮世蓮幕聲名肅處城甲申運中百里絃歌民樂業九天雨露再加陞一番風雨雨過山青乙酉運中此運不陞還見退悠悠離下樂平生丙戌運中子榮孫貴樂意忘情丁亥運中帰去也

庚戌年　己卯月　丁丑日　庚子時

此八字丁丑日元相配柱中木水殺生印綬之格人生得此生於西室長於名門椿親為甚帰何速我生他死實傷心萱親帰副亦早帰程天邊鴻鴈獨我無群其為人也丰姿清秀天性聰明般般稍覧件件不精有近貴親賢之德應上和下之能出土黃金顯十分之貴色離雲皎月布萬里之清明祖業添新慶根源勝舊風月掛碧天多皎潔名揚湖海有光榮無慮盡傳詩禮樂有朋来自遠方親雖然不是青驄客自然時至發身名此則穩厚之

命鴛幃有犯須偏正子嗣秋来始有成運行初庚辰上人庇下豈草凋零辛巳運中世事宛如春夢人情薄似秋雲壬午運中正是梅青月白還愁人事虧盈癸未運中財源滾滾家居好尚有閑非紊耗生甲申運中簾捲香風生百福軒開化日祿元增乙酉運中延賓玩物會友開樽丙戌運中春光去也花落月沉

庚戌年　己卯月　癸未日　壬戌時

此八字癸未之日相配柱中土木傷官制殺之格傷官者剛毅之物也主人生於右族長於名門椿萱有倚先亡父天邊鴻鴈各行鳴其為人也精神烱烱智慧明明胸羅今古事學識聖賢心衣冠濟濟人中傑和氣怡怡席上珍終文場折桂客豈為田舍鑿耕人學問超群進取秋闈深得意英材敏捷誰知春榜不馳名一日風雲相際會九重雨露沐皇恩此則榮貴之命鴛幃有犯須招副子嗣榮門晚節馨運行初庚辰上人庇下未斷平生辛巳運中雖則蟾宮折桂依然寄跡橋門壬午運中執卷幾回空會試虎闈還用守青燈癸未運中皇恩有召多光顯佐政琴堂德望新當此之際龍兎年来己年生阻節平地風波吉变凶過此依然光彩不損感捷甲申運中一番風雪初晴後金紫熒煌雨露新江山迎五馬花柳拂双旗乙酉運中權高損福帰効渊明丙戌運中晚年籬下樂丁亥運中一枕了平生

庚戌年　己卯月　丁丑日　癸卯時

此八字丁丑日元相配柱中水木殺生印綬之格殺印相生功名顯達遇斯命者生於右族長於名門椿萱難並耄鴻鴈各行鳴其為人也丰姿清秀天性聰明能般稍覽件件粗知行藏果断作事老誠有近貴親賢之德應上和下之能笋長名團過舊竹花開上苑勝先春終是功名之客豈為田舍之翁不費十年苦學定應九載成名一朝但得風雲便九天雨露沐皇恩此則榮貴之命鴛幃有犯須招副子嗣秋来有挺榮運行初庚辰上人庇下未断平生辛巳運中貴人相指引揮筆助公厮壬午運中雨晴雲絶迹天府便沾恩癸未運中皇恩有感聲名顯百萬粮儲自用心須臾風雨活見弄人甲申運中佐政琴堂民悦服何愁人事有邅迍乙酉運中天邊少恩澤籬下樂高情丙戌運中子貴晚年多快樂胡為一枕入巫峯

庚戌年　己卯月　癸已日　壬子時

此八字癸已貴人之日食神制殺之格喜逢日祿以歸時遇斯命者生於右族長於高居土命椿萱双晚茂棠棣各芳菲其為人也丰姿清秀天性聪明妍穷今古漁獵詩書終是功名之客豈為田里耕鋤秋闈折桂身騰達瓊林不宴利名寄早年名利何為羡晚景金門掛錦衣此則榮貴之命鴛幃有硬两強匹配始齊眉子嗣有成濟濟班衣榮晚節運行初庚辰庇下學札聞詩辛已運中欲遂平生志潛心下董功時未機會好折桂上雲衢

壬午運中一從沐得天恩寵且與生徒辨感親　癸未運中皇恩重有感祿位再加寵甲申運中機會成從天上陣果然栢府姓名馳當此之際風木悠悠乙酉運中職位阡金紫權衡屬位時丙戌運中欲全晚節當如此不待西風始見機丁亥運中花已落月尤沉

庚戌年　己卯月　丁亥日　甲辰時

此八字丁亥日貴辰相配柱中水木官印之格有官有印無破作廊廟之材主人生喬木長於宦門椿萱有倚惟双老天边鴻雁各行鳴其為人也丰姿清秀天性聰明筆底詞源三峽造胸中應記五車潔衣冠濟濟人中傑和氣怡怡席上珍終是文鳩折桂客豈為田舍鑿耕人一從姓字登金榜直入金鑾輔聖明此則榮貴之命兆幃有犯須相敵子嗣秋來有繼榮運行初庚辰上人庇下未斷平生辛已運中金榜題名姓

平步逐飛升壬午運中禹门三汲浪平地一声雷癸未運中三度君恩喜还愁風雪侵甲申運中斯文宗主声名重垂綱職位貴重陞丁酉運中重陞金紫職列大卿酉字之中職重生鷲丙戌運中雖則金鴟拜命何期難祿恩尊丁亥運中一枕清風

庚戌年　己卯月　戊寅日　戊午時

此八字戊寅專權之日配乎柱中木火殺生印綬之格殺印相生功名显達主人生於右族長於高門椿萱有倚奚双耄天边鴻鳫各飛鳴其爲人也牛器清雅天性老成窮今覽古學足三冬太山北斗千年在和氣光風四座傾終是功名容堂高田舍翁一朝但得風雲便九天雨露沐皇恩此則榮貴之命化慵有犯須招副子嗣榮門晚節聲運行初庚辰上人底下未靳平生辛巳運中十年困下業黄卷与青灯壬午運中莫愁雪阻藍關道時来機會入神京癸未運中名登太學多光霽皇恩有感便尊榮戝寿黄国謀風雨尚还驚甲申運中祿氏敀父母政化洽西東乙酉運中此運見陛还見退且宜離下樂高情丙戌運中晚年快樂丁亥運中歩入巫峯

庚戌年　辛巳月　甲辰日　丁丑時

此八字甲木相配柱中庚辛之金[illegible]之格人生值此丰姿偏淡性格操持生於温飽之家長於平安之門嚴父先歸萱耐晚鴈行無力犯孤飛祖基計業宜更变財囊進退晚方宜水火交馳應有戰還當月被黑雲迷學問料然無分覧習些術藝過年特早歲風霜還跋涉官交中末得乘機此則疾人之命鴛幃緣分空相悒子嗣無成總是虛運行初壬午不榮還不辱一度苦憂疑癸未運中乍雨乍晴留客景不寒不煖困人時甲申運中隱隱經雷抽碧笋微微細雨潤楊枝乙酉運中雖有高人指撥我還當也有淡烟欺丙戌運中臘過幾番寒徹骨方得梅花拂鼻奇當是時也梨雪沾衣丁亥運中黄花晚景安樂随時戊子運中香魂歸去也魄返日沉西

庚戌　辛巳　丁丑　庚戌

此八字丁丑日相配柱中金土傷官助才之格人生得此存忠立恕據德依仁椿親耐晚萱先别鴻雁天邊独出群理窮今古事李貫聖賢文萬里扶摇騰彩鳳一声霹靂躍潜鱗一從沾寵渥化日照軍民此則榮耀之命鴛幃年少須招副桂子秋来長嫩蓀運行初壬子上人庇下雪案劳神癸未運中書窓雖篤志仕路未騰能甲申運中執券幾回雲探月時来方許上天津乙酉運中姓字傳揚沾聖澤威風清肅淨炎塵丙戌運中一番風雪後万里發陽春丁亥運中馭引風霜成大用未許林下玄閑身戊子運中榮回正享無窮樂一夢還着永别人

庚戌年　辛巳月　辛卯日　已亥時

此八字辛金相配柱中之火正官之格正官之者貴氣之宿也人生得此丰姿英厚天性剛明椿萱荣後难全奉鴻鴈天边不共鳴理貫古今之彦筆分柱直之情雖不錫瓊林之尤能顯禄位之荣一声沾龍遅百里播清声此則顯耀之命鶯鶴配合偏正桂子先花果晚成運行初壬午上人庇下快樂昇平癸未運中欲遂平生志潜心對短檠甲申運中時来自有升騰路足馬騣駿上鳳城乙酉運中氣宇英英加龍遅禄元階進勢峥嶸丙戌運中化日輝輝民望重揮揮禄位又加陞丁亥運中銀章紫綬未許辭荣戊子運中孫賢子秀已丑運中夢入蓬瀛

庚戌　辛巳　壬寅　辛亥

此八字壬寅日相配柱中木火食神之格人生得此本显科名只嫌已亥冲破不貴而富椿萱堂上雙年耄鴻鴈天邊有奮飛丰姿瀟洒天性仁慈有濟人之德無剥削之機祖業加新慶財囊厚積餘雖不建侯封爵也須威服黔黎此則富貴之命鴛幃有碍須偏正桂子秋来朶朶英運行初壬申上人庇下有何是非癸未運中詩書多勉力仕路尚難馳甲申運中雖不綺羅衣錦綉也須福慶挺輝輝乙酉運中行藏多显煥才旺事傷悲丙戌運中一番風雪過車馬集門閭丁亥運中孫賢子秀閥閱增輝戊子運中峥嶸頭角已丑運中帰去来兮

庚戌　辛巳　癸未　癸亥

此八字癸未日相配柱中之火財旺生官之格人生得此丰姿英偉性格果剛搶親早別螢禁曉鴻鴈天边不共翔稍識古今之學粗知禮義之方可向仕途求聞達誤殺湖海歷風霜交貴親賢生貨利果然金玉積盈囊此則富厚之命駕悻玉淵金輝子嗣前雅後易運行初壬午上人庇下便有風霜癸未運中雨过春園生錦綉花開上苑噴清香甲申運中江湖尊德望財旺事業張丙戌運中才帛滿囊行樂順一觴一詠倍軒昂丁亥運中老景清曜还發旺光孫戲舞列華堂戊子運中人生從此別無復再還鄉

庚戌年　辛巳月　丁亥日　辛亥時

此八字丁亥日貴之辰相配柱中金水才官之格人生得此本顯功名只嫌巳亥冲破名顯異途椿萱半道难全奉鴻鴈天邊各奮鳴丰姿清致天性剛明理窮今古事刀筆理寃情休向泮林寄跡可從業牘勞形寵渥榮沾後仁風百里清此則顯榮之命鴛幃木命須年少桂子森、兩挺榮運行初壬午庇佑之下天朗氣清癸未運中雖則詩書有志焉能仕路榮登甲申運中曹司尊德望風雪又嚴凝乙酉運中疋馬登天路悠、沐寵榮丙戌運中梨花沾德化禄位又加陞丁亥運中權衡振作未擬辝榮戊子運中悠、蘺下己丑運中一夢难醒

庚戌　辛巳　癸未　甲寅

此八字癸未日相配柱中之大財旺生官之格亦有刑合之意人生得此丰姿洒落性格明良椿萱堂上先虧毋鴻鴈天邊有共翔粗知韜畧法浅覧聖賢拿祖業重增巖才囊倍積藏但顯恩光生悦節何須早識便軒昂此則豪雄之命鴛幃金命須同屬桂子秋來有挺芳運行初壬午上人庇下其樂何當癸未詩書雖有志汗馬亦勞攘甲申運中自有貴人尊敬何然風雪飄揚乙酉運中萬象光沾沛澤回時佳趣振權衡丙戌運中聲光耿耿財帛盈囊丁亥運中老當益壯宴飲無觴戊子運中花落春歸去依喻人斷腸

庚戌年　辛巳月　己亥日　乙丑時

此八字己亥日元相配柱中金木傷官助殺之格喜逢助殺生身遇斯命者生於右族長於名門椿萱雙晚戊鴻鴈各行鳴其為人也丰姿清秀天性聰明世事頗能將就般般孝友精通曰福曰榮自有順天之慶常安常樂豈無福地之深有心於貨利空自向公門幾載勤劳親業績功名儼若似浮雲江湖有意公卿小廊廟無心宇宙輕晚年光齊景福祿享無窮此則穩厚之命鴛幃有犯須招硬子嗣秋來朶朶榮運行初壬午上人庇下未斷平生癸未運中娟娟雲裏月灼灼葉中英甲申運中欲速不達揚帆住風乙酉運中貴人指引登公府尚有超趨未順情當此之際風雪還生丙戌運中才源雖旺足人事尚虧盈丁亥運中歲寒松上茂秋老菊尤馨戊子運中晚年快樂己丑運中春變無憑

庚戌年　辛巳月　丙申日　己亥時

此八字丙申之日相配柱中水土傷官制未之格人生得此生於右族長於仁門萱毋先帰椿後別天邊鴻鴈各行鳴其為人也丰姿清雅天性老誠雖無深計較稍有淡聰明行蔵果斷作事老誠祖業添新慶財源自琢成福布江山外名聞湖海中得意江山詩句捷忘情日月酒盃深好意番成悪真心換得嗔但傾一生財禄旺何必天邊沐寵榮此則穏厚之命鴛帏水命須年小子嗣雙雙有挺榮運行初壬午上人庇下未斷升沉癸未運中世事宛如春夢人情薄似秋雲甲申運中雖則行蔵有慶幾多人事虧盈乙酉運中才源滚滚家居好重重風雪尚逡巡丙戌運中正是太平光霽景幾番微雨幾番晴丁亥運中門楣壮觀子貴先榮戊子運中晚年閑快樂會友以開樽己丑運中花已落月尤沉

庚戌年　辛巳月　壬辰日　辛丑時

此八字壬辰魁罡之日財殺之格正得水入已而見辛名為不絕主人生於盛族長於仁門椿父早歸萱晚別姓天邊鴻鴈不同鳴丰姿磊落天性平能有微微之計較淡淡之聡明半虛半實假老假誠見高人有分趨捧逢小輩有始無終是識非為識非親却是親梅開白雪飄東閣笋出新梢過北庭重成新事業再整舊門庭花無桃李非春色人有笙歌是太平有心於湖海無意暮功名晚年光霽景財禄倍豐隆此則穏厚之命鴛帏半路魁重續子嗣秋來有粟英運行初壬午上人庇下未斷平生癸未運中雪晴天未煖行樂未如心甲申運中古樹含風常帯雨寒岩四月始知春乙酉運中絃斷萱凋人事雜江湖得失不為驚丙戌運中三陽回宇宙一氣轉洪鈞當此之際服耗還生丁亥運中才權重美人事光榮戊子運中有茶留客有酒盈鍾己丑運中春光去也一枕清風

庚戌年　辛巳月　辛卯日　己丑時
此八字辛卯之日相配柱中木火才官之格人生
得此生於右族長於名門椿親磊落萱歸副封頭
終是父先行天邊鴻鴈有各巢生其為人也丰姿
清秀天性聰明胸羅今古事學識聖賢心詞鋒穎
利疑無敵筆力縱橫君有神終是功名之客豈為
田舍之翁嘉穀不早實大器當晚成奮身辭白屋
平步入青雲一朝從得風雲去九天雨露沐深恩
此則榮貴之命鴛幃有配須格副子嗣榮桑兩馨
運行初壬午上人庇下月朗風清癸未運中焚膏
展卷秉燭觀文甲申運中幾欲思高慕遠當成剪
雪裁氷丁酉執卷幾田空探月時來方許上神京
丙戌運中報道是龍選不信果然秉笏見明君丁
亥運中處事但憑三尺法理刑渾似一團春戊子
運中解組歸田里籬邊快然己丑運中春光去也
花落月沉

庚戌年　辛巳月　甲辰日　乙亥時
此八字甲木相配柱中金火傷官帶殺之格喜逢
六平趦乾王謂處身僧道之首用殺又輊主人生
於右族長於玄門椿萱不相守鴻鴈陣行分手姿
清爽師律堅真法令降龍虎輝光伏鬼神執簡當
胸朝玉帝頂冠披服礼天尊此則清孤之命運行
初壬午上人庇下未斷平生癸未運中投師孝業
前祖離親甲申運中閑中自有閑中事守己存心
免致凶乙酉運中雖則人欽人敬數畜人事匆匆
丙戌運中玉冠蒼水佩鶴氅紫綸巾丁亥運中遇
戶清風為益友可庭明月是親朋戊子運中新花
春雨細處木晚烟生己丑運中童言採藥青山去
知在中間幾片雲

庚戌年　辛巳月　己丑日　辛未時

此八字己丑日元相配柱中人生得此生格人生得此生於右族長於仁門萱母先歸椿後別天邊鴻雁各行鳴其為人也丰姿清雅天性聰明頗知禮義稍識古今有抵雪欺霜之志截長補短之能重成新事業再整舊門庭有心於貨利無意慕功名得意江山詩句健忘情日月酒盃深是非莫管門前客得失須從塞上翁施恩惹怨布德成嗔但顧一生財祿旺何必天邊沐寵恩此則益旺之命鴛幃贅得年低女子嗣秋來一果成運行初壬午上人庇下未斷平生癸未運中世事宂如春夢人情薄似秋雲甲申運中雖則行威有憂还愁素耗相侵乙酉運中才源旺足家居好斥時風雨斥時驚丙戌運中世事有隱有藏財源或療或過當運時也風雨還生丁亥運中福元昌熾當斯際还忌花開風又生戊子運中無思無慮己丑運中花落月沉

庚戌年　辛巳月　己丑日　己巳時

此八字己土天之配合柱中金火傷官帶印之格亦有金神之意人生得長生於名望之族長於遷變之門萱母早歸椿耐晚天邊鴻雁鮮同群丰姿鄙偎天性乖能稍奇頗孟業智謀深遠近高人律法父誇勞爽利名須藉刀成此則特達之命鴛幃兩敵方偕老桂子秋來綻栗英運行初壬午雲籠皓月水泛萍癸未運中登臨雨淨賞翫春陰甲申運中貴人相指引業讀自勞形乙酉運中一番風雨過方覓瑞祥生丙戌運中威權有布人欽伏才帛興隆第宅新丁亥運中歲寒松尚茂秋老菊猶馨戊子運中歸去也

庚戌年　辛巳月　乙巳日　丙子時

此八字乙木相配柱中金火合殺留官之格傷官所用為良女人得此生於茂族配於高門翁姑有倚妯娌不睽群其為人也姿容清秀髮貌異常有針綫之巧立業之良風送浮雲歸古洞雨滋花蕊發新妝才源旺足第宅榮昌雖然不作榮封婦晚年光景勝如常此則益旺之命良人水命須年長子嗣生成貴顯朗運行初庚辰上人庇下春入洞房己卯運中雖則家居有慶也愁人事悠揚戊寅運中片雲蔽日不損其光丁丑運中正是梅青并月白還想風雨暗淹浪丙子運中羅倚臨風舞弥叢百味香一番風雨幸不損傷乙亥運中子榮孫秀樂享畫堂甲戌運中春光歸去也一枕入黃粱

庚戌年　辛巳月　癸未日　戊午時

此八字癸未日元相配柱中火土才殺之格水入巳而是辛名為不絕主人生於右族長於名門椿父先歸萱後別天邊鴻雁陣行分其為人丰姿清秀天性聰明胸令古事學識聖賢心太山北斗千年在和氣春風四座須終是功名之客豈為田舍之翁升名不就鴈塔難登霄谷不顯實名利當德成舒長化日桑麻茂融纏仁風雨露清此則榮貴之命鶯幃有犯須招副子嗣秋來盈晚榮運初壬午上人庇下未斷平生癸未運中欲遂平生志須加董子功甲申運中幾欲思高慕遠番成剪雪裁冰乙酉運中寄跡橋門十載寒氈陰硯辛勤丙戌運中恩布有威有感尊崇姓名震此運見陞還見退子榮父居貴重封戊子運中安閑快樂辛丑運中春夢無憑

庚戌年　辛巳月　乙酉日　癸未時

此八字乙酉専權之日傷官制杀之格人生得此生於望族長於高門椿親失節難全奉鴻鴈天邊獨出群丰姿魁偉天性聰明善決善斷多見多聞祖基有倚而重增事業鼎新而革古雖不成名利生平近貴人遊山翫水携詩卷對月觀花把酒斟田園桑柘茂畝甽稻粱馨花無桃花非春色人有笙歌是太平此則穩足之命鴛幃有碍須年敵桂子生成俊傑人運行初壬午未分寒暑局斷虧盈癸未運中雪晴天未焌行樂尚防驚甲申運中幾度樂中有悶數番靜裏憂心乙酉運中須史風浪起頃刻又波平丙戌運中始知春晝永方總瑞祥生丁亥運中門楣壯觀樓閣凌雲戊子運中桑榆暮景己丑運中一道訃音

庚戌年　辛巳月　癸未日　癸亥時

此八子癸未日元相配柱中火土官才之格喜逢卯綬生身水入巳而見辛名為不絕主人生於右族長於高門椿父先歸萱後別天邊鴻鴈各行鳴其為人也丰姿清秀天性聰明頗知禮義稍識古今有抵雪欺霜之志截長補短之能重成新事業再整舊門庭市廛生計好湖海姓名馨得意江山詩句健忘情日月酒盃深雖不成名利生平近貴人每遇恩中惹禍幾番有德成嗔初運交災中進退晚年時至福駢臻此則晚旺之命鴛幃有疾須招小子嗣秋来旺宅門運行初壬午上人庇下淡淡春雲癸未運中雨過園桃簇錦風和堤柳拖金甲申運中世事有增有減才源或廢或興乙酉運中登臨賞翫雨阻賞翫春陰丙戌運中幾番進退都經過從此才源始有增戊字之中花放風生丁亥運中不寒不焌天氣好無榮無辱太平春當是時也一番風雨戊子運中夕陽有限春梦無憑

庚戌年　辛巳月　壬午日　乙巳時

此八字六人生臨五位號曰祿馬同鄉殺生印授之格殺印相生功名顯主人生於右族長於名居椿萱合遂双双貌鴻鴈天邊不共飛其為人也丰姿清秀天性多能妍窮今古漁獵詩書袖裡虹霓冲霄筆端風雨駕雲衢終是功名之客豈為田舍耕鋤一朝但得風雲會跨馬金門沐重榮此則榮貴之命鴛幃宜有贈子嗣晚光榮運行初甲午上人庇下未斷高底癸未運中趨庭負笈學禮聞詩甲申運中雖有凌雲志緣無接漢梯乙酉運中掩

門多困苦箴冤待時亨丙戌運中君恩有感聲名顯紛紛德澤惠黔黎丁亥運中耿耿聲名重滔滔雨露濡戊子運中晚年歸故里一枕夢難迴

庚戌年　辛巳月　壬寅日　乙巳時

此八字壬寅趁艮之日相配柱中火土才殺之格喜逢印綬扶身水入已而見辛名為不絕主人生於文望之族長於詩禮之堂椿萱有侶難為耄天邊鴻鴈各翺翔其為人也丰姿清秀礼樂鏗鏘取友書義遠倜儻世情長東海驪珠不幾見豐城雷劒不終藏終是功名之客豈為田舍之郎學問有成管取秋闈深得意藝材敏捷誰知春榜不名揚晚年登雲步金紫職加昌此則榮貴之命鴛幃正副方偕老子嗣秋前有顯揚運行初壬午上人庇

下紹碧迎祥癸未運中讀殘茅店月踏破泮橋霜甲申運中雖到蟾宮折桂依然困守書窓乙酉運中姓字不能登顯擢橋門依舊困悠揚丙戌運中皇恩有感佐政黄堂須史風雨頃刻滄浪丁亥運中花酒舉觴樂金紫受提綱戊子運中榮歸故里詩酒倡佯己丑運中一夢黄粱

庚戌年　辛巳月　乙未日　甲申時

此八字乙未相配柱中金火傷官制殺之格椿萱难並耄鴻鴈不行聯手姿清雅天性機関窮古今覧書編不慈不勇可方可貞定擬得名得禄豈教豹隱龍蟠一朝但得風雲便躭声名向境傳此則貴達之命駑㥜有碍須添寵子嗣金風發桂蘭運行初壬午上人庇下春苑春山癸未運中刺股芸窓應繼夜埋頭雪案不知寒甲申運中执卷幾回空探月時来禄馬駐於前乙酉運中太學豈能留得住崢嶸頭角拜天顔丙戌運中名聞千里獄折片言當此之際進退一翻丁亥運中莫恋恩相治宜思故里閒戊子運中夕陽有限一枕难还

庚戌年　辛巳月　癸未日　壬子時

此八字癸水天元配乎柱中火土才官之格喜逢日禄以帰時遇斯命者生於茂族長於名望之門椿萱有倚难双耄鴻鴈天邊不共群手姿磊落天性聰明理穷今古車書對聖賢經龍門変化三春浪鵬路逍遥萬里程長安人満路争看錦衣新此則榮顯之命駑㥜全正副挂子襁衣新運行初壬午上人庇下負笈趋庭癸未運中雲程坦坦登天去奉足悠悠名利成甲申運中自錫瓊林奈玳宴聯班粉署戟堦陛乙酉運中皇恩應有感金紫戟逐榮當此之際頃刻風雲丙戌運中重金重紫倚掾權行丁亥運中正欲忠君輔国豈數觧祖思尊戊子運中榮回處樂憂入蓬瀛

庚戌年　辛巳月　戊寅日　庚申時

此八字傷官用印之格值斯象者椿萱有倚分中道鴻雁聯行又斷行其為人也丰姿清秀性格明良本問三冬足詩書萬卷藏笑顏登試院垂手赴科場一從姓字傳揚後濟濟衣冠拜家章此則榮貴之命鸞幃須帶硬柱子有承吾運行和壬午上人庇下摘句尋章癸未運中讀書映雪觀史引光甲申運中靈鰲動處千山振丹桂開時萬里香乙酉運中緋衣日煥超金闕室殿雲開識聖王丙戌運中皇恩有感金紫煌煌丁亥運中正宜東芴未許还鄉戊子運中榮田故里己丑運中一變黃粱

庚戌年　辛巳月　癸未日　戊午時

此八字癸未日相配柱中火土才官之格殺生印綬論殺入己而見奇名為不絕主人生於右族長於仁門椿父先歸萱後别天邊鴻雁各行鳴其為人也丰姿清度立性聰明錦綉胞藏賢古事殊璣口吐武文風太山比斗千年在和氣春風四座欽終是功名客豈為田舍翁雖不早登科奉自然祿位光榮晚年光霽景始得沐君恩此則清顯之命鸞幃有碍須招硬子嗣秋來有挺榮運行初壬午上人庇下未斷平生癸未運中十年窗下業黃卷與青灯甲申運中枕卷幾回空捲月倍然困守讀書灯乙酉運中幾欲思高暮遠數番積雪成水丙戌運中機會來時離泮水便將沛澤樂儒生須史風雨過山青丁亥運中伊以門外雪行遇座間風戊子運中子貴家門盛春歸鳥不鳴

庚戌年　辛巳月　壬寅日　癸卯時

此八字壬寅之日相配柱中火土才杀之格正謂水入已而見辛名為不絕遇斯命者生於溫潤之族長於深邃之門椿父先歸耐晚天邊鴻鴈各行鳴其為人也手姿清秀天性聰明般般稍覽件件不精謀動君子威伏小人行藏竟消洒笑傲任枯榮曰福曰榮自有順天之慶常安常樂豈無福地之深重成新事業毋整舊門庭是非莫管門前客得失須憑塞上翁滿世功名身外事五湖風月樂怡情此則穩厚之命鴛幃有犯須招硬子嗣生成貴顯人運行初壬午上人庇下未斷平生癸未運中春園雖雨過桃李未生英甲申運中古樹含風常帶雨寒岂四月始知春乙酉運中世事有增有減財源或廢或興丙戌運中正是太平光霽景須史耒耗尚相侵丁亥運中財源富足家業餘盈戊子運中經霜松柏儼然秀昌雨梅蘭分外馨己丑運中百年繾綣成何用一日無常萬事空

庚戌年　辛巳月　乙未日　己卯時

此八字乙未日元相配柱中金火傷官制殺之格人生得此生於旺族長於高門椿萱堂上先亐父天边鴻鴈各行鳴其為人也手姿清秀天性聰明高謀遠見理白分清自有順天之慶豈无福地之深重成新事業毋整旧門庭有心於貨利无意慕功名兩都秋色皆喬木晋旧風流有幾人常將好意番成恶每把真心換得嗔雖不達侯封爵自然潤屋潤身此則穩厚之命鴛幃有犯須年小子嗣秋来孝且忠運行初壬午上人庇下樤祿平生癸未運中青歸柳葉晴初变紅入桃花煖未匀甲辰運中才源有增進世事尚逡巡乙酉運中忼濟尤防未済得経尤慮失経丙戌運中灾晦耗非須要見依然才旺福无穷戌字之中花放風生丁亥運中不独才源富足尚祈声勢豪雄戊子運中但使家園而富足何愁白髮鬢边生己丑運中一枕黃粱夢千年不復醒

庚戌年　辛巳月　戊子日　癸亥時

此八字戊子日元相配柱中金水傷官制財之格人生得此生於右族長於名門椿親先別萱況晚天邊鴻鴈各郡飛其為人也丰姿清秀智氣豪横般般揣見件件頗知行藏瀟洒作事三思見善則廷於已當仁不讓於師祖業添新慶根基崇显時遊山玩水携書卷對門光輝把酒斟萬里金風天欲暮四時光景勝常時拖是惹怨布德成嗔但欲粟康并貫拐何須驟馬入青雲此則饒裕之命駕幃有分須年小子嗣秋來朵朵成運行初壬午上人庇下未斷吉凶癸未運中族姻掛柳岸薄霧杏花村甲申運中雨過園飛簇錦風和堤柳無絲乙酉運中才源須得失人事尚趑趄丙戌運中正是按青月白還愁花放風吹丁亥運中成四時佳趣立萬古門庭戊子運中晚年多俠桀子秀然心機己丑運中人生從此別無復見儀形

庚戌年　辛巳月　己亥日　乙丑時

此八字傷官奎赤之格五行無破無傷四柱有扶有助主人生於邃屋長於高門椿萱双晚戌棠棣独光榮其為人也丰姿清雅天性聪能孝問三冬足群書萬卷能終是功名之客豈為耕鑿之人琰林雖不恭高宴自有江鳳四境清此則榮貴之命鸞幃有硬須重續子嗣金風有显榮運行初壬午上人庇下蔭袍平生癸未運中欲思登仕路須用對青灯甲申運中执卷幾回跋跡時來機會上神京丁酉運中寄跡橋門十載寒毡陰地辛勤丙戌運中皇恩宜有感化日照達民丁亥運中一天膏雨隨車至千里仁風逐扇生戊子運中故園風景好己丑運中一枕入佳城

庚戌年　辛巳月　丙申日　己亥特

此八字丙火相配柱中水土傷官制殺之格主人椿萱光別父鴻鴈稍聯飛具為人也手姿瀟洒天性操持有瑾白分清之智截長補短之機見善則持於己當仁不於師祖基祖業添新慶才帛資囊晚積餘遊山翫水携詩卷對月觀花把酒巵若你壯年登仕路也教光耀舊門閭此則穩達之命鴛幃會健方無射桂子秋来孝義齊運行初壬午上人庇下祿祿之特癸未運中雪情天未燦行樂尚趂超甲申運中幾到恩高暮遠全憑貴客提携乙酉運中雪晴雲散方如意方竟行藏異昔特丙戌運中片特風雨幸不成危丁亥運中孫賢子秀暮景桑榆戊子運中計音一播醇酒三巵

庚戌年　辛巳月　丁酉日　辛丑時

此八字丁酉日貴之辰傷官助財之格主人生於豐潤之族長於深邃之居椿萱不逮祿養鴻鴈有不聯飛其為人也手姿魁偉天性操持窮今古覽詩書定擬得名得祿豈教田里耕鋤北海蛟横頭角潛南山豹變爪牙齊一朝但得風雲便雷取麻衣換祿衣此則貴顯之命鴛幃宜有贈子嗣桂蘭奇運行初上人庇下安樂何知癸未運中歡生平步志潛心下董帷甲申運中蟾窟攀英非是喜瓊林未宴豈為悲當此之際一番風雨乙酉運中雪晴雲路達跨馬入雲衢丙戌運中戰位崇迁金紫貫絲紛雨露承加濡丁亥運中正宜輔國未許懸車戊子運中崇歸故里夢入仙衢

庚戌年　辛巳月　癸卯日　辛酉時

此八字癸卯日貴之辰相配柱中金火棄印就財之格人生得此本顯功名只嫌卯酉冲破不貴而富椿父先歸萱老壽屬行天際各飛鳴丰姿洒落天性公平歷學古今之事辯分時務之情祖業添新慶財囊厚積成此則富足之命篤邵土命須鶼屬桂子先凋後有荣運行初壬午幼年之景庇下界平癸未運中詩書雖有志貨利亦閑情甲申運中但覺英雄敬仰自然財帛添增乙酉運中椿樹凋零後財多事不驚丙戌運中財源來益旺風雪又飄零丁亥運中老當發旺金玉盈盈庚子運中孫賢子秀己丑運中花落月傾

庚戌年　辛巳月　甲午日　甲子時

此八字甲午日相配格中之火傷官之格只嫌傷之不尽不貴而富椿親耐晚萱先別鴻鴈天邉後有鳴丰姿英雅天性聰明般般都好學伴侣不全精祖業加新慶財囊自積成自有英雄敬仰果然湖海馳聲但願一樽交貴客何須天府沐恩荣此則富实之命鴛幃同屬双諧老桂子庭前有显英運行初壬午印承上庇月向風清癸未運中頗向詩書窓下便因貨利分情甲申運中財源雖益旺人事有相禁乙酉運中鴈行吹斷萱花損滚滚財源四遠生丙戌運中一番風雪過第宅聳峥嵘丁亥運中脱節光華名势旺孫賢子秀樂安康戊子運子依然昌樂己丑運中一夢难離

庚戌　辛巳　戊寅　辛酉

此八字戊土相配柱中金火傷官用印之格女人得此亦足以顯其身注人姿容艷麗標格精神生於宦族配於將門父母翁姑曾顯姓親昆妯娌絕超群掌家有道處事克儉心靜若雲收雨霽性快如風怒濤翻浪千竹報平安日錦繡花開富貴春雖然不是攀英容也作裙釵領袖人此則賢能女命良人得配英雄容子嗣生成肅烈人運行庚辰幽閨闈閫化日陽春已卯到戊寅運中桃嬌杏艷韶華足鳳舞鸞歌喜氣新丁丑運中裙釵絢目光

榮耀只恐風高起綠塵丙子運中雨散雲收天似洗上林依舊見芳春乙亥運中使婢臨厨烹異品抱孫堂上樂忻忻甲戌運中粧樓人去也臺鏡播良晨

庚戌年　辛巳月　戊戌日　戊午時

此八字戊戌魁罡之日配平夏令盛火印綬之格印綬者上格也人命遇之生於喬木長於名門丰姿瀟洒禮樂維新椿萱分半道鴻雁隔雲津學問通今博古機関異衆超群一從姓名傳揚後肅整衣冠拜紫宸此則榮英之命鴛幃偏正美桂子拂青雲運行初壬午福庇之下詩禮頗聞癸未運中曉蹈泮林驚宿鳥幾登試院尚勞神甲申運中附鳳攀龍雖着意未應此際沐深恩乙酉運中令布黔黎伏威飛士卒奔丙戌運中祿位加陞權要重

楊花飛雪冷侵身丁亥運中名高位重人事逡巡戊子運中春殘啼杜宇花落自成塵

庚戌　辛巳　丁亥　戊申

此八字丁亥日相配柱中金土傷官用財之格人生得此丰姿穩俊性格聰明火水椿萱雙皓首聯行鴻雁各飛鳴般般歷學件件不精財帛財囊宜自整祖基祖業再新增一生但喜交高貴何必天階沐寵榮此則穩足之命鴛幃魁復重年少桂子稚蔿晩始馨運行初壬午雙親福庇樂享和平癸未運中春園雖雨過桃李未生英甲申運中春風堪賞猶堪恨花落花開恨莫勝乙酉運中到此財源來愈旺一番行樂雪飄零丙戌運中英雄惟贈劍三尺豪傑相逢酒一醒丁亥運中還有晩年逸樂門闌財喜盈盈戊子運中人生從此去無復見儀形

庚戌年　辛巳月　乙酉日　己卯時

此八字傷官制殺之格特歸日祿略嫌破沖值此象者生於善族長於華宗椿萱一期耄棠棣長春紅其為人也知進退識枯榮遇難終無難逢凶不致凶福布江山外名聞湖海中但得高人提挾輝輝才帛豐隆此則傑人之命鴛幃有碍須偏正子嗣金風長嫩叢運行初壬午上人庇下燰日和風癸未運陽回喬木氣轉鴻濛甲申運雖有英雄志還愁路不通乙酉運失之非是辱得也未為榮丙戌運才帛滔滔旺人情漸漸濃丁亥運中桑榆暮景快樂無窮戊子運東籬金菊北鎮蒼松乙丑運歸去也

庚戌　辛巳　己酉　己丑

此八字巳土相配柱中己丑之金傷官之格巳巳時金神之助人生值此丰姿應玷立性剛能生於望右之族長於良室之門堂恩難晚翠棠棣挺枝馨祖不我侵還自整財當蓄後晚豊盈未開水府珠先見不掘豊城劍自伸機關多展轉行動達官欽佇看晚年光景好必須光耀勝宗親此則暮榮之命篤幃有碍敵無克子嗣班衣舞彩新運行初壬午不寒還不暖乍雨乍風輕癸未運中此地焉能施與展財来財去久安寧甲申運中然有貴人相指引總得威權舌滞侵乙酉運中名利場中雖已就何當還見小憂心丙戌運中

庚戌　辛巳　己丑　己巳

此八字巳土相配柱中己土相配柱中己丑之金傷官之格傷官者立性剛而不暴行藏威而不猛值此象者注人丰姿清玷作事老成生於良族長於仁門一對椿萱先別母鳳行我必顯聲名根基計業相添整財囊蓄覆自操心佇看脫却麻衣日三疊陽關酒滿斟此則脫貴之命篤幃有克續招長子嗣先蘭暮桂馨運行初壬午淡霧淡烟籠弱柳微風微雨鎖鵬程癸未運中得一成而一失樂未足以憂生甲申運中然有貴人相指引名雖成就也因循乙酉運中正在公堂施展地恩當歸去淚傷心一番灾厄雨過山青丙戌運中數載辛勤多費力辭離故里到京城丁亥運中身沾新雨露縣佐治人民戊子運中上五年歸来故里下五年一夢西沉

庚戌　辛巳　辛巳　丙申

此八字辛巳日相配柱中之火正官之格人生得此丰姿慷慨天性聰明椿親先別萱禁晚鴻鳫天邊少共鳴般般歷學件件不精十斷九連成大業三番四覆整門庭一旦貴人提攀慶財源滾滾自天生此則冨旺之命篤幃有碍須招副桂子秋来始發馨運行初壬午上人庇下未必清寧癸未運中詩書心力倦貨利便生成甲午運中一番風雪初晴後暮地財源十倍增乙酉運中人財生進退基業再新興丙戌運中榮中生出悶悶過勢静崍

丁亥運中老當發福輝煥家聲戊子運中歸去也

庚戌年　辛巳月　辛巳日　丙申時

此八字辛巳日相配柱中之火官多化殺偏官之格人生得此丰姿洒落天性聰明椿萱難擬嬰年老鴻鳫天邊各奮鳴識達古今之事能教豪傑之情不向仕途求聞達可從琅館享清榮佇看晚年榮令望縞裳玄鶴夜飛騰此則清秀之命運行初壬午幼承上庇雲逐風行癸未運中一從蒙德化日日會賢英甲申運中財旺福興龍虎伏徵風鼓浪慮曹生乙酉運中仙部人共仰豪傑擁門庭丙戌運中不獨金珠滿目尚祈沛澤加榮丁亥運中老當光霽享用不勝戊子運中木落西風急哀猿

三兩聲

庚戌年　辛巳月　癸未日　甲寅時

此八字癸未日相配柱中之火才旺生官之格人生得此大器晚成椿萱不逮雙榮養鴻鴈天邊各奮鳴手姿慷慨天性剛明理窮今古事學貫聖賢經定擬仕途騰踏黌教莘野躬耕泮林踏過橋門去次第登天沐寵榮此則晚榮之命駑悍年少尤掐副桂子庭前有挺榮運行初壬午上人花下詩礼趨庭癸未運中欲遂平生志潛心對短檠甲申運中志欲登天步月身還剪雪裁冰乙酉運中疋馬登天路悠悠都下行丙戌運中榮沾新寵渥百里仰威聲丁亥運中再加祿位便返鄉城戊子運中榮回正享悠悠樂杜宇無端三兩聲

庚戌年　辛巳月　己亥日　己巳時

此八字己亥日配乎旺火印綬之格印綬者上格也女命得此福足以榮其身注人儀容朗肅性格堅剛椿萱棠棣難相守妯娌翁姑不共堂針緻刺繡之巧立業掌家之良順則清風明月逆則烈日秋霜佇看夫榮沾沛澤輝輝錦繡積千箱此則榮贈女命良人同屬英賢客子嗣秋來蘭桂香運行初庚辰閨門之內未論炎涼己卯運中鳳舞鸞歌懽蹇足一番行樂尚乘張戊寅運中黄金過火增新色白璧離塵顯貴光丁丑運中氣轉華堂添秀屢信知此際福尤長丙子運中風雲沾身何足慮依然沛澤潤羅裳乙亥運中孫賢子秀樂享安康甲戌運中月落風尤急猿啼人斷腸

庚戌　辛巳　丁酉　丙午

此八字丁酉日貴之辰日祿歸時之格沒官星號曰青雲得路值此象者豈不蜚英椿庭早歸去萱草晚還青其為人也人材俊秀天性英能窮今覽古博學明經北海蛟橫頭角聳南山豹變爪牙新雨露重沾潤朝班立搢紳此則顯達之命鴛幃水命宜招副子嗣花開果有成運行初壬午春寒料峭燕懶鶯慵癸未運中詩書時黽勉名利必升騰甲申運中一帆風色便須刻到宸京乙酉運中辟水豈能留得住天門終許沐深恩丙戌運中聲聞千里人民頌風舞揚花我憐情丁亥運中兩番加祿位一旦許專城戊子運中歲寒松尚茂秋老菊還馨己丑運中佳城欝綠冊旐輕揚

子平遺書　十三

庚戌年　辛巳月　庚子日　庚辰時

此八字火克金偏官之格人生得此卡姿英彥性理明良萱花先損椿尤去鴻雁天邊不共行學識頗知今古事筆鋒能理墨條章機會未時逢貴助勞形案牘沐恩光此則業達之命鴛幃年少方偕老桂子秋來吐異香運行初壬午上人庇下其樂何當癸未運中志欲業登仕路身近國守書窗甲申運中貴人薦引登公府跋涉經霜氣勢揚乙酉運中業沾新沛澤光耀舊門墻丙戌運中萬民樂業四境豊昌丁亥運中皇恩有感紫綬銀章戊子運中榮田处樂己丑運中一夢黃梁

子平遺書　十四

庚戌年　辛巳月　戊寅日　戊午時

此八字戊寅日相配柱中火局印綬之格人生得此丰姿俊雅處置多方椿萱有倚成無倚鴻鴈聯行自出行祖業終难靠財源旺異鄉税地栽花多艷麗移桃接李倍芬芳但願江湖生計好自然名譽播鄉邦此則離祖成家之命鴛幃配合須年少桂子秋來朵朵香運行初壬午上人庇下未斷实祥癸未運中離巢春燕身傍雕梁甲申運中湖海有情財業旺旺中跋涉不為傷乙酉運中貴人交敬處財禄旺門墻丙戌運中但覺行藏有慶深妨風雪飄揚丁亥運中晚年蘭桂秀沛澤沐榮昌戊子運中桑榆暮景己丑運中猿斷人傷

庚戌年　辛巳月　壬午日　癸卯時

此八字六壬生臨午位號曰祿馬同鄉財旺生官之格值斯衆皆注人丰姿雅淡處事多機生於仁義之族長於積德之居堂上椿萱分半道天邊鴻鴈有連飛識見高明君子欲機謀宏遠貴人推祖基祖業添新慶財帛資囊自整齊門外田疇千古計庭前花木四時齊筆鋒驚四座晚節自光輝此則晚榮之命鴛帳招賢須帶硬桂蘭藹藹發秋枝運行初壬午上人庇下無是無非癸未運中雨過萬重山有色雲開千里月揚輝甲申運中白雪卻嬿春色晚故穿庭樹作花飛乙酉運中不獨權名多振作尚祈樓閣借雲嵬丙戌運中月明雲翳花放風欺丁亥運中子秀孫賢家秀齋一樽春酒足懽娛戊子運中人生此去永為別江水東流何日西

庚戌年　辛巳月　癸巳日　甲寅時

此八字癸日生向巳宮相配格中之火財旺生官之格人生得此丰姿英俊天性英能椿萱半道難全奉鴻鴈天邊後有鳴深明韜畧法熟味聖賢經旗穿曉日烔霞雖山倚秋空劍戟明一從治亂淫氣欲便奔騰此則榮貴之命死悼有礙須偏正桂子森、向晚榮運行初壬午在佑之下黃卷青灯癸未運中雲消騰蹈後辛庚仲盛稜甲申運中雖則財豐名勢旺也防風浪不安寧乙酉運中才源生進退勢要又加增丙戌運中皇恩有感功成後金紫榮看次第陞丁亥運中老當大用盛根边城戊子運中悠、離下己丑運中夢入蓬瀛

庚戌年　辛巳月　丙申日　己亥時

此八字丙申日相配柱中之水偏官之格只嫌巳亥相沖減了福力椿萱有倚成無倚鴻鴈聯飛又各飛丰姿星滿面性格浪奔飛祖業終難倚才源自積肥穩地栽花多起麗移挑接杏始芳林但願醉鄉招李白何須騎馬走仙衢此則離祖守常之命鴛帏有礙須年少桂子雖為秀晚枝運行初壬午斷雲依古樹寒月浸平池癸未運中只宜倚貴生涯旺未必成身立業時甲申運中鬧中生駁雜靜裏見趦趄乙酉運中酒斟琥珀来人廣才帛從教勝舊時丙戌運中成百般之事業整一簇之門風丁亥運中志當益壯戊子運中帰去来兮

庚戌年　辛巳月　甲午日　丁卯時

此八字甲午日配月柱中金火傷官制殺之格人生得此幸姿美厚天性公平椿萱半道相辭奉鴻鳳天边步合情有博古通今之志柳强扶弱之能祖業有依重整顯財囊还挺自磨成田園湖海生涯旺何必騎龍上帝京此則穩富之命鴛幃命健霜添鬢桂子秋来有根榮運行初壬午幼承尊庇快樂昇平癸未運中志思登仕路也續聖賢經甲申運中世事光華行樂順旺人事有悲驚乙酉運中踪跡烟浪過日日旺財名丙戌運中自有英雄敵仰何愁雪浪風聲丁亥運中金堆玉積桂馥蘭馨戊子運中　依然發旺己丑運中一夢难醒

庚戌年　辛巳月　丁亥日　辛亥時

此八字丁亥日貴之辰相配柱中旺土傷官助才之格本顯科第成名刑冲太重事不十全主人生於遂室長於名門金水椿萱已皓首到頭終是毋先行天边鴻雁有隻苦鳴其為人也幸姿儒雅天性老誠般般好學件件不精謀動君子威伏小人祖基祖業須新慶才名声名自琢成終是功名之客豈為田舍之翁機會来時逢貴助高揮劍筆助公廳幾番生進退幸不損威棱晚年光霽景光耀旧門庭此則榮達之命鴛幃水命須年長子嗣枝枝孝且忠運行初壬午上人庇下月白風清癸未運中青帰柳葉晴初变紅入桃花境未匀甲申運中不意之中高貴契劳形案牘向公廳當此之際風木之驚乙酉運中一番風雪初晴後從此滔滔福禄增雨晴雲路逢跨馬上神京丙戌運中威權有布人欽伏才帛與隆雨露均丁亥運中價若瓊瑶韶名如蘭蕙馨戊子運中福禄元生根衣沾上国塵巳丑運中春光去也一枕清風

庚戌年　辛巳月　乙巳日　丁亥特

此八字去殺留官之格喜得特值長生萱親遐壽椿先別棠棣聯枝獨挺榮其爲人也丰姿洒落斧則高明率領千人好風流同座欣終有功名之日別有田舍之家升騰驥足奮鵬程此則貴造之命兇幃有犯宜相氏桂子終不字錢深癸未運中埋頭篤志慕史氷經甲申運中雲同閶月宫帰去慎恨心脑愧未能乙酉運中丈夫有志終須近何必區、怨未荣丙戌運中躍過三層浪經、侍有名丁亥運中東風飄散堤邊絮滚落才源昔有凝戊子運中戢專刑政赫、威名已丑運中死則人共傷生則人共称

庚戌年　辛巳月　戊寅日　癸亥特

此八字戊寅日相配柱中木火有生印綬之格本是功名只嫌刑衝太重撼我功名主人生於右族長於名門椿親先別萱尤去天边鴻鴈各西東其爲人也丰姿清秀天性老誠雖無深較計頗有淡聰明風月琴棊瀟洒客情高謀遠見機關别慷慨春風一姒福布江山外名聞湖海中祖業移南就北根源喜古昂新花無菸李非春色人有笙歌是太平拙於自己巧於他人一旦時來才祿旺何須天府沐皇恩此則豊盛之命鴛幃連珠須年硬子嗣秋来始有成運行初壬午上人庇下雲月朦朧癸未運中畫水無聲空有浪綉花雖艷不聞香甲申運世情濃有淡淡處有还濃乙酉運中莫言此運多光彩得一程即失一程丙戌運中才旺祿来家業廣还愁花放又風生過此丁亥運中但願倉廪实何愁白髮生戊子運中一宵春梦斷萬事總成空

庚戌年　辛巳月　甲辰日　乙亥時

此八字甲辰日相配柱中金火食神剛殺之格人生得此本乎名顯文班只嫌四柱兩衝清氣之貴注人丰姿瀟洒天性果剛生於善念之族長於虛白之堂椿萱見彌别鴻鴈各分行跨鶴登仙府談玄生法床佇看掣電鞭霆日佩玉鳴鸞彌衮章此則清榮之命運行初壬午上人庇下其樂倘徉癸未運中幾欲登天步月翻然拔拜玄裳甲申運中紫蕭吹飛黃鶴赤電飛残步玉罡乙酉運中呵風叱雨神龍威衛巣驅魔道化揚丙戌運中雖則才名榮旺幾番人事乖張丁亥運中掣開水府珠生彩技出豐城劍有光戊子運中煉藥爐中灰滅燮隨仙鶴逐雲翔

庚戌年　辛巳月　壬辰日　辛亥時

此八字壬辰魁罡之日相配柱中火土才殺之格喜逢印授以技身稟得五行之秀氣人生得此生於名望之族長於豐潤之門丰姿雅俊志氣超群椿親疾壽萱難晚鴻鴈行聯各奮身理窮古今事書對聖賢文雲程坦坦登天去寄跡橋門沐寵恩此則貴顯之命鴛帳年高湏水屬桂蘭還擬拂青雲運行初壬午上人庇下福慶駢臻癸未運中螢窓薦志雪案劳神甲申運中執卷幾回空跌踨泮橋依舊蹤霜晨乙酉運中騰身雖雪案李足上天津丙戌運中榮沾新沛澤政化洽軍民丁亥運中金魚初渥帶未許樂閑身戊子運中榮回故里巳丑運中夢逐風塵

庚戌年　辛巳月　壬辰日　壬寅時

此八字騎龍背之日財殺之格喜得印綬以生身六壬而趨艮其為人也有礪石磨磐之操懷存巳正物之心學問知今古英才出類群椿萱难並耄鴈行幾行分萬里風雲相濟會九天雨露休渥恩明時梁棟盛世股肱此則顯達之命鴛幃帶破免教花燭重新子嗣有成必遂班衣之慶運行初壬午東風料峭未称尋春癸未運中歆遂男兒志終須到短紮甲申運中刻鵠不就畫虎未成乙酉運中跳躍三春浪逍遙萬里程丙戌運中晚日催行站春風錦綉輕當此之際風雲浸浸丁亥運中黎元帰父母声奮動公卿戊子運中帰来故里己丑運中壽入黄粮

庚戌年　辛巳月　癸未日　癸亥時

此八字癸未日相配柱中之火才旺生官之格生生得此丰姿慷慨性格良能堂上椿萱分别早天違鴒鴈各飛鳴學問有成擊開水府珠生彩英才卓冠擬出豐城劍氣騰一朝但得風雲便奮向天門沐寵榮此則榮显之命鴛幃有碍須偏正桂子秋来桑梓馨運行初壬午上人庇下快樂升平癸未運中讀書漂麥觀史引灯甲申運中执卷幾回探月依然屠虎不成乙酉運中到此始知文章好長安道上馬蹄輕丙戌運中禄位帶加權任重万民樂業頌昇平丁亥運中戢列大夫金紫貫心厌便欲辭簪纓戊子運中悠悠處樂巳丑運中一枕雞醒

庚戌年　辛巳月　乙未日　庚辰時

此八字乙未日相配桂中金火傷官制殺之格人生得此多機多智不勇不慈萱母先帰椿後別鴈行天際不同飛粗知今古事淺識聖賢書相業重新慶財囊旋積肥但願門迎車馬客何須身到鳳凰池此則守成之命鴛幃木命須年小桂子榮看有出奇運行初壬午庇佑之下快樂無私癸未運中萱花分别後人事尚趦趄甲申運中風狂橋斷折行樂自會悲乙酉運中到此財源未滚滚風波歷過整門閭丙戌運中貴客相携才帛旺果然名勢勝當時丁亥運中沖擊之所目被雲迷戊子運中帰去也

庚戌年　辛巳月　辛丑日　癸巳時

此八字辛金相配桂中旺火正官之格正官者貴氣之物也人生得此丰姿瀟洒志氣豪洪生於望族長於華堂堂上椿萱雙皓首天邊鴻鴈各淒風學問有成終是青雲之客英才特達豈為白屋之翁一朝騰踏飛黃去濟濟衣冠拜袞龍此則榮爽之命鴛幃土命須年少桂子秋來長嫩叢運行初壬午上人庇下化日融融癸未運中芸窓篤志雪案加功甲申運中幾度登場空嘆息還宜窓下受寒窮乙酉運中三疊陽關斟别酒九重天府沐新封丙戌運中濟濟生徒沾德化紛紛黎庶仰仁風丁亥運中重加禄位戊子運中夢入巫峯

庚戌年　壬午月　壬午日　己酉時

此八字六壬生臨午位號曰祿馬同鄉[illegible]之格

得此不幸成功椿樹高崇萱継別庭前棠棣異根榮

丰姿洒落天性聰明學識之古今知事心胸藏賢聖

之經自有風雲生異路橋門踏出沐恩榮此則榮

達之命鴛幃配合須重羨桂子庭前秀晚英運行初

癸未幼年之景榮庇誰能甲申運中續殘芳居月行

落曉天星乙酉運中時來馳驛馬雪霽上天庭丙戌運

中跡寄黃宮隨變化天官奏錄沐恩榮丁亥運中仁

風千里根風雪不傷情壬子運中再加祿位名勢要

英己丑運中黃花綠酒庚戌運中一夢難憑

庚戌年　壬午月　丙子日　癸巳時

此八字丙子之日相配柱中水土傷官之格人生得

此生於藝業之族長於清秀之門椿萱難並耋

鴻鴈各行群其為人也丰姿清雅天性聰明頗曉

三分道理文章一竅不通祖基有倚須再整才源

厚積晚豐盈曰福曰榮自有順天之慶常安常樂

豈無福地之深田園桑柘茂畝畝稻粱馨牛肥綫長

拖黃騰馬嘶刀橫切黃金時來祿旺運至福方洪

此則藝業成家之命鴛幃有犯須招剋子嗣榮門

孝且忠運行初癸未上人庇下未斷平生甲申運

中隱隱輕雷抽碧笋微微細雨潤紅英乙酉運中

乍雨乍時留客景或寒或暖困人春丙戌運中

雖則家居有慶也愁人事虧盈丁亥運中兩過

萬重山有色雲開千里月華明當此之際蕭耗

还生戊子運中歲寒松尚暮秋老菊尤馨子

字之中花放風生己丑運中子貴孫且身業旺

庚寅運中赴音一慘衆傷情

庚戌年　壬午月　癸酉日　壬子時

此八字癸水配乎柱中火土才殺之格女人得此生於茂族配於衣纓姿容闓朗髮眉精神有治家立業之道針線紡績之能翁姑少倚妯娌緣輕紅日點穿湘水碧白雲堆破楚山青夫于榮而子少秀驅奴遣妾樂昇平可惜清風冷悧女却將玉体配殘婚此則榮福之命良人配舊榮英客桂子秋成奪錦人運行初辛巳工人庇下化日陽春庚辰運中路入桃源花爛熳橋横銀漢水澄清己卯運中食則珎羞百味衣則羅綺千層當此之際頃刻風雲戊寅運中萬疊好山雲作斂一棲明月雨初晴丁丑運中綠中加綠紅上添紅丙子運中沖挈之所月冷黄昏乙亥運中桑榆晚景甲戌運中春夢無憑

庚戌年　壬午月　丙子日　癸巳時

此八字丙子之日相配柱中水土傷官制殺之格惜乎沖破官殺相混減我功名主人生於右族長於名門椿父先歸萱耐晚天邊鴻鴈各行群其為人也丰姿清秀天性聰明知高下識重輕出土黄金顯十分之秀色離雲皎月布萬里之清風重成新事業再整舊門庭有心於貨利無意慕功名田園桑柘茂畝畝稻粱肥遇險終不險逢凶幸不凶但願一生才禄何必天邊沐寵榮此則旺相之命篤情宜正副子嗣晚偏春運行初癸亥上[illegible]庇下化日陽春甲申運中娟娟雲裏月灼灼葉中英乙酉運中淡烟揚柳岸薄霧杏花村丙戌運中世情濃又淡淡處又還濃丁亥運中人情正是風光處只恐開非素耗生戊子運中才源雖旺足還有事虧盈己丑運中子秀晚年樂庚寅運中一枕入巫峯

庚戌年　壬午月　甲戌日　壬申時

此八字甲木相配柱中金火傷官制殺之格人生得此生於右族長於高門萱母先歸椿後別天邊鴻鴈不同群其為人也手姿清秀天性聰明學問粗知礼義智謀能近高人祖業須重立根源再整新門外生涯廣濶江湖活計惟新水光浮座盃盤瑩花氣侵人咲語香清樂棋一局遣興酒三盃雖不逢侯封爵自然福祿駢臻晚年光霽景子顯輿孫榮此則穩藏之命鴛幃同屬如羊敵子嗣生成貴顯人運行初癸未上人庇下來斷平生甲申運中雨過山方秀雲開月始明乙酉運中晝水無声空有浪綉花雖艷不聞馨丙戌運中雖則財源滚滚還愁桑耗相侵丁亥運中旺中尚有盈虧事事安依然福祿增戊子運中子榮孫秀多如意尚有風波不致驚己丑運中榮霑雨露庚寅運花落月沉

庚戌年　壬午月　丙子日　己亥時

此八字丙子之日相配柱中水土傷官制煞之格人生得此生於右族長於名門椿父先歸萱疾書天邊鴻鴈各行鳴其為人也手姿清秀天性聰明斷高理處事公平謀動君子感伏小人過大黃金量十分之秀色離雲浩月吐萬里之清明重成新事業再長舊門庭豐年田舍樂謳歌酒滿鐏田園有慶公卿不廟庙無心宇宙輕此則穩旺之命鴛幃有犯須重結子嗣双双一並生運行初癸卯上人庇下來斷平生甲辰運中如日之行如月之升丁酉運中乍雨乍晴留客樂或寒或煖用人天雨戊運中才源有增有壞風来端雪粉粉丁亥運尚有盈頭雪須吏才祿增戊子運中雲収雨霽月色澄清己丑運中晚年快樂庚寅運中花落月沉

庚戌年　壬午月　丁巳日　辛丑時

此八字丁火相配柱中金土傷官助財之格人生得此生於戈矛之族長於劍戟之門椿親先別萱母後行其爲人也丰姿清香天性乖能頗窮黃卷畧稍識聖賢經恒招君子敬特有貴人欽財帛易來易去根源存舊添新世事巧中成拙於人羡處成嗔萬里春風行樂頌四時佳趣瑞祥生一日風雲際會自然潤屋潤身此則穩榮之命鴛幃命敵須年長子嗣秋來有挺榮運行初癸未上人庇下來斷虧盈甲申運中雪情天來煖行樂尚栖清乙酉運中幾欲思高暮遠番成剪雪裁冰丙戌運中一番風雨過依舊瑞祥生丁亥運中光華疊疊沛澤紛紛戊子運中孫賢子秀樂意忘情己丑運中人生從此別無復見儀形

庚戌年　壬午月　庚申日　庚辰時

此八字庚申專祿相配柱中旺火正官之格正官者貴氣之物也主人生於大族長於名門萱母先歸椿後別天邊鴻鴈各行鳴其爲人也丰姿儒雅天性聰明有博古通今之志裁長補短之能雖不成名利生平近貴人遊山玩水携詩卷對月觀花把酒斟祖業添新慶根原勝舊風月掛碧空光皎潔名揚湖海有光榮有心於貨利無意在功名無慮盡傳詩禮樂有朋來自遠方親雖不青雲得路自然鄉黨推尊此則旺足之命鴛幃有硬宜年長子嗣森枝朶朶成運行癸未上人庇下來斷平生甲申運中娟娟雲裏月灼灼雨中英乙酉運中風帶雪來應覺冷鳥啼花落始知春丙戌運中雖則行藏有慶也應弦斷無聲須史風雨頃刻途程丁亥運中雪消雲散天如洗從此滔滔福祿增戊子運中門楣壯觀樓閣凌雲己丑運中進寶玩物會交開尊庚寅運中春光去也一枕無憑

庚戌年　壬午月　丁卯日　丁未時

此八字丁卯日元相配柱中金土傷官助財之格女人得此生於右族長配名門萱母先歸椿後別天邊鴻鴈各行鳴其為人也姿容清秀髮鬒精神有針緻紡績之巧治家立業之勤勝丈夫之氣槩有男子之材能一苑杏桃鋪錦綉滿山松栢映幃屏處事無偏無黨治家克儉克勤難觸難犯易喜易嗔雖不亂冠帔服自然祿享無窮此則蓋旺之命良人火命須年敵子嗣榮門孝且忠運行初幸巳上人庇下月老會盟庚辰運中未觀桃李紅紅

色且喜湖光淡淡情巳卯運中雖則夫門財業旺旺中尚有事虧盈戊寅運中疾雲藏月色妬雨損花容過此丁丑運中淡烟楊柳岸薄霧杏花村丙子運中　如履薄冰乙亥運中落花寂寂飛何處香塵悠悠入九重

庚戌年　壬午月　庚戌日　丙子時

此八字庚戌魁罡之日相配柱中火土殺生印綬之格刑冲破局滅我功名主人生於右族長於宦門椿萱榮倚先歸母椿父後別入幽冥天邊鴻有隻同生其為人也丰姿蕙古天性聰明世事頗能將就般般學欠精通祖業有依須再整功名欲慕不如心豈無高仕效時有貴人欽水光浮塵盃盤螢花氣侵人咲語馨身將隱矣文何用人不知之味更真江湖有意公卿小廊廟無心宇宙輕雖不青雲得路也應鄉黨推尊此則稳旺之命駕幃土

命須年長子嗣秋來嫡庶榮運行初癸未上人榮庇未斷非沉甲申運中親孔孟對青灯莫道儒冠悞螢窗惠不勤乙酉運中幾歎思高暮遠畨成剪雪裁冰丙戌運中雖則遨遊湖海幾畨人事虧盈丁亥運中簾捲香風生百福軒開化日祿元增須史風雨未秋登臨戊子運中子貴滔然沾沛澤喧喧車馬集門庭己丑運中江山不盡登臨興夢斷南柯了一生

庚戌年　壬午月　癸丑日　癸亥時

此八字癸丑之日相配拄中火土才杀之格亦有拱祿之意人生得此生於右族長於仁門椿父先亡萱後別天边鴻鴈各行鳴其為人也手姿清秀天性聰明知高下識重輕般般稍覧件件不精有近貴親吳之德應上和下之缺重成新事業再整旧門庭万里無雲天一色三秋好景月長明不以功名為念豈將冠冕磨礱花無桃李非春色人有笙歌是太平但嶺粟陳貫朽何須天府求荣此則穩厚之命兒㤪連殊須年長子嗣枝頭孝義深運行初癸未上人庇下未斷井沉甲申運中世事宛如春梦人情薄似秋雲乙酉運中乍雨乍晴留客景或寒或煖困人春丙戌運中雖則行藏有慶还愁人事亏盈丁亥運中人生正在風光処只恐閑非晦耗生戊子運中才源富足子業余盈己丑運中子秀家門增益旺何愁白髮鬓边生庚寅運中花落水流春已失蘭摧折恨何明

庚戌年　壬午月　乙丑日　己卯時

此八字食神之格喜逢日祿歸時值斯象者手姿平淡性格操持萱毋先歸春耐脱天邊鴻鴈不交飛祖基宜再整事業必迁居知輕重識高低不親孔孟稍識詩書有近貴親賢之德無高媒遠見之幾勢利浮生皆若此不如守分過年時此則平穩之命鶯幃須配脱子嗣尚招遲運行初癸未只宜庇下何是何非甲申運中登臨甬閬賞翫春帰乙酉運中遠望漁舟深入部不須重問武陵溪丙戌運中須史風浪起雲散月揚輝丁亥運中巖霜積雪都經過次第春風到故廬戊子運中梅稍忽報春消息始覺陽和滿太空己丑運中才向安和景庚寅運中春殘杜宇啼

庚戌年　壬午月　癸酉日　丙辰時

此八字癸酉之日相配柱中火土才殺之格時墓之論人生得此生於良族長於仁門椿萱皓首先亡父鴻雁天邊不共聯其為人也丰姿清秀天性機關知高識下近貴親賢琴樽風月閒生計金玉松筠田歲寒重成新事業再整田根源五湖四海生涯萬水千山活計侵艘艘好覽件件不全萬里無雲天一色三秋好景月嬋娟好意番成愚真心換得嗔才源有分生涯好身外無名一任關羼刈金釵行十二門迎珠履客三千此則穩旺之命鸞幃有犯重鑿新絃子嗣有成班衣彩舞運行初癸未上人庇下未斷暑寒甲申運中登臨雨濘賞翫春陰乙酉運中雖則行藏有慶也愁人事迍邅丙戌運中人生正在風光處只恐閒非風雪巔丁亥運中雪晴雲散天如洗從此滔滔福祿添戊子運中富貴榮華當此際綠楊庭院看鞦韆已丑運中得過且過得閒且閒庚寅運中歸去也

庚戌年　壬午月　辛未日　辛卯時

此八字辛未之日相配柱中火土殺生印綬之格財星在柱減我功名主人生於右族長於仁門萱母先歸椿耐晚天邊鴻雁各行鳴其為人也丰姿清秀天性聰明斷高理枉處事公明般般稍覓件件不精頗曉三分道理文章一竅不通萬里無雲天一色三秋好景月長明豈無高仕敬特有貴人欽花無桃李非春色人有笙歌是太平長為萬里客有潤百年身財源有分生涯好官貴無緣不用心晚年光景好財旺祿元增此則穩享之命鴛幃有犯須重續子嗣枝枝孝義深運行初癸未上人庇下未斷平生甲申運中世事宛如春夢人情薄似秋雲乙酉運中雖則行藏有慶也應人事虧盈丙戌運中人生正在風光處只恐閒非素耗生丁亥運中財源滾滾家居好一度風霜尚惱人戊子運中門楣壯麗家業豊盈己丑運中引鶴徐行三徑晚約梅同醉一壺春丑字之中風雨無鶯庚寅運中鵬鳥賦成人已去賣魚詩去浪傳名

庚戌年　壬午月　癸丑日　甲寅時

此八字癸丑日元相配柱中火土才杀之格亦有刑合之論主人生於右族長於名門椿父早帰萱後别天边鴻鴈陣行分其爲人也丰姿清秀天性聡明觥觥都好覧件件不全精行蔵果断作事老誠機謀輙腹夆用人欽琴横凮月閑生計愈老松筠旧歳青雖不戍名利生平近貴人門前遠觀千畝地庭前閑翫四時春消閑棊一局遣興酒三鍾身將隱隱又何用人不知之味更真雖不建侯封爵自然福禄無穷此則穏厚之命死㡚有犯須重續子嗣双双孝感深運行初癸卯上人庇下未断平生甲申運中未觀桃李紅紅色且喜湖光淡淡晴乙酉運中世事有增有減才源或癈或興丙戌運中正是太平光霽景还愁素耗晚凮生丁亥運中才源富足家居好五夜金凮未称晴戊子運中軒開化日千祥集簾捲香凮百福增子字之中如履薄氷己丑運中亭子孫之福慶庚辰寅運中梦杳佳城

庚戌年　壬午月　癸酉日　甲寅時

此八字癸酉日元相配柱中火土才杀之格亦有刑合之意主人生於右族長於禪門椿萱难並忘鴻鴈各行分其爲人也丰姿清秀天性志誠普修善事廣誦仙經豈無高仕敬時有貴人欽竹影掃階塵不染月穿潭底水無痕昼戟門前难着脚叢林境内可安身金縷三秀詩檀瑞宝樹千花佛界春佇看容顔奇好光明普照無窮此則清隱之命運行初癸亥上人庇下未断平生甲申運中棄俗拜投華蓋地華嚴妙法在其中乙酉運中人道山門清淨幾多人事龢盈丙戌運中鳩雛成大鵠種子作高松當此之際風雨还生丁亥運中主蓆山中多快樂須史風雨幸何驚戊子運中濟濟徒孫滿目片時風雨还侵己丑運中晚年閑快樂庚寅運中一枕入巫峯

庚戌年　壬午月　癸亥日　癸亥時

此八字癸水相配亥中之木午戌之火傷官帶才之格其為人也有近貴親賢之志高謀遠見之機椿親晚蒼萱棠棣曉芳菲祖業添新慶資囊再整齊豐年田舍禾盈疊臈日山家酒滿斟但顧市廛生意好何須誇馬到邦畿此則中和之命鴛幃兩敵百歲齊眉子嗣有成金風之粟運行初癸未上人庇下何論高低甲辰運中爆竹聲催殘臈去折梅香引早春歸乙酉運中不為惜花春起早多應愛月夜眠遲丙戌運中駸、登坦色漸、入享衢當此之際旺處有虧丁亥運中雖則家居而有慶漫空飛雪使人悲戊子運中冲擊得所處樂自如己丑運中安享桑榆暮景庚寅運中春殘花落人歸

庚戌年　壬午月　乙丑日　戊寅時

此八字才官印綬俱全三奇上格女人得此本受封榮奈乎運在衰鄉美中不美翁姑姑火倚妯娌有同心髮貌清臞天姿稍明有立業起家之志操持作幹之能萬事必須整琢諸般还擬重成足衣足食生平始無喜無嗔活計增此則益夫之命良人士命同偕老子嗣先虧後綻英運行初辛巳春園雨過李白桃紅庚辰運中擇良匹配魚水之情己卯運中雖則行藏無大患哉番不雨而不晴戊寅運中萬里春風行樂頌滿庭佳氣瑞祥生丁丑運中驀然風捲浪頃刻月離雲丙子運中報道晚年光景好果然籬菊綻金英乙亥運中夕陽有限春夢無憑

庚戌年　壬午月　癸亥日　癸亥時

此八字癸水相配亥中之木午戌之火傷官帶才之格其為人也有近貴親賢之志高謀遠見之機椿親晚蔭翠棠棣晚芳菲祖業添新慶資囊再整齊豐年田舍禾盈罌臘日山家酒滿卮但欲市廛生計廣何須騎馬到那畿此則中和之命鴛幃兩敵百歲齊眉子嗣有成金風之粟運行初癸未上人庇下何論高低甲申運中爆竹声催残臘去折梅香引早春歸乙酉運中不為惜花春起早多因愛月夜眠遲丙戌運中駸駸登坦道漸漸入亨衢當此之際旺處有虧丁亥運中雖則家居而有慶漫空風雪使人愁戊子運中冲擊之所處樂自安己丑運中安享桑榆暮景庚寅運中春残花落人歸

庚戌年　壬午月　丁卯日　辛丑時

此八字丁卯之日傷官助才之格傷官不盡不显功名而發才祿主之生於平淡族長於迁变之門椿萱有倚成無倚鴻雁天邊各失群其為人也手姿清楚言語輕清有微微之計較淡淡聰明雖不成名利生涯近貴人兩次離家別祖一生才旺祿興鶴穿平地出荷葉笋出東家作竹林萬象光華沾雨澤四時佳趣瑞祥生門外生涯千古計庭前花木四時新是非美善門前客得失須憑塞上翁佇看潤屋潤身也容金谷豐盈乜則離祖之命免怖正副方諧老子嗣秋來貴显榮運行初癸亥上人庇下未斷平生甲申運中春帰柳景晴初变紅入桃源燧未匀己酉運中雖則才源旺足也愁晒耗相侵丙戌運中須吏風雨過依旧端祥生丁亥運中旺中尚有盈飛雪雪齊才源倍有增戊子運中庭前竹報平安日檻外花開富貴天己丑運中良辰美景辛丑運中梦入巫峯

庚戌年　壬午月　戊午日　丙寅時

此八字戊午日刃之辰殺印之格主人生於茂族長於名門萱毋先帰椿後別西風鳴鴈不聯群丰姿清秀天性聰明胸藏今古事李識聖賢心定擬得名得禄豈教南畝躬耕加谷不早實大器當晚成戀知承寵日雨露沐恩深此則穩足之命驚慌宜兩敵子嗣續金英運行初癸未上人庇下化日陽春甲申運中款向雲峯足履送灯下留心乙酉運中幾欲荣登月殿耆成蓟雪栽氷丙戌運中騰身離雪桑峯足上雲津丁亥運中政令諸方虎仁風四遠清戊子運中權高楨福慎則無驚己丑運中江山不尽登臨異夢斷南歌了此生

庚戌年　壬午月　戊辰日　丁巳時

此八字戊辰日德之辰印綬之格喜逢日禄帰時人生得此生於茂族長於高堂椿萱雖並耋棠棣有芬芳其為人也丰姿瀟洒性格果剛聰明書藝遠倜倘世情長終是功名客豈為田舍郎一朝馬上衣冠別此是男兒當自強此則貴人之命驚慌配合須年敵子嗣秋成奪錦郎運行初癸未上人庇下襲慶迎祥甲申運中讀書映雪觀史引老乙酉運中時至名終顯何須鎮日忙丙戌運中雨晴雲路逢誇馬上朝堂丁亥運中政令諸方布仁風四境揚戊子運中金紫延榮權佑重須史風雨洒斜楊己丑運中未許懸車轉還留作棟樑庚寅運中春殘花落流水湯湯

庚戌年　壬午月　戊辰日　丁巳時

此八字戊辰日德之辰印綬之格人生得此氣數有淺深之理主人椿萱雙脫茂棠棣偏光揚其為人也丰姿瀟洒天性明良學問不覩頭孟筆鋒稍有堅鋼九載辛勤甘薄淡一朝天府沐恩光此則吏貴之命鴛幃配合須年敵桂子秋來有挺芳運行初癸未上人庇下不煖不凉甲申運中如花向日枝枝艷似筍穿籬節節長乙酉運中欲進不若休嘆息貴人指引兩公侯丙戌運中勞形乘滕多光寄錢度花開風又狂踰此丁亥運中去除巾幘簪烏冒卸却麻衣換綠裳戊子運中皇恩有感佐政琴堂己丑運中政宜從政未許還鄉庚寅運中歸去也

庚戌年　壬午月　己巳日　戊辰時

此八字己土相配柱中旺火印綬之格女人得此生於良族長於仁門萱母先歸椿耐晚天邊鴻鴈各飛鳴姿容清秀髮皃精神有針綴之巧立業之能雪為軽粉憑風傳露作胭脂仗日克勤而克儉易妻而易嗔紅日点穿湘水碧白雲堆破楚山青才源旺足衣祿豐盈一處欽冠難到老兩番龜李始相應晚年光容景福祿享無窮此則先苦後甜之命良人有得同庚配子嗣秋來朶朶成運行初辛巳上人庇下毓秀閨行庚辰運中匹配名門友花從錦上增己卯運中雖則夫門財祿旺一番風急鳳鸞分戊寅運中帳前重綰鸞鸞帶宴中上重開孔雀屛須臾風雪過頃刹月離雲丁丑運中不用高燒銀燭月明添倍精神至丙子運中夫賢子秀乙亥運中落花寂寂啼山鳥與夢悠、入九泉

庚戌年　壬午月　乙卯日　庚辰時

此八字乙卯專祿之辰食神助財之格本顯功名官顯重見減吾貴氣主人生於歌舞之族長於妓藝之門椿萱有倚难双耄鴻鴈天邊不共飛其為人也丰姿清秀性格明良不窮書史豈習文章非吏非儒非釋道如何名字遍鄉邦麗曲能傳業箏綦實罕常一生自得高人愛何必求榮沐寵光此則閑樂之命鴛幃有碍須年斂子嗣秋来孝義昌運行初癸未或晴或雨乍燠乍凉甲申如花向月枝枝艷似笋穿籬節節長乙酉運中旺處幾番生進退依然財帛旺門墻丙戌運中春草春紅相始緑新蔦新柳競爭黄丁亥運中貴人提挈起行樂勝如常戊子運中子箧于笥乃積乃倉己丑運中棄却管弦何處去要随白鶴上天生

庚戌年　壬午月　癸丑日　丙辰時

此八字癸水日元相配柱中火土才杀之格時暮之諭人生得此生於右族長於名門萱毋先帰椿後別天邊鴻鴈各行群其為人也丰姿清秀天性聰明高謀遠見機関別懐慨春風一好人須成新事業难守舊門庭門外生涯贖瀾江湖須計維新當仁不讓見善則欽出土黄金重長價離雲腊月倍清明中景才源有進退晚年籬菊吐金英時至自然生秀麗運来方覔長精神此則守成之命鴛幃水合須年長子嗣森枝一果荣運行初癸未上人庇下月白風清甲申運中春帰柳葉晴初変紅入桃花燦未匀乙酉運中雖則才源頗旺幾多人事兮盈丙戌運中益水無声豈有浪落花雖艶不聞馨須史晦耗風雲盈庭丁亥運中萬疊好山雲作嶺一楼明月雨初晴片時風雨過山青戊子運中才源旺足第宅增新己丑運中享子孫之貴富庚寅運中蓍杳杳之难成

庚戌年　壬午月　癸酉日　壬子時

此八字癸水相配，柱中火土才殺之格，本顯功名，只嫌入格見官減吾貴氣。主人生於茂族，長於高堂，其為人也丰姿清秀，天性明良，不慈不勇，可貞可方，李問不覩顏孟業，生平常履貴人，御過火黄金昰十分之貴，色雖雲皓月布萬里之清光，雖不建侯封壽，自然名播鄉邦，此則穩足之命，鴛幃全正副子嗣。繼衣香運行初癸未上人庇下，冬煖夏凉，甲申運中，青草春江相佔綠，新鶯新柳競爭黄，乙酉運中頌竟行藏，有慶还愁，風捲滄浪，丙戌運中一度風波，險不損釣魚航，丁亥運中才權秉美，行樂勝常，戊子運中門外田疇千古計，庭前花木四時香，己丑運中春光去也，流水淘淘。

庚戌年　壬午月　戊申日　癸亥時

此八字戊申長生之日，印綬之格，印綬者，上格也。人生得此，生於仁門，長於旺族，椿萱双殁，戊棠棣各散，荣其為人也，丰姿磊落，天性聰明，腦罗今古，事學識聖賢，心定擬富，朝昰珠紫，豈教南畝務躬耕，一朝騰踏，飛黄去金紫，荣看次第陞，此則荣貴之命，鴛幃正副，方偕老，子嗣金風有繼，荣運行初癸未上人庇下，未断平生，甲申運中雖則身離泮水，依然困守青灯，乙酉運中陰硯寒毡，從此脫黄堂佐政，給民心，丙戌運中雪消雲散，天如洗金紫煋、雨露陞，丁亥運中錦衣肥馬，重重貴，天上恩波浩浩新，戊子運中急流須湧退，何不早思尊，己丑運中子荣孫秀多歡樂，一枕黄粱再不醒。

庚戌年　壬午月　丙子日　己亥時

此八字丙火相配柱中水土傷官制殺之格羊刃合殺有功人生得此生於茂族長於華宗椿親先別萱尤去天边鴻鴈各搏風其為人也丰姿清秀天性聰明有博古通今之志截長補短之能終是功名之客豈為田舍之翁瓊林雖不忝高宴祿位榮肴次第封此則榮貴之命鴛幃配合須年長桂子秋來奪錦英運行初癸未上人庇下未斷平生甲申運中欲遂平生志須對短檠乙酉運中幾欲思高慕遠畨成剪雪裁氷庚戌運中幾會來時逢

貴助飛黃騰踏上神京辛亥運中皇恩有感澤闊軍民壬子運中耿耿声名重滔滔雨露墜癸丑運中榮田故里甲寅運中春夢無憑

庚戌年　壬午月　乙丑日　丁亥時

此八字乙木日元相配柱中火土傷官制殺之格主人生於良族長於仁門萱母先歸椿後別天邊鴻鴈各群行其為人也丰姿清秀天性聪明頗知礼義稍識古今有近貴親賢之德應上和下之能重成新事業再整旧門庭笋長名園過旧竹花開上苑勝先春終是功名之客豈為田舍之翁不費十年苦學定應九載成名一朝但得風雲便躍馬天邊沐寵榮此則榮貴之命鴛幃有犯須抱副子嗣秋來始有成運行初癸未上人庇下化日陽春

甲申運中欲速不達揚帆待風乙酉運中貴人抬引揮刀筆尚有趨赳未順情丙戌運中雨晴雲路遠踏馬入神京丁亥運中大除巾幘簪烏帽且向田園樂幾春戊子運中仁風揚遠近政化洽西東己丑運中榮歸故里美酒盈樽庚寅運中春光過也一枕清風

庚戌年　壬午月　已未日　丁卯時

此八字已未陰刃之日相配柱中木火殺生印綬之格殺印相生功名顯達主人生於右族長於名門椿父先歸萱後別天邊鴻鴈各行鳴其為人也丰姿清秀天性老誠錦綉胸藏賢聖學珠璣口吐武文風麗句妙為天下白高材俊似海東青終是功名之客豈為田舍之翁文章雖有凌雲志德業豈無觀國賓佇看頭角聳光耀舊門庭此則崇貴之命鴛幃上命須年長子嗣森枝有維崇運行初癸未上人庇下未斷升沉甲申運中欲遂平生志須加董子功乙酉運中執卷幾回空採月依然困守讀書灯丙戌運中飛飛風雪過漸漸入神京丁亥運中伊川門外雪明道座間風戊子運中皇恩有感重加祿百里弦歌樂太平已丑運中子貴晚年開故里庚寅運中春歸花落鳥無聲

庚戌年　壬午月　戊申日　壬戌時

此八字戊申長生之日印綬之格印綬者上格也人生得此生於邃室長於高門椿父先歸萱後別天邊鴻鴈各行飛其為人也丰姿清俊天性操持行藏果斷作事三思性不受觸心不藏機見善則持於已當仁不讓於師粗知禮義稍識詩書生涯湖海上道路或東西舟搖搖以輕颺風飄飄而吹衣栗陳貫朽行藏好宛似桃紅柳綠時時來從得風雲便献金納粟也光輝此則豊厚之命鴛幃同屬須招副子嗣先虧始發輝運行初癸未上人庇下無慮無思甲申運中雖則行藏有慶幾多人事越趄乙酉運中風帶雪來應覺冷鳥啼花落始知春丙戌運中梅梢或報春消息始覺陽和滿太虛片時風雨頃刻盈虧丁亥運中乃倉乃積于箧于筍戊子運中花盈上苑果盈園稻滿平疇水滿池已丑運中春光一去無消息江水東流何日西

庚戌年　壬午月　丁卯日　癸卯時

此八字丁卯之日相配柱中水土傷官帶殺之格主人生於右族長於仁門龍虎椿萱椿目疾天邊鴻鴈有飛鳴其為人也丰姿清雅性格剛忠孝識粗知礼義知謀能近賢英萬里春風行樂頌四時佳趣瑞祥生重、成新事業再整舊門庭才源有分生涯好官貴無緣不用心報道晚年光景好東籬黄菊吐金英此則旺足之命鸞幃同屬須年敵子嗣先虧晚節成運行初癸未工人庇下未斷平生甲申運中雨過山方秀雲開月始明乙酉運中昼水無風空有浪繡花雖艷不聞馨丙戌運中莫言此近豸光彩得一程時失一程丁亥運中才帛盈囊人事廣也愁風雪襲衣襟戊子運中才源富足第宅增新己丑運中樽疊有肴筵好客田園廣有子孫耕庚寅運中春光一去無消息子規啼夜夜三更

庚戌年　壬午月　丁丑日　丁亥時

此八字乙木之日相配柱中金土傷官助財之格人生得此生於右族長於名門萱母先歸椿後別天邊鴻鴈各行鳴其為人也丰姿清雅天性老誠行藏果斷作事無能事所執者法所親刑重成新事業再整舊門庭龍虬直上行行建律法兵條欵欵明終是功名之客豈為田舍之翁腰横、不用三場學治政全憑九載功晚年光景好疊疊祿元隆舒長化日桑麻茂融洛仁風雨露生此則榮貴之命鸞幃有把須招副子嗣秋來始有成運行初癸未上人庇下化日陽春甲申運中幾欲思高慕遠番成剪雪裁冰乙酉運中貴人指引登藩府幾載多勞變牘形丙戌運中三載藩籬通掌事兩精跨馬入神京丁亥運中皇恩有感聲名顯佐政黄堂德望新戊子運中七品重陞五品貴須史咫尺至腰金己丑運中子貴孫榮多快樂庚寅運中花落無聲

庚戌年　壬午月　庚寅日　丙戌時

此八字庚寅日相配柱中火土殺生印綬之格殺印相生功名顯達主人生於右族長於名門椿父早歸萱後別天邊鴻雁各行鳴其為人也丰姿清爽天性聰明般般稍覽件件不精謀動君子威伏小人祖業添新慶才源厚積存福布江山外名揚閭里中終是功名之客豈為田舍之翁非吏非儒非汗馬獻金納粟也榮身晚年光齊景子貴又光榮此則因富顯貴之命鸞幃春麗須年敵子嗣生成奪錦人運行初癸未上人庇下未斷晴明甲申運中春園雖雨過桃李未生英乙酉運中雪晴雲散後雨露滿門庭丙戌運中窗前竹報平安日檻外花開富貴春當此之際素耗還生丁亥運中子貴門楣壯觀何愁人事虧盈戊子運中恩沾寵渥當此之際還忌花開風又生己丑運中無思無慮一枕清風

庚戌年　壬午月　乙卯日　丙子時

此八字乙卯專祿之日相配柱中金火傷官助財之格刑冲太重減我功名主人生於右族長於名門椿萱有倚難雙耄天邊鴻雁各行鳴其為人也丰姿清秀天性聰明般般都覽件件不精高人愛敬貴客相欽萬里春風行樂頌四時佳趣瑞祥生重成新事業再整舊門庭不向仕途求聞達却來湖海避功名常將好意番成惡每把真心換得嗔英雄惟贈劍三尺豪傑相逢酒一樽雖不建侯封爵自然潤屋潤身此則穩厚之命鸞幃有犯須招硬子嗣秋來有晚榮運行初癸未上人庇下天朗風清甲申運中世事宛如春夢入情薄似秋雲乙酉運中古樹含烟膏帶雨寒岩四月始知春丙戌運中雖則才源旺足還知人事虧盈丁亥運中福布江山生秀麗何期晦耗片時生戊子運中子貴高堂多快樂自然福祿享無窮己丑運中春光晝也一枕清風

庚戌年　壬午月　辛未日　丙午時

此八字辛未日元相配柱中火土殺生印綬之格人生得此生於右族長於高門椿萱雙並耄鴻雁各行鳴其為人也丰姿清秀天性聰明般般稍覽件件不精有近貴親賢之德應上和下之能重成新事業再整舊門庭萬里春風行樂頌四時佳趣瑞祥生自有順天之慶豈無福地之深花無桃李非春色人有笙歌是太平世事每從忙裏就才源自向鬧中生但願才源旺足何須天府求崇此則旺足之命鴛幃有犯須年數子嗣秋來朵朵成運行初癸未上人庇下來斷平生甲申運中風帶雪來應覺冷鳥啼花落始知春乙酉運中雖則行藏有慶幾多人事斷盈丙戌運中得中有失晦後還明丁亥運中才源雖旺足人事尚斷盈戊子運中晚簾捲香風生百祿軒開化日福元增己丑運中晚年快樂庚辰運中一枕難醒

庚戌年　壬午月　丁卯日　辛丑時

此八字丁火相配柱中金土傷官助財之格遇斯命者多智慧善操持生於平淡之族長於迂變之居椿萱有倚成無倚鴻雁聯飛又斷東嶺栽松西秀南園種樹北園親非我疎而遠祖非我破而廷移花盈上苑果盈圃稻滿平疇水滿池雖然不是青驄客平生財祿積多餘此則穩富之命鴛幃有礙須重續子嗣先虧俊秀奇運行初癸未移根就葉傍竹栽梅甲申運中如花向日似笋穿籬乙酉運中雖則行藏有慶幾多世事盈虧當此之際鴛侶分飛丙戌運中旺曾曾見風翻浪事妥依然樂自如丁亥運中滾滾財源來正旺還愁飛紫襲羅衣戊子運中黃花晚節己丑運中歸去來兮

庚戌年　壬午月　甲戌日　戊辰時

此八字甲戌日元相配柱中金火傷官助殺之格女人得此生於右族長配高堂翁姑姑有倚妯娌各分行其為人也姿容清秀發貌異常有針黹之巧立業之良風送黄荷香滿院日勻花萼發新粧深以閨壼理洞識台今章心靜似月明雲漢性急如風捲滄浪錦綉花開家富貴琅玕竹報日平安住看夫榮子貴也應福祿汪洋此則榮穩之命良人年長榮華客子嗣秋來有顯揚運行初辛巳幼年之下緜秀閨房庚辰運中竹惡花蝴蝶花貪竹鳳凰己卯運中雖則夫門榮快樂幾多人事尚悠揚戊寅運中莫言此運多榮旺還愁微雨暗滄浪丁丑運中幾番災晦都經過從此滔滔福祿長丙子運中于箴于笥乃積乃倉乙亥運中昏光去也一枕黄粱

庚戌　甲申　壬申　丙午

此八字壬申日相配柱中金火棄印就才之格女人得此儀容朗驪性格聰明椿萱棠棣难相守妯娌分翁姑少含清立業掌家有道相夫教子多能佇看来脱節罗綺驪留層此則賢淑女命良人同属双諧老桂子先花果後戌運行初癸未閨門之下事不勞形壬午運中契締姻婕當此際有時旺處未逢寅辛巳運中火炎非是辱得也未為榮庚辰運中奠道四時多壯驪觀也曾蹭蹬不昇平己卯運中西風吹散天邊霧漸覺精神樂不勝戊寅運中梅巳白竹尤青丁丑運中正享兒孫福南柯夢不醒

庚戌年　甲申月　庚午日　壬午時

此八字庚午日辰官印双美既得健禄身強格局純粹其為人也多智慧會施爲窮今古覧詩書堂上二親年耄别天邊鴻雁有聯飛學問異常必擬名登龍虎榜英才出類定應身到鳳凰池此則崇英之命鴛幃有碍須偏正桂子秋風秀数枝運行初乙酉機楳之下何論盈虧丙戌運中汗簡留神久青藜照誦初丁亥運中欲速未達蔵器待時戊子運中春雷驚蟄頭角嶸崔嵬己丑運中有勢有權休盡用若無素飾倘生非庚寅運中两迁禄位金印緋衣辛卯運中棄職歸田里無常又促催

庚戌　甲申　甲寅　乙亥

此八字甲寅專祿之命相配柱中之水偏官之格羊刃作令有權捧父榮帰早登親書晚年其為人也丰姿穩秀天性良賢必擬成名而得祿豈教豹隱而龍蟠鳳塔題雖非題姓字鳳池榮看面君顏此則貴榮之命篤幃宜兩硬桂子晚芳妍運行初乙酉灼灼葉中芷焰焰雲裏蟾丙戌運中凌雲志氣雖然有為得升騰拜九天丁亥運中驀然機會到一旦到長安戊子運中報道衣冠令顯耀果然沐寵步金鑾己丑運中一番風雪過千里姓名傳

庚寅運中富貴有程限且帰籬下閑辛卯運中松之盛栢之堅壬申運中帰去也

丙戌　庚寅　庚辰　丙寅

此八字殺神黨殺早歲傾亡之命

庚戌　甲申　丁卯　丙午

此八字丁火生逢申月財官之格喜逢日祿歸時其為人也行藏果決性格操持不受觸擊豈受瞞欺堂上之親得祿養天邊雁字各分飛學問異常鰲逐玉蟾攀桂上英才敏捷馬隨青帝踏花歸閭閻閣宮殿衣冠覲聖儀此則光耀之命篤幃有礙須偏正子嗣枝頭晚秀奇運行初乙酉只宜庇下安樂何如丙戌運中篤學居顏巷潛心下董帷丁亥運中不必區區嘆還登接漢梯戊子運中一從姓字傳臚後耿耿聲名播帝畿己丑運中皇恩有

感金紫光輝當此之際一擢一危庚寅運中正留輔邦國未許乞身歸辛卯運中田園樂意壬辰運中歸去來兮

庚戌年　甲申月　丁卯日　丁未時

此八字丁卯日元相配柱中旺金才旺生官之格才盛生官終身有慶遇斯命者生於右族長於仁門椿萱有倚先虧毋天邊鴻鴈各行鳴其為人也手姿清淡天性老誠言不妄發事不胡行頗知禮義稍識古今有近貴親賢之德應上和下之能祖業添新慶根源勝舊風春入園林香遍塵寰之謫月離海矯光揚湖海之明有心於貨利無意慕功名身将隱矣文和用人不知之味更真好意番成悪真心換得嗔雖不達侯封爵自然稳旺平生此則豊饒之命鴛幃同屬須年敵子嗣秋来旺宅門運行初乙酉上人庇下未断平生丙戌運中天冷雲還凍江寛風自生丁亥運中世情濃又淡淡處又還濃戊子運中得中有失晦後還明己丑運中正是太平光霽景還忌閑非晦耗生関山風雨念風雨一番驚庚寅運中嚴霜積雪都経過從此財源倍有增辛卯運中晚年閑快樂壬辰運中一枕入巫峯

庚戌年　甲申月　丁丑日　癸卯時

此八字丁火配合柱中金水才殺之格伏此根基雖不成名亦能發福主人生於名望之族長於深邃之門椿父先歸萱耐寒歲天邊鴻鴈各飛鳴其為人也精神烱烱智慧明明謀動君子感伏小人田疇千古計花木四時春常將好意番成悪每把真心換得嗔春入園林香滿座月離海嶠光揚宇宙之明鄉民仰德閭里推尊有名多富貴無事樂平生此則豪傑之命鴛幃有犯須招副子嗣秋成貴顯人運行初乙酉上人庇下風雪慘晴丙戌運中雨過山方秀雲開月始明丁亥運中雖則人欽人伏幾多世事匆匆戊子運中財源雖穩旺人事尚虧盈己丑運中英雄惟贈劔三尺豪傑相逢酒一樽此運之末晦耗還生庚寅運中家道阡陌何堆羨更将聲勢壓黎民辛卯運中高朋滿座羡酒盈樽壬辰運中英雄歸去也高塚臥麒麟

庚戌年　甲申月　辛未日　丁亥時

此八字辛金配合柱中水火才殺之格喜逢身旺為奇女人得此生於望族配於宦門姿容清秀体免精神有針綫之巧主家之能一苑杏花紅錯黵半溪山水綠羅新光華疊疊沛澤綿綿行看夫榮子秀也教相濟承恩此則榮秀之命君人年火榮華容子嗣扶來非顯榮運行初癸未上人庇下未斷平生壬午運中孔雀屏開花爛熳芙蓉帳幔乱亂氛辛巳運中雖則行藏有廢還然微雨弄晴庚辰運中萬象光華沾雨澤片時風雨恐成驚己卯運中重重沾雨露疊疊沐皇恩戊寅運中歲寒松柏茂秋老菊花香丁丑運中粧樓人去也寶鏡暗生塵

庚戌年　甲申月　壬戌日　甲辰時

此八字壬戌魁罡之日相配柱中金火殺生印綬之格殺印相生功名顯達只嫌冲刑大重減吾金紫之榮主人生於右族長於名門椿父先歸萱後別天邊鴻雁各行鳴其為人也手姿清秀天性老成言不妄發事不劲行事事都好覽般般學欠精自有順天之慶豈無福地之深祖業從新懲根源自立成遊山玩水題詩卷對月觀花樂友朋才源富足福祿駢臻終是功名客豈為田舍翁非吏非儒騎汗馬也應獻粟顯功名施恩惹怨布德成嗔晚年豐足景才祿最興隆此則因富致貴之命篤怖隊隊尤宜硬子嗣秋來旺宅門運行初乙酉上人庇下未斷平生丙戌運中世事宛如春夢人情薄似秋雲丁亥運中淡烟楊柳岸薄霧杏花村戊子運中才源雖茂盛人事尚虧盈己丑運納果贈名傳四海還忌閑素耗生過此庚寅運中庭前竹報平安日檻外花開富貴春寅字之中如履薄冰辛卯運中子貴沾恩日壬辰運中婦去也

庚戌年　甲申月　庚戌日　辛巳時

此八字庚戌魁罡之日時上偏官之格羊刃合殺有功人生得此生於平順之族長於迁变之庭椿萱雙皓首鴻雁各飛鳴其為人也丰姿清楚天性聦能知高下識重輕東嶺栽松西嶺秀南園種樹北園青萬里春風行樂頌四時佳趣瑞祥生但願貴人相處樂勝似平生僥倖中此則穩旺之命鴛幃木命須年少桂子秋来有挺荣運行初乙酉上人在下雲淡風軽丙戌運中霽晴天未暇行樂尚凄清丁亥運中雖則行藏有變幾多人事虧盈戊子運中到此始知時運好財源瀼瀼旺門庭已丑運中一番風霆過財帛愈添增庚寅運中冲擊之所如月入雲辛卯運中人生從此別無復見儀形

庚戌年　甲申月　庚戌日　癸丑時

此八字庚戌魁罡日才官之格身旺官輕減去貴氣主人生於右族長於名門椿萱有先亡鴻雁有列群其為人也丰姿清秀天性聦明善決善斷多見多聞雖不成名利生来近貴人門外生涯千古計江湖活計四時新祖業重新慶才源自琢成田園茂盛第宅增新無慮盡傳詩禮樂有朋來自遠方親雖不建侯封爵自然潤屋潤身此則穩厚之命鴛幃有碍須相配子嗣生成貴顯人運行初乙酉上人庇下未断平生丙戌運中雨過山方秀雲開月始明丁亥運中須吏風雨雨過山青戊子運中才源滚滚家居好一番風雨尚愁人已丑運中才權秉美福禄峥嵘庚寅運中延賓玩物會友開樽辛卯運中香焚歸何處春殘鳥不鳴

庚戌年　甲申月　乙卯日　甲申時

此八字乙卯專祿之日相配旺金正官之格女人得此生於右族長於名門椿萱有倚先尅父天邊鴻鴈不聯群其為人也姿容清秀髮貌精神有肝負青衣之慷慨有治家立業之辛勤萬里無雲天一色三秋好景月長明頻遶三從理惟全四德情楊柳無風枝嫋娜梅花有月夢精神難獨難犯易喜易嗔難不鳳冠帔服自然福祿駢臻此則穩秀之命良人同屬如魚水子嗣生成孝義人運行初癸未上人庇下毓秀閨門壬午運中不用高燒銀燭月明添倍精神辛巳運中雖則行藏有慶幾番入事虧盈庚辰運中精神又憔悴憔悴又精神己卯運中正是梅青月白还愁微雨弄情戊寅運中子秀夫賢家業旺花開風放尚愁人丁丑運中春光去也花落月沉

庚戌年　甲申月　壬戌日　乙巳時

此八字壬戌日德之辰相配柱中金土殺生印綬之格人生得此生於右族長於仁門椿萱有倚先尅父天邊鴻鴈各行飛其為人也丰資蒼古天性操持忠誠性格質朴言詞行藏果斷作事三思重成新事業再整舊根基有心於貨利無意習詩書舟搖搖而輕颺風飄飄而吹衣借問生涯何處去越南越北越東西晚年光霽景財祿積多餘此則旺益之命鴛幃有犯須年敵子嗣秋來秀幾枝運行初乙酉上人庇下未斷高低丙戌運中春寒風料峭心急馬行遲丁亥運中雖則行藏有慶幾多人事虧盈戊子運中夜冷水寒魚不食滿舡空載月明歸己丑運中幾番駁襍都經過次第春風到故廬丑字之中花放風欺庚寅運中財源雖旺足風雨不為悲辛卯運中無思無慮壬辰運中歸去來兮

庚戌年　甲申月　戊辰日　癸亥時

此八字戊辰日德之辰傷官制殺之格才神在柱滅我幼名主人生於右族長於仁門椿父先歸萱耐晚天邊鴻鴈各行鳴其為人也丰姿清秀天性聰明般般稍覽件件不精謀動君子感伏承恩人祖業添新慶根原勝舊風水光浮座盃盤瑩花氣侵人咲語馨田園曠濶樓閣凌雲得意江山詩句健忘情日月酒盃深英雄惟贈劍三尺豪傑相逢酒一鍾常將好意番成悪每把真心換得嗔雖不建侯封爵自然鄉黨推尊福元成岳瀆威勢壓鄉民此則穗厚之命鶯幃火命須年長子嗣森枝有挺榮運行初乙酉上人庇下天朗氣清丙戌運中雲離皎月水泛浮萍丁亥運中錯則行藏有慶也愁人事戲盈戊子運中人生正在風光處尚恐閑非素耗生己丑運中才源滾滾家居好旺中尚有事逡巡當此之際風雪滿庭庚寅運中富連阡陌行樂無心辛卯運中延賓酌酒會友鬪樽壬辰運中春光去也花落月沉

庚戌年　甲申月　庚午日　壬午時

此八字庚午貴人之日官印之格值斯象者椿萱茂倚分中道鴈鴻天邊少聯飛其為人也機謀輙伏奉用人欽萬里部光名利必從天上降一聯美景才源自向鬧中生笙歌旋擁春遊處羅綺叢中幾醉醒雖然不是輕裘容也應鄉里管黎民此則溫足之命死惟命健頭生雪桂子秋來旺宅門運行初乙酉只宜襁褓快樂和平丙戌運中娟娟雲裏月灼灼葉中英丁亥運中人情似爾番番薄世事如碁着着新戊子運中正欲尋芳拾翠何期雪滿長空己丑運中到此始知光景好滿門佳氣景氤氳庚寅運中蒼顏白髮宴飲華筵辛卯運中人生從此去無復見仪形

庚戌年　甲申月　戊辰日　庚申時

此八字戊辰日得之辰相配柱中金木傷官制殺之格人生得此生於右族長於高門椿萱先帰萱耐晚天邊鴻鴈各行鳴其為人也丰姿清秀天性聰明異常學問敏捷材能驪珠照魏光准捲雷劍生豐氣自充珪璋自是清朝器律呂偏諧治世音定擬當朝顕朱紫豈教南畝稲彤耕雖然不錫瓊林宴金紫榮看次弟陞此則榮貴之命鸞幃正副方偕老子嗣榮門悅節馨運行初乙酉上人庇下昏昏世事淡淡平生丙戌運中欲遂平生志須標灯火功丁亥運中人生富貴皆前定何任心下太匆匆戊子運中騰身離泮水牽足入橋門己丑運中皇恩有感声名显佐政黃堂沛澤均庚寅運中猛虎渡河民快樂飛蝗過坂歲豐登辛卯運中榮回故里樂享平生壬辰運中一枕愈香隔年梦斜風吹落楚山雲

庚戌年　甲申月　甲子日　甲戌時

此八字甲子日元相配柱中金水較生印綬之格殺印相生功名顕達稟字氣重滋減吾金紫之榮主人生於右族長於名門椿親先別萱存晚天邊鴻鴈各行鳴其為人也丰姿清秀天性聰明羅胸今古事學識聖賢心般般稍覽件件不精行藏果斷作事老誠謀動君子威伏小人終是功名之客豈為田舍之翁雖不三登科甲自然祿位光榮此則榮貴之命鸞幃有犯須年敵子嗣秋來有継榮運行初乙酉上人庇下未斷平生丙戌運中欲遂平生志須加董子功丁亥運中執卷紙田空採月時来機會入神京戊子運中寄跡橋門十載寒毡冷硯留心己丑運中皇恩有感聲名顕慕燒光華德澤新當此之際須吏素耗風雨無驚庚寅運中祿位重加當此際未應解組向蘿東辛卯運中晚年閑故里會友以開樽壬辰運中春光去也花落月沉

庚戌年　甲申月　己巳日　乙丑時

此八字己巳之日相配柱中金木傷官帶印之格傷官者剛毅之物也女人得此生於右族長配高門椿父先歸萱後別天邊鴻鴈各行群其為人也姿容清秀天性聰明勝丈夫之氣概有男子之材能雲收華岳千山秀水到湘江一樣清難獨難犯易喜易嗔萬里無雲天一色三秋好景月長明財源旺足第宅增新雖然不作榮封婦自然金谷足豐盈此則旺足之命良人連珠高一歲桂蘭朵朵旺門庭運行初癸未上人庇下毓秀閨門壬午運中匹配名門友花從錦上增辛巳運中淡烟楊柳岸薄霧杏花村庚辰運中雖則夫門財業旺旺中尚有事虧盈己卯運中一抹曉烟籠芍藥半泓秋水浸芙蓉戊寅運中不用高燒銀燭月明添倍精神丁丑運中子秀夫賢多享福丙子運中訃音一播衆傷情

庚戌年　甲申月　丁卯日　丙午時

此八字丁卯之日相配柱中旺金才旺生官之格才盛生官終身有慶遇斯命者生於戈矛之族長於詩禮之庭椿萱榮贈雙耄天邊鴻鴈各行鳴其為人也丰姿清秀天性聰明胸羅今古事學識聖賢心太山北斗千年在和氣春風四座傾終是文場折桂客豈為田舍鑿耕人一從鴈塔題名後金紫榮看次第陞此則榮貴之命鴛幃有犯宜年敵子嗣秋来有挺榮運行初乙酉上人庇下未斷平生丙戌運中欲遂平生志須加董子功丁亥運中折桂騰身多壯觀橋門幾載宴瓊林戊子運中粉署聯班才獨稱須臾雨過始加陞己丑運中既位歷金紫經綸出等倫當此之際風雪滿庭庚寅運中佇看官陞二品酌然祿享千鍾辛卯運中子貴晚年籬下樂壬辰運中春歸花落鳥無聲

庚戌年　甲申月　乙卯日　庚辰時

此八字乙卯專祿日元相配柱中旺金正官之格正官者貴氣之物也官多化煞減我功名主人生於右族長於名門椿萱有倚先虧父天邊鴻鴈各行鳴其為人也丰姿青淡天性聰明般般稍覽件件不精親賢近貴理白分清豈無高士敬時有貴人欽福布江山外名聞湖海中重成新事業再整舊門庭酒鮮平生恨衣沾湖海塵好意番成惡真心換得嗔但願一生才祿旺何必天邊沐寵榮此則旺益之命鴛幃有犯須重續子嗣森然孝且忠

運行丁酉上人庇下未斷平生丙戌運中春園雖雨過經斷又傷情辛亥運中正是揚春月白還愁微雨弄晴戊子運才源有得失人事尚虧盈己丑運中滾滾才源來正旺還愁花放又風妝庚寅運中薰攆香風生百福軒開化日納千祥已卯運中享子孫之福慶庚辰運中夢杳杳之佳城

庚戌年　甲申月　癸酉日　甲寅時

此八字癸酉日元相配柱中旺金印綬之格亦有刑金之意只嫌冲破減我功名主人生於右族長於名門椿萱有倚双双耄天邊鴻鴈各行鳴其為人也手姿清秀天性乖能般般稍覽件件不精謀動君子威伏小人祖業添新慶根源旧門風月掛碧天多皎潔名揚湖海有光荣雖不成名利生平寸好只豊年田舍禾盈罍騰日山家酒滿斟好事番成悪真心換得嗔但願一生湖海落何必天邊沐寵荣此則穩厚之命鴛幃有犯連珠層子詞秋来有挺荣

運行初丁酉上人庇下未断平生丙戌運中娟娟雲裏月酌酌蕉中英丁亥運中雖則行藏有慶幾多人事亏盈既濟尤防未済得経尤憲失経己丑運中才源滾滾家居好尚有鬧非素耗生庚寅運中莫言此處才源美得一程而失一程辛卯運中子貴晚閑快樂壬辰運中春歸花落鳥無声

庚戌年 甲申月 己巳日 戊辰時

此八字巳土相配柱中金水傷官制才之格其為人也椿親先別萱存晚天边鴻鴈不聯飛丰姿清秀天性操持性不受觸心不藏機萬里無雲天一色三秋好景月長明恒招君子敬時有貴人欽祖基祖業添新廣才帛資囊晚積餘雖不建侯封爵也教士卒來飯此則男傑之命鴛幃兩敵子嗣標奇運行初乙酉且安且樂無慮無思丙戌運中不為惜花春起早多應愛月夜眠遲丁亥運中人生富貴皆前定何必樓羅廢盡機戊子運中崎嶇都

子平遺書 二二

歷過將見月揚輝己丑運中旺中尚有趦趄事事安才源厚積餘庚寅運中晚景安閑多快樂辛卯運中春殘花落鳥空啼

庚戌年 甲申月 乙丑日 甲申時

此八字官多化殺之格值此象者椿萱椿有壽鴻鴈有聯行其為人也知高下可方員般般好學件件欠全弄巧番成拙施恩有禍牽祖基重整頓事業必更迁自有順天之慶豈無福地之緣此則穩足之命鴛幃須帶硬桂子旺門蘭運行初乙酉上人庇下春苑春山丙戌運中行藏雖有慶人事尚徒然丁亥運中退之不後進之不前戊子運中晚霜路滑駿馬謾揚鞭踰此己丑運中重添新氣象再整舊容顏庚寅運中花逢春景月到秋天辛卯

子平遺書 二三

運中方得安和之景壬辰運中春殘空怨啼鵑

庚戌　甲申　戊寅　乙卯

此八字戊寅專權之日相配柱中金木食神制殺之格合官留殺得其所宜主人生於右族長於名門椿父先歸萱後別天邊鴻鴈各行鳴其為人也才姿清秀天性聰明斷高理直処事公平礼動君子威伏小人世事幾番得曉般般學欠精通祖業添新慶又才源勝旧風門外田疇千古計庭前花木四時新不以功名為念豈將題見慶得意江山詩句遣忘情日月酒盃環好意番成怨真心換得嗔仰山仰海閑里揚尊此財穩學之命妣帰有配須偏正子嗣業門尚廣青出行乙酉運中工人之下未斷平生丙戌運中風帶雲來庭空冷落帰花落始知春丁亥運中得中智失時処还明戊子運中人生正在風光処只怨鬧非素耗生己丑運中才源富足家業豐盈富之際須臾風雲庚寅運中子貴孫門晚益旺何愁窮宅不安業辛卯運中春光去也一道訃音

庚戌年　甲申月　巳未日　乙巳時

此八字巳未陰刃之日相配柱中金木傷官之格女人得此生於右族配於名門萱母先歸椿後別天邊鴻鴈各行鳴其為人也姿容清雅髮貌異常翁姑翁父別妯姐尚情輕勝丈夫之氣象有益子之材能一苑杏桃鋪錦綉滿山松柏映螺屏深明閨壼稟洞識古今情克勤克儉易喜易嗔晚年夫顛日同醉帝王恩此則榮貴之命良人金命晚榮貴子嗣森枝晚節榮運行初癸未幽蘭透閣毓秀閨門壬午運中春歸柳葉晴初變紅入桃花暖未勻辛巳運中淡烟揚柳岸薄霧杏花村庚辰運中一抹曉烟迷芍藥半泓秋水浸芙蓉己卯運中蒙恩沾沛澤威政享無窮戊寅運中光華耿耿德澤融融丁丑運中晚年多快樂羅綺擢層層丙子運中春光去也一夢黃梁

庚戌年　甲申月　乙卯日　乙酉時

此八字乙卯專祿之日相配柱中旺金發生印綬之格人生得此生于良族長于仁門水土椿萱雙晚茂雙雙鴻雁不同鳴其為人也丰姿平淡天性老誠頗知三分道理文章一竅不精自有順天之慶豈無福地之深重成新事業再整舊門庭有心于貨利無意慕功名處世素無榮辱生平喜不富貧時至才源旺之運未第宅增新莫道枯枝難結果東君留意更殷勤東君為甚生微疾至上如何一疾縈此則平穩之命鴛幃火命須年少子嗣秋來始有成運

行初乙酉上人庇下來斷平生丙戌運中登臨雨澤賞翫春陰丁亥運中乍雨乍晴留客景或寒或煖困人春戊子運中雖喜三月花如錦到我來時不過春當此之際素耗還生己丑運中才源滚滚家居好尚有閑非素耗生庚寅運中成四時之隹趣立萬古之門庭辛卯運中春光去也花落月沉

庚戌年　甲申月　戊午日　己未時

此八字戊午日刃之辰相配柱中金木傷官制杀格陽刃合杀有功主人生於右族長於名門椿父先歸萱後別天邊鴻鴈各行鳴其為人也丰姿清秀天性聰明般般稍覽件件不精有近貴親賢之德應上和下之能祖業添新慶根源勝旧心有心於貨利無意慕功名琴樽風月為生計金玉松筠總是春不以功名為念豈將冠冕磨礱得意江山詩句健忘情日月酒盃深施恩惹怨布德成嗔雖不建侯封爵自然潤屋潤身此則穩厚之命鴛幃

有犯須重續子嗣秋來旺宅門運行初乙酉上人庇下來斷平生丙戌運中登臨值雨賞玩春陰丁亥運中淡烟楊柳岸薄霧杏花村甲子運中雖則行藏有慶幾多人事亏盈己丑運中才源富足家居好須臾素耗晦非生庚寅運中無慮畫傳詩礼樂有朋來自遠方親寅字之中一番風雪辛卯運中子貴孫賢家業旺春歸花落鳥無聲

庚戌年　甲申月　己未日　甲子時

此八字己未日相配柱中金水傷官助才之格人生得此仕路声揚椿萱难擬双荣养鴻雁天边我独翱手姿慷慨天性果刚理穷今古事孝头奎兵章終是功名客豈為田舍郎此則显荣之命兆懦年少宜招副桂子来秋有継芳運行初乙酉幼年之下摘句尋章丙戌運中志欲登天步月身还履雪経霜丁亥運中時運未来宜樂守風霜沮節不為傷戊子運中足馬登天路悠悠名姓香乙丑運中荣沾新寵逞化日照河陽庚寅運中再加禄位辛卯到壬辰帰去也

庚戌年　甲申月　癸丑日　甲寅時

此八字癸丑日元相配柱中旺金印綬之格女人得此生於右族長於名門椿親耐晚萱先別天边鴻雁各行鳴其為人也丰姿清秀髮皃精神有針線之巧立業之勤雲收華岳千山秀水到湘江一樣清断機曾効軻親訓剪髮應同侃母心外家退敗夫業德興衣冠濟濟三從倫家業昂昂四德新难觸难犯易喜易嗔但頼財源富足何須帳服荣封此則穩厚之命良人同儷永諧百世之姻子嗣有成晚節芝蘭並秀運行初癸未上人庇下毓秀閨門壬午運中契合翠鸞成好夢良緣紅葉是良姻辛巳運中雖則夫門多快樂还愁人事有虧盈庚辰運中乍雨乍晴留客畏或寒或燠田人春己卯運中疾雲蔽月色妬雨損花容戊寅運中晚年快樂丁丑運中一枕清風

庚戌年　甲申月　丙寅日　戊子時

此八字丙寅長生之日財官之格財盛生官終身有慶只緣氣數淺深福力有虧主人生於宦族長於名門椿親微貴先歸去鴻鷹天邊後有群其為人也丰姿清秀天性聰明辭鋒穎利疑無敵筆刀縱横若有神壽巧番成拙恩多反巷嗔祖業須番覆財源破又成晚年光景方如意貴人提挈始精神此則不羈之命篤悱有碍遲無碍桂子秋來始有成運行初乙酉上人庇天朗氣清丙戌運中如日升暘谷似月皎中庭丁亥運中雪晴天未煖行樂未如心戊子運中幾度樂中有悶數番靜裏憂生己丑運中貴人相指引漸覓有前程庚寅運中如花露曉似月離雲辛卯運中暮年安享壬辰運中一枕清風

庚戌年　甲申月　乙丑日　丙戌時

此八字乙木相配柱中旺金正官之格女人得此生於右族配於名門椿萱雖並奉棠棣不聯英姿容清秀髮兒精神勝丈夫之氣稟有男子之材能萬里無雲天一色三秋好景月長明處世素無榮辱生平喜不富貧此則旺足之命良人年長方偕老子嗣森枝有挺榮運行初癸未上人庇下未斷平生壬午運中契合翠鸞成好夢寅緣紅葉是良姻辛巳運中幾度樂中有悶數番靜裏憂生庚辰運中淡烟迷弱柳微雨洒晴空己卯運中到此始知時運好萬物光華百事遂戊寅運中滔滔無阻滞步步助夫門丁丑運中暮年安樂丙子運中一枕難醒

庚戌年　甲申月　癸亥日　丙辰時

此八字癸亥之日相配桂中金土官印之格時
喜見中開遇斯命者生於右族長於名門椿
父先歸萱耐晩天邊鴻鴈各行鳴其爲人也丰姿
磊落天性聰明胸羅今古事李識聖賢心麗
句妙為天下白高材俊仕海東清衣冠濟濟人
中傑和氣怡怡席上珠終是登康之客豈為之
公之翁聰珠照覩光雅掩雷劍生風氣上元
三級浪中龍變化九天雨露鳳飛騰一從姓字
朝黄甲凛凛威風德澤清佇看官封三給印
酌然祿字千鍾此則榮貴之命鴛幃木命須
年少子嗣榮門晩節馨運行初乙酉上人庭下
化日陽春丙戌運中焚香展卷秉燭觀文丁
亥運幾欵思高暮遠畨成剪雪裁氷戊子運
中秋闈中赴選依旧入橋門莫言此際多滓滯
頃刻高摶萬里程己丑運中自錫攪林後威
飛群縣驚西風吹過天边雪金紫煌煌雨露陞
庚寅運中佇看官超二品酌然祿享千鍾辛
卯運中天边無沛澤雖下樂高情壬辰運中春
光去也一枕黄粱

庚戌年　甲申月　辛酉日　壬辰時

此八字辛酉專祿之辰配合申辰之水傷官之格
椿萱有猗難以𦓐棠棣連枝獨秀馨其為人也行
藏廣濶學問不深親貴客進高人節長名園過舊
竹花開上苑勝先春九年業牘動神思一旦榮沾
雨露恩此則榮達之命鴛幃宜兩硬子嗣發秋是
運行初乙酉娟娟梅月白淡淡柳風清丙戌運中
刻鵠不就畫虎未成丁亥運中但得高賢薦方能
福祿臻戊子運中去除巾幘加鴻帽此際男兒志
未伸己丑運中声名烜赫黎庶欽心庚寅運中皇
恩有感祿位加陞辛卯運中晩年快樂壬辰運中
一枕难醒

庚戌年　甲申月　乙亥日　丙戌時

此八字乙木日干爲主相配柱中金水官印之格人生值此註人生於右族長於良庭其爲人也年姿敦厚立性清奇椿萱壽永鴻鴈上飛幼年篤志居顔巷長步功名達鳳池三汲浪中難变化九天雨露沐恩綏此則榮華之命篤幣金命添助柱子名園有出奇運行初乙酉叨光之下風雨相欺丙子運中趨庭入室學禮聞詩丁丑運中讀殘茅店月踏破泮橋楣戊寅運中風雲相際會紛紛雨露濡己卯運中皇恩有感身榮貴佐輔黄堂祿自辉庚辰運中聲聞閭里名播帝畿辛巳運中榮回故里壬午運中夢入仙衢

庚戌年　甲申月　丁丑日　癸卯時

此八字時上偏官之格提綱祿馬喜與全女人得比行蔵分内外取置却方圓有自強之膽志和衆之識閨翁姑妯娌俱雖靠骨肉親昆尚少緣楊柳婀無風婀娜梅花有月嬋娟欽成家業多能事好把勤心每向前此則淑人之命良人有碍年長匹配兑相嫌子嗣有成晚景特光多壯觀運行初癸未無榮無辱淡淡春山壬午運中草色全經細雨濕花枝欲動春風寒辛巳運中運至再沾新沛澤時來重整舊門閑庚辰運中軒閣化日生光彩簾捲香風進祿元己卯運中尋芳而雨濘賞翫以春還戊寅運中兒孫藝戲舞班襴丁丑運中綉閣人何處粧臺鏡自懸

庚戌年　甲申月　癸亥日　巳巳時

此八字癸水生於申月印綬之格財官喜值於時女人得此椿萱蒼秀棠棣芳菲姿顏清穩性格操持勝丈夫之氣槩有男子之施為逆則風波滚滚順則和氣怡怡霞帔鳳冠身外事平生安樂卒無危此則掌家之命良人木命如魚水子嗣秋風秀欒枝運行初癸未閨門藹秀安樂何如壬午運中菡萏花深鴛並立梧桐枝穩鳳雙棲辛巳運中正是良辰美景何期風雨霏霏庚辰運中家居清泰福禄光輝己卯運中四景昇平樂一番風木悲戊寅運中正值太平無事日丁丑運中春殘花落鳥空啼

庚戌　甲申　甲寅　壬申

此八字丙寅日相配柱中之金偏官之格女人得此性格聰明椿父先歸萱耐晚翁姑妯娌半無情有針綴刺綉之巧掌家立業之精錦綉春花色艷瑯玕鳳竹聲清佇看來晚節家業挺峥嵘此則旺家女命良人同壽桂子秋英運行初癸未上人庇下快樂昇平壬午運中配匹成佳偶鸞歌鳳亦鳴辛巳運中裙釵雖壯羆風雪又嚴凝庚辰運中旺中生阻節依舊樂安寧己卯運中滔滔旺家業風浪不爲驚戊寅運中老當益壯丁丑運中一憂雖醒

庚戌年　甲申月　丁卯日　乙巳時

此八字丁火配合申水金水財官之格財盛生官終身有慶值此象者堂上椿萱壽永天邊鴻鴈成行其為人也行藏果決天性英良筆底側流巫峽水胸中學就錦雲章必擬蟾宮折丹桂曾教天府沐恩光此則貴達之命鴛幃有娟宜招副子嗣森枝晚挺芳運行初乙酉但宜蔭庇未剖炎涼丙戌運中留心黄卷篤志芸窗丁亥運中雲程路阻懊恨何當戊子運中架上有書還讀孰天邊風便必高揚己丑運中凜凜威揚四境輝輝化日謳諸方庚寅運中一度風飛瑞雪雨畬禄位加昌辛卯運中晚年有慶壬辰運中一夢黄粱

庚戌年　甲申月　己未日　甲子時

此八字己未陰土之日配合子申水局傷官帶才之格本有名利之分只嫌官星透露事不十全其為人也立仁立義多見多聞行藏特達舉止人欽萱親有倚鴈字聯群福慶閬閬雨沾春色園林茂門楣壯觀月布秋光宇宙明此則豐潤之命鴛幃賢順合桂子旺門庭運行初乙酉上人庇下暖日熙春丙戌運中財帛宛如新折柳人情還似半開英丁亥運中餘暑未消心未淨財源進退有虧盈戊子運中延賓酌酒會友論文己丑運中正好倚欄觀皓月微微細雨弄陰晴庚寅運中富潤屋德潤身辛卯運中北嶺青松寒尚茂籬邊金菊晚尤香壬辰運中好將平日英雄賦與漁樵閑話

庚戌年　甲申月　乙卯日　丙戌時

此八字乙卯專祿之日配合柱中庚金正官之格人生得此本乎得祿得名只嫌傷官透露福力有虧其為人也丰姿清俊處事多方生于平順之族長于積善之堂一對椿萱先別父天邊鴻鴈兩成行學識不資於利祿英才特近于賢良江湖生計廣田野稻香此則穩旺之命鴛幃命敵方偕老桂子秋來始發芳運行初乙酉其樂洋洋丙戌運中風雪初晴天似洗財元滾滾旺門墻丁亥運中門外田園千古計庭前花木四時香戊子己丑運中梅須賴雪三分白雪却占梅一斷香戊寅運中衝擊之所月冷空堂己卯運中春殘花自落歸鳥帶斜陽

庚戌年　甲申月　戊寅日　庚申時

此八字戊寅夫權之日相合柱中金木食神制殺之格女人得此姿顏儀楚髮貌精神其為人也生於良室長配豪門翁姑有倚終無倚妯娌聽群又失群羅綺層層家富貴金玉盈盈衣錦豐助勤每效九熊膽遺訓还從斷織心三從有倫四德兼貞然是女人之身体賽如男子之施為掌家賢晚針緻之勤初限中年災憂過暮年快樂享康寧此則良淑女命良人敵配豪傑客子嗣生來勝祖宗運行初癸未閨門之下喜險無侵壬午運中一對鴛鴦而並立災厄憂悩不傷身辛巳運中良人卿仰敬憂悔險無迍庚辰運中正在立業家門旺服耗非災又悩人己卯運中崎嶇災憂退奴婢乱紛紛戊寅運中出入僕童前後擁四時錦綉不離身丁丑運中蟠桃已熟王母來迎

庚戌年　甲申月　辛亥日　辛卯時

此八字辛金相配柱中木局時上偏官之格人生得此手姿磊落立性果剛生於仁厚之族長於華顯之堂椿萱不副雖全倚鴻鴈風高不若翔梢知禮樂能近賢良祖業鼎新華故財源自豚成囊佇看孫曉手秀光生茅宅榮昌此則晚歲之命鴛幃招賢須帶硬桂蘭還擬折秋香運行初乙酉上人庇下不榮不辱庇下安祥丙戌運中幾欲思高慕遠身還履雪經霜丁亥運中恰似洛陽三月景楊花飛處杜丹芳戊子運中貴人携挈處財帛旺門墻己丑運中門外田疇千古計庭前花木四時香庚寅廣晚年光霽辛卯運中夢入黃粱

庚戌年　甲申月　壬申日　戊申時

此八字壬申之日身坐長生時上偏官之格人生得此丰姿瀟洒志氣清奇生於茂族長於高居椿萱不逮祿養鴻鴈有不聯飛學問有成終折桂英才特達姓名馳瓊林雖不黍高宴自有仁風遠近舒此則清貴之命鴛幃有碍須年少桂子生成舞彩衣運行初乙酉不榮不辱何是何非丙戌運中欲遂平生志潛心下董帷丁亥運中蹈破泮橋霜幾板讀殘茅店一聲鷄戊子運中到此始知文學好長安道上躡霜蹄己丑運中濟濟生徒沾德化紛紛黎庶仰威儀庚寅運中皇恩有感祿位加封辛卯運中辭榮處樂壬辰運中花落春歸

庚戌年　甲申月　丙寅日　戊子時

此八字丙寅日配乎柱中之金財旺生官之格正得才威生官終身有慶人生得此富貴兩全椿萱堂上相爵奉宗棣庭前有共聯手姿穩厚天性良賢雖不登科掌憲也須威服黎元佇看來晚節福慶享安舒此則榮樂之命鴛幃全正副桂子盡芳妍運行初乙酉上人庇下佚樂自然丙戌運中詩書心下倦便擬旺才源丁亥運中春陽回宇宙風雪不成寒戊子運中萬象光華財祿旺東風柳絮又驚顛己丑運中一鄉尊德望五福享安然庚寅運中晚年享用子秀孫賢辛卯到壬辰運中歸去也

庚戌年　甲申月　辛亥日　己丑時

此八字辛亥日相配柱中水土傷官用印之格甲己化土最為良人生得此嚴毅之資稟慷慨之行藏椿萱榮贈奴年耋鳴雁天邊有奮翔學問淵源快向蟾宮折丹桂英才特達榮登天府沐恩光此則榮肅之命鴛幃金玉重重麗桂子秋來朶朶香運行初乙酉攜燈展卷摘句尋章丙戌運中囊螢映雪攻書史步月登天氣勢長丁亥運中寵渥榮沾後威風振紀綱戊子運中權衡千萬里風雪又飄揚己丑運中金紫重重名祿昱昱中阻節不為傷庚寅運中政引風霜成物色德回天地藹春陽辛卯運中辭榮处樂庚辰運中猿斷人傷

庚戌年　甲申月　甲子日　甲戌時

此八字甲木生於申月偏官之格喜逢印綬生身值此象者丰姿瀟洒性格良能理窮今古學識聖賢心椿萱有倚難双壽鴻鴈行中獨出群運至時通定擬名登黄榜文優辟順必應身到紫宸此則脫白掛綠之命鶯幃魚水合予嗣桂蘭馨運行初乙酉只宜庇下月白風清丙戌運中燒藥爐中無宿火讀盡書窓下有残燈丁亥運中時来風送滕王閣何患平生不得名戊子運中到此始知文學好長安道上馬蹄輕己丑運中輝輝名赫赫威權

庚寅運中權高而損福慎則以無驚辛巳運悠悠雞下五斗解醒壬辰運中春宵苦短一枕難醒

庚戌年　甲申月　癸酉日　癸丑時

此八字癸酉日相配柱中旺金印綬之格人生丰姿英雅處置多方椿親耐晚萱先别鴻鴈飛高各奮翔學識穷通今古筆鋒梢可縱横祖業增榮麗才源晚積藏不向仕途求聞達曾来湖海歷風霜佇看来晚節福氣自洋洋此則穩足之命鶯儔赴後重年少桂子秋来有挺芳運行乙酉庇佑之下何慮風霜丙戌運中雪霽江山麗行藏頗勝常丁亥運中幾歎登天步月依然困守家鄉戊子運中貨利交通光景好旺中致涉牽無傷己丑運中延

賓翫物會友流觴庚寅運中晚年才業旺蘭桂挺芬芳辛卯運中依然光霽壬辰運中春去荒涼

庚戌年　甲申月　甲寅日　戊辰時

此八字甲寅日配半柱中之金偏官之格人生得此仕路榮發椿萱不逮雙榮贈鴻鴈天邊各奮鳴半姿瀟洒天性聰明學問三冬足詩書萬卷精定擬仕途顯姓豈教華野躬耕一從折桂光家世寄跡橋門沭寵光此則榮顯之命鴛帷配合須偏正桂子庭前有繼榮運行初乙酉上人福庇黄巻青燈丙戌運中志思身跨鳳熟味聖賢經丁亥運中一朝雲霧合探月便揚名戊子運中跳出橋門沾寵渥仁風千里自揚清己丑運中踈踈風雪過祿位大夫榮庚寅運中金魚初綰帯籬下樂高情辛卯運中悠悠處樂壬辰運中一夢難醒

庚戌年　甲申月　癸亥日　癸丑時

此八字癸亥日相配柱中之金印綬之格亦有拱祿之意值斯象者丰姿英偉性格良能椿萱皓首難全奉鴻鴈天邊不共騰粗知今古事熟味聖賢經可向仕途求聞達錯教湖海作經營佇看來晚節家世自峥嶸此則穩旺之命鴛幃有碍須年少桂子秋來吐錦英運行初乙酉庇佑之下詩禮趨庭丙戌運中芸窓雖篤志仕路豈能行丁亥運中萬風雪初晴天似洗遨遊湖海旺財名戊子運中萬象光華家業盛一番行樂事相縈己丑運中門外田疇曠濶庭前花木芳榮庚寅運中冲擊之所月入雲屏辛卯運中一夢歸仙路悠悠喚不醒

庚戌年　甲申月　丙辰日　戊子時

此八字才官之格羨乎日主太柔不能勝任其為人也豈衰椿脟晚鴻雁影形孤無也有有也無耽麴蘗好樗蒲見成根基不成立豈是人間大丈夫初運平好中進退晚年枯木雨來甦酥然則風月之命鴛幃得合無相犯子嗣花枝晚秀奇運行初乙酉只宜庇下安樂何如丙戌運中春風融蕩花柳芳菲丁亥運中貪淫樂禍似醉如痴戊子運中頗能守分稍不胡為己丑運中否消泰長漸竟春帰庚寅運中正宜安身蝶夢來催

庚戌年　甲申月　甲戌日　庚午時

此八字甲戌日配乎柱中木金偏官之格人生得此富貴双全椿萱年耄難全犀鴻雁天邊有共飛辛姿厚重天性仁慈有濟人之德無殺害之機祖業添華麗才囊積厚肥雖不登科及第也頂威服黔黎此則富而晚貴之命鴛幃有犯須偏正桂子金風有出奇運行初乙酉上人庇下有何是非丙戌運中志思登仕路也讀聖賢書丁亥運中便有声華布閭里何須窓下苦攻書戊子運中文四方之毫傑生一旦之傷悲己丑運中不獨粟陳貫朽尚祈威振鄉閭庚寅運中老當益壯有子光輝辛卯運中帶加寵渥壬辰運中歸去來兮

庚戌年　甲申月　辛酉日　戊戌時

此八字辛酉日相配柱中之土日主自旺時墓之格人生得此大器晚成椿萱不逮双榮養鴻鴈天邊有各鳴手姿穩俊天性剛明理窮今古事學貫聖賢經瓊林雖不登高宴祿位亢馳千里名此則晚景之命鴛幃有得須相骶桂子秋來吐俊英運行初乙酉庇佑之下黄卷青燈丙戌運中詩書窓下埋頭讀荆刺塲中志未騰丁亥運中雲驥款飛上道無端風雪飄零戊子運中三疊陽関斟别酒九重天府沭恩榮己丑運中到此荣沾雨露輝〻化日閑晴庚寅運中黄堂尊德望未擬解簪纓辛卯運中帰去也

庚戌年　甲申月　壬申日　庚寅時

此八字壬申之日身坐長生印綬之格印綬者上格也人生得此本顯功名桒手寅申破冲事非全美椿父先歸萱晚別西風鴻鳫少成群祖業有依須整琢資囊可取日增新桃李千溪錦江山一畫屏江湖生意好閭里福名增此則穩閏之命鴛幃魚水情歡合桂子班衣旺宅門運行初乙酉娟娟秋月淡淡春雲丙戌運中園桃方蕤錦蘺笋始抽簪丁亥運中小池雨過添新緑上苑春來發舊叢戊午運中貴客提携多壯觀高人指引倍身通己丑運中一番風雨過依舊福峥嵘庚寅運中冲擊之所得失相停辛卯運中倍納泰來之慶壬辰運中一宵夢入巫峯

庚戌　甲申　丁卯　庚戌

此八字丁卯日相配柱中之金財旺生官之格正謂財盛生官終身有慶值斯象者手姿英傑天性良賢椿父先歸萱耐晚鴈行天際有分聯學識粗通今古智謀能動英賢祖業重新重慶財囊自積自全但顧英雄交敬自然湖海名傳此則富旺之命鴛幃年少賢良女桂子金風發秀妍運行初乙酉上人福庇不暖不寒丙戌運中樂中生出悶喜氣便新添丁亥運中家業有成人事廣何期梛槊又飄綿戊子運中到此財豐物阜一番世務縈牽己丑運中金珠滿目英雄會樂處須生一度寒庚寅運中老當益壯子秀孫賢辛卯到壬辰運歸去也

庚戌年　甲申月　己酉日　戊辰時

此八字己酉日相配柱中之金傷官之格傷官者剛勇之宿也人生得此多機多变自是自能椿父早歸萱晚别鴈行天際两三鳴學識粗知礼義智謀能動賢英十断九連成事業三番四覆换門庭晚年逢貴助財帛自天生此則畬覆之命鴛帏年少須猴配桂子先蛇後有成運行初乙酉萱親庇下人事虧盈丙戌運中門闌重改换財帛尚無成丁亥運中鴛鴦交鎖心雖樂根業凋零悶又生戊子運中到此漸知光景好才源頗頗有添增己丑運中門闌重壯觀倉廩自豊盈庚寅運中老當發旺辛卯運中一夢難醒

庚戌年　甲申月　乙丑日　癸未時

此八字乙丑日相配柱中之金正官之格正官者貴氣之秀也人生得此行藏倜儻處用多機捧親先別螢禁晚鴻天邊不共飛般般都歷夅件件只粗知遊山玩水弈棋局對月臨風把酒危貴客交心財祿旺門闌壯觀勢輝輝此則穩足之命鴛幃年少得偏正桂子秋來彝綵衣運行初乙酉不崇不辱庇下安舒丙戌運中春園風雪霽桃李吐芳靠丁亥運中財名旺湖海風雪不為悲戊子運中世事儼如新折柳人情還似半開梅己丑運中不獨財盈家業盛尚祈貴客擁門闌庚寅運中晚年安享酌酒彈琴辛亥運中桑林夢景壬辰運中歸去来兮

庚戌年　甲申月　壬戌日　庚戌時

此八字壬戌日德之辰相配柱中金水殺生印綬之格人生值此嚴慈先別父慈母續絃盃棠棣應列上同葉不聯枝其為人也手姿敦厚體貌昂肥學問有成信是功名之客英才出類豈為田里耕耘一日折得蟾宮桂濟濟衣冠拜市纖此則榮貴之命鴛幃有碍須納寵桂子生來整舊衣運行初乙酉上人光庇何是何非丙戌運中男兒欲遂平生志且觀窓下十年書丁亥運中雖則蟾宮折桂未應平步雲悌戊子運中承叨雨露君恩重金榜題名御墨輝己丑運中裕奸除悪凜凜威儀當此之際一度風欺庚寅運中祿位榮遷金紫一方天下姓名馳辛卯運中一朝鮮帶東籬下長日閑心泛菊盃壬辰運中訃音播也夢入仙衢

庚戌年　甲申月　癸亥日　丁巳時

此八字癸亥生於申月印綬之格財官喜值於時女人得此椿萱蒼秀稟棣芳菲姿顏清穗性格操持勝丈夫之氣象有男子之施為逆則風滾、順則和氣怡、霜帽雲冠身外事平生安樂幸無危此則掌家之命良人木命如魚水子嗣妹風秀幾枝運行初癸未閨門蘇秀安樂何如壬子運中蕋落花深鴛並立梧桐枝穩鳳双棲辛巳運中正是良辰美景何期風雨霏、庚辰運中家居清泰福禄光輝己卯運中四景昇平樂一番風木悲戊寅運中正值太平無事日丁丑運中春殘花落鳥空啼

庚戌年　甲申月　戊辰日　癸丑時

此八字戊辰日相配柱中金水食神生財之格人生得此丰姿英厚性理明良椿萱皓首難全奉鴻鴈天邊各奮翔學識聰明奮志不登仕路智謀宏遠勞心只為財囊祖業重新重廢才源旋積旋蔵佇看晚年時運好金珠滿目福安康此則富旺之命鴛幃配合須年少桂子花開果晚芳運行初乙酉上人庇下何論炎凉丙戌運中詩書雖有志貧利便牽張丁亥運中蹉跎風雪過日日會賢良戊子運中十斷九遣垂貨利風霜暫歷不成傷己丑運中門閭壯觀財加倍柳絮輕飛帶夕陽庚寅運中晚年蘭桂秀財福勝於常辛卯運中悠悠處樂壬辰運中夢入仙鄉

庚戌　甲申　己巳　乙丑

此八字己巳日相配柱中去官留殺之格人生得此本顯功名只嫌官殺相混減虧福力椿親耐晚萱先別鴻鵰天邊兩共鳴丰姿穩重歷事志誠躬躬好學件、不精祖業重新整財囊自積咸豐年田舍禾盈罍落日山家酒滿罇此則富旺之命鸞幃命敵雙諧老桂子秋来發、馨運行初乙酉上人庇下何論衰興丙戌運中詩書雖有志貨利世閒情丁亥運中世事儼如新折柳人情渾似半開梅戊子運中正在風光景氷霜一度生己丑運中財源来旺處風絮又飄零庚寅運中志當益壯食廩豐盈辛卯到壬辰運中歸去也

庚戌年　甲申月　癸亥日　丙辰時

此八字癸亥日相配柱中之金印授之格印授者上格也人生得此宜乎滑禄得名主人丰姿洒落天性良能萱親早別椿年耄棠棣庭前各挺榮夸識頗知今古鋒筆梢迎賢英機會未時逢貴助勞形案牘沐恩榮此則貴人之命鸞幃年長須招副桂子秋來有挺英運行初乙酉身衣蘆花絮寒未恨莫勝丙戌運中讀書留苦志未必便揚名丁亥運中貴人相薦引揮筆侍公廳戊子運中三疊陽関沾寵渥一番風息耀門庭己丑運中仁風揚百里黎庶頌昇平庚寅運中禄位榮加生阻節依然氣歒自騰〻辛卯運中榮思處樂壬辰運中一夢難醒

庚戌　甲申　丙子　癸巳

此八字丙子日相配柱中金水財官之格喜逢日禄以歸時人生得此丰姿英傑操幹能為椿萱不逮雙荣壽鴻鴈天邊有各飛學識窮通今古筆刀能理宛危貴人薦引登公府九載功成沐聖威此則顯身之命鴛幃魁後重偏正桂子金風三兩枝運行初乙酉幼年之景何有是非丙戌運中升堂入室學禮聞詩丁亥運中時来機會好業績振威儀戊子運中疋馬登天路霜寒紋断絲已丑運中榮沾新寵渥光耀舊鄉閭庚寅運中舒長化日桑麻茂融蕩仁風雨露濡辛卯運中荣回故里壬辰運中夢断華胥

庚戌年　甲申月　丁己日　甲庚時

此八字丁火相配柱中旺金才旺生官之格才盛生官終身有慶主人生於茂族長於華居椿萱双皓首棠棣不聯飛丰姿清楚性格能為祖基宜一再整才帛脫盈餘運至自增秀氣時来方長光輝不須問覓功名路但願田園樂有餘此則晚年豐富之命鴛幃年長宜觝桂子秋来長嫩枝運行初乙酉上人庇下榮辱何知丙戌運中雪晴天未煖未是可人時丁亥運中難則家居有慶不妨人事趂趄戊子運中豐年田舍禾盈嚳臘日山家酒滿卮己丑運中寒向梅中盡春從柳上歸庚寅運中冲擊之所烟雨霏霏辛卯運中桑榆暮景壬申運中萬事已成虛

庚戌年　甲申月　甲戌日　甲戌時

此八字甲木相配拄中旺全偏官之格本顯全紫之榮制神欠力事不十全主人生於茂族長於華庭椿萱不逮祿養鳴鴈有不聯群丰姿清秀天性聰明奎問有成不向文場鏖戰英材特達准擬紫臏榮身佇看未脫節德澤惠黎民此則特達之命鴛幃宜正副子嗣襁衣新運行初乙酉上人庇下昌斷虧盈丙戌運中欲伸男子志窓前須用勤丁亥運中藏器待時時必達特未方許入公廳戊子運中劉筆高揮人事廣还有趑趄未順情踰此己丑運中去除巾幘簪烏帽拜授除書雨露新庚寅運中琴臺佐政未許思壽辛卯運中榮回籬下壬辰運中花落月沉

庚戌年　甲申月　壬子日　庚戌時

此八字壬子日刃之辰印綬之格人生得此生於仁厚之族長於清白之門萱椿先別毋棠棣不聯英丰姿清爽天性聰明行藏竟瀟洒咲傲任枯榮高人惟敬斈問匪深事業每從忙裏就才源自向遠方生忽然時運到福祿兩全成翔凌雲樓閣聳插漢雕甍此則旺發之命鴛幃正副方偕老子嗣秋来孝且忠運行初乙酉上人庇下未論升沉丙戌運中須臾雲掩月頃刻月離雲丁亥運中雨過自然山有色雲開依舊月光明戊子運中家門饒裕福祿駢臻當此之際晦耗还生己丑運中才源旺足行樂如意庚寅運中谷粟盈廒吾称意兒孫滿膝我心寧辛卯運中三盃酹酒一抷香塊

庚戌年　甲申月　丙辰日　甲午時

此八字日德之辰才官之格陽刃存時紱我功名主人生於良族長於高門椿萱有倚難双耄天邉鴻鴈有飛騰其為人也丰姿清秀天性聰明頗知禮義稍識古今萬里清風行楽須消庭佳趣瑞祥生湖海聲名播江淘洽計新欲為商賈思慕功名才源袞袞家居好福禄豊饒第宅興雖不青雲得路自然潤屋潤身此則發福之命鴛幃正副方偕老子嗣秋成貴顯人運行初乙酉上人庇下未断平生丙戌運中如花露晓侣月離雲丁亥運中世

情濃又淡淡處又還濃戊子運中金勒馬嘶芳草地玉楼人醉杏花春當此之際人事虧盈己丑運中天上三陽泰人間雨露均庚寅運中約梅同醉引鶴徐行辛卯運中春帰花落逝水無聲

庚戌年　甲申月　癸酉日　癸丑時

此八字癸酉日元相配柱中金土官印之格有官有印無破作廊廟之材只嫌運行背地事不十全主人生於良族長於仁門椿父先歸萱後别天邉鴻鴈各行鳴其為人也丰姿清瘦天性老誠言不妄發事不胡行頗知礼義稍識古今親賢近貴理白分清五湖生計好四海禄元增得意江山詩句絶忘情日月酒盃深是非莫晋門前客得失須憑塞上翁思中惹怨布德成嗔處世素無栄辱生平豈不富貧晚年光景好中是只平此則旺益之命

鴛幃水合須年長子嗣森枝孝義深運行初乙酉初年之下未断平生丙戌運中登臨雨滂賞翫春陰丁亥運中風帶雪来應竟吟鳥啼花落始知春戊子運中乍雨乍晴留客景或寒或煖困人春已丑運中雖則才源有進幾番人事虧盈庚寅運中晚年多快樂子事旺門庭寅字之中如履薄氷辛卯運中無憂無慮壬辰一道訃音

庚戌　甲申　丙寅　戊子　下必刻斷不同

此八字丙寅長生之日相配柱中金水才旺生官之格才盛生官終身有慶遇斯命者椿萱不逮祿養鴻鴈有各飛騰其為人也高謀遠見機閑別懷慨情懷孝識充終是功名客豈為田舍翁際會風雲應有日豈無雨露沐恩榮此則出白之命鴛幃兩敵方偕老桂子秋來綻錦叢運行初乙酉上人庇下樂享無窮丙戌運中趨庭負笈孝足三冬丁亥運中幾欲思高慕遠者戍月雪衙風戊子運中有路必達有志必伸當此之際一番跋踄己丑運中威權有布人欽伏祿進才高雨露重庚寅運中有才膺大用未許向籬東辛卯運中榮回故里壬辰運中一夢巫峯

子平遺書　六

庚戌　甲申　辛亥　戊戌

此八字辛金相配柱中水火傷官之格人生得此堂上椿萱先別天边鴻鴈不聯群其為人也丰姿磊落言語乖能知高下識輕重君子敬貴人欽祖基宜革古事業必重新事業每從忙裏就才源自向鬧中生特通方壯觀運至始精神花無桃李非春色人没榮枯是太平此則安和之命鴛幃重合晉子嗣晚方成運行初乙酉未分寒暑昌　斷駁盈丙戌運中得失相伴憂喜並行丁亥運中淡霧淡煙迷弱柳微風微雨洒晴空戊子運中鶱地才源滾滾藹然花木逢春己丑運中一番風雪過才帛愈添增庚寅運中重添新氣象再整舊威稜辛卯運中暮年安享壬辰運中花落月沉

子平遺書　七

庚戌年　甲申月　丙寅日　己丑時
此八字丙寅長生之日相配柱中旺金才旺生官之格才盛生官終身有慶遇斯命者生於良族長於高門椿萱有倚先剋父天邊鴻鴈各行鳴其為人也丰姿清秀天性老誠機謀輒腹擧用人欽般般稱覽件件不精風月慶友消洒客情祖業添新慶根源勝舊風萬里無雲添一色三秋好景月長明福布江山外名聞海中消閒恭一局遺興酒三鍾好意番成惡真心換得嗔但顧一生才祿旺何必天邊沐寵榮此則穩厚之命鶯幃有犯重年敵

子平遺書　八

子嗣枝頭孝義深運行初乙酉幼年之下未斷乎生丙戌運中雲開山聳翠雨過竹重青丁亥運中古樹含風常帶雲寒岩[illegible]始知春戊子運中雖則行藏有變还愁素耗相侵己丑運中才源滾滾家居好片特風雨片時猜庚寅運中軒闢化日千祥集簾捲香風百福增寅字之中如履薄冰辛卯運中晚年闊快樂壬辰運中一枕了平生

庚戌年　甲申月　丙子日　戊子時
此八字丙火相配柱中金水才官之格才盛生官終身有慶雖不成名亦能發福主人生於盛族長於高門椿萱先別父鴻鴈各行群其為人也丰姿清秀言語輕清般般好覽件件不精當仁不讓遇善則欽虛老實假志誠常遊湖海豈蹈泮林重成新事業再整舊門庭月掛碧天多皎潔名聞閭里有光榮一朝特運生潤屋而潤身此則穩厚之命鶯幃有碍須偏正桂子棠門脫節馨運行初乙酉上人庇下月白風清丙戌運中淡淡梨花月翩翩

子平遺書　九

柳絮風丁亥運中正是梅生月白還愁微雨弄晴戊子運中世事有增有減才源或廢或興己丑運中才臨庫墓人多福官遇長生命必榮一番風雨晦耗無由庚寅運中才源旺足家居好果然福祿亨無窮辛卯運中遣興碁三局消悶酒一鍾壬辰運中歸去也

庚戌年　甲申月　乙亥日　乙酉時

此八字乙亥日元相配柱中金水發生印綬之格人生得此生於右族長於名門椿父先歸萱親茂天邊鴻雁各傳風其為人也丰姿清秀天性聰明知高識下理白分清般般稍覽件件不精風月處友消酒客情祖業添新慶根源勝舊風福布江山外名聞湖海中花無桃李非春色人有笙歌是太平不以功名為念豈将冠冕磨礱得意江山詩句絕忘情日月酒盃深拙於自已巧與他人但願一生才祿旺何必天邊沐寵榮此則穩厚之命鴛幃有犯須重續子嗣森枝旺宅門運行初乙酉初年之下未斷平生丙戌運中寒向梅中盡春從柳上生丁亥運中雖則行藏有慶幾多人事虧盈戊子運中幾度案中有悶數番靜裏生巳丑運中才源滾滾家居好尚有閑非素耗生庚寅運中門楣壯觀福祿駢臻寅字之中如履薄氷辛卯運中享子孫之福摩壬辰運中梦杳杳之佳城

庚戌年　甲申月　乙亥日　丁亥時

此八字乙木日元相配柱中金水官印之格人生得此生於右族長於高門椿父先歸萱後別天边鴻雁各飛鳴其為人也丰姿清雅天性聰明知高下識重輕過丈黃金星十分之貴色離雲散月布萬里之清明祖業添新慶根原勝舊風月掛碧天多敗瀯名揚湖海有光榮消閑碁一局遣興酒三鍾花無桃李非春色人有笙歌是太平才源旺足平生好身外無名也称情此則發福之命鴛幃有犯須爭敵子嗣枝頭朶朶馨運行初乙酉上人庇下未斷平生丙戌運中春歸柳葉稍初变紅入桃花煖未匀丁亥運中得中有失悔後還明戊子運中雖則才源旺足幾多人事亏盈己丑運中人生正在風光處只恐閑非素耗生庚寅運中才源富足家居好一度風波喜不驚辛卯運中松尚茂柏尤馨壬辰運中歸去也

庚戌年　甲申月　辛亥日　癸巳時

此八字辛金相配柱中水火傷官助才之格人生得此生於右族長於名門萱母先歸椿耐晚天邊鴻鴈各行鳴其為人也丰姿清雅天性乖能知高下識重輕當仁不讓見善則欽月離海嶠山山秀春入園林處英〻重成新事再整舊門庭不必覓珠來水府何須求劍到豐城一生自有清高趣湖海遨遊樂太平晚年光景好福祿愈崢嶸小人不足貴客相欽玉產崐崗藏耀色蘭生楚澤散清馨此則穩厚之命鶺鴒水命須同屬子嗣秋來有粟英運行初乙酉只宜庇下來斷平生丙戌運中風帶雪來方覓伶鳥啼花落始知春丁亥運中人生正在風光處須史素耗尚愁人戊子運中三陽開泰運一氣轉鴻鈞片特風雨雪霽光榮己丑運中五湖生意好四海祿充豐庚寅運中無盡傳詩樂有朋來自遠方親辛卯運中春光如撚指一枕了平生

庚戌年　甲申月　己巳日　甲戌時

此八字己巳日元相配柱中金木傷官助財之格人生得此生於良族長於仁門萱母先歸椿後別天邊鴻鴈各行鳴其為人也丰資清雅天性老成頗曉三分道理文章一窺不通親賢近貴理白分清行藏果斷作事乖能言不妄發事不明行自有順天之慶豈無福地之深祖業新添慶根源勝舊風有心於貨利無意慕功名拙於自己巧與他人但願一生多發福何必天邊沐寵榮此則穩厚之命鶺鴒命健方備老子嗣生成貴顯人運行初乙酉上人庇下來斷平生丙戌運中世事短如春夢人情薄似秋雲丁亥運中繡花看有艷畫水聽無聲戊子運中乍雨乍晴留客景或寒或煖困人春己丑運中雖則行藏有慶幾多人事虧盈庚寅運中財如風捲浪福似月離雲辛卯運中如履薄冰壬辰運中晚年多快樂癸巳運中一枕了平生

庚戌年　甲申月　戊申日　辛酉時

此八字戊申長生之日柱中金木傷官制殺之格
只嫌身弱賊我功名主人生於右族長於高門椿
萱有倚先帰父天邊鴻鴈各西東其爲人也丰姿
清楚言語輕清世事能好覽件件有不精有近貴
親賢之德應上和下之能祖基宜再整事業必重
增水光浮座盃盞瑩花氣侵人笑語聲朝中無姓
字閭里有声名田園桑柘茂畝畝稻粱馨拙於自
己巧与他人雖然不是金輝客也應援筆晉人民
此則領袖之命鴛幃有贈須年小子嗣秋来有顯
荣運行初乙酉幼年之下雲月朦朧丙戌運中世
事宛如春夢人情薄似秋雲丁亥運中綉花看有
艷昼水听無声須史素耗欵刻遂延戊子運中莫
言此運灵光彩得一程而失一程己丑運中才源
旺足家居好还愁花殺尚風生庚寅運中引鶴行
行三徑悅酌樽同醉一壺春辛卯運中子貴沾恩
澤壬辰運中春歸鳥不吟

庚戌年　甲申月　戊寅日　庚申時

此八字戊寅專權之日相配柱中金木食神制殺
之格人生得此生於右族長於仁門萱母先歸椿
後別天邊鴻鴈各行鳴其爲人也丰姿清秀天性
聰明世事頗能將就般般學欠精通萬里顏華聯
美景才源自向遠方生有剛斷明敏之材理理白
分清之智重成新事業再整舊門庭每事思中慈
怨多應有德成嗔生涯湖海上道路致西東但願
粟貫朽何須干祿求名此則穩厚之命鴛幃有犯
須重續子嗣秋来朶朶荣運行初乙酉運中上人
庇下未斷平生丙戌運中乍雨乍晴留容景或寒
或煖困人春丁亥運中精神又憔悴憔悴又精神
戊子運中貨利交通千里外片時風雨不爲驚己
丑運中才源富足第宅興隆庚寅運中無慮盡傳
詩禮樂有明来自遠方親辛卯運中春光去也一
道訃音

庚戌年　甲申月　己酉日　庚午時

此八字巳土相配柱中金水傷官助才之格喜逢日祿以歸時人生得此生於右族長於高居椿萱分別早鴒鳫不聯飛其為人也丰姿清秀天性操持不慈不勇多見多辯自有順天之慶豈無福地之時舟搓、而輕颸風飄而吹衣借問生涯何者是或南或北或東西時通成事業運至旺根基日月盈虧不是疾有疾方延壽古稀此則旺足之命鶺鴒有礙須添副子嗣秋風有出奇運行初乙酉上人庇下何論高低丙戌運中登臨尚值雨賞翫又春歸丁亥運中世事有增有減才源或益虧戊子運中千里関山千里念一番風雨一番悲血氣方剛為戒凡事不可當為才源滾滾家業盈余已丑運中梅稍或報春消息始覓陽和满太虛庚寅運中才源富足第宅崔嵬辛卯運中歸去也

庚戌年　甲申月　辛亥時　辛卯時

此八字辛金相配柱中水木傷官助才之格傷官者刚毅其物人生得此生於遠室長於杏林椿親真個倘棠棣不聯萬丰姿清俊天性志誠高人起敬貴客相欽世事添新慶根原勝旧風天將借手開金層雲本無心到玉京非更非儒非釋道如何名遍番師材我亦有丹癖疾病用特还拜濟斯民此則術富之命鴛幃全正副桂子秀金英運行初乙酉上人庇下未斷平生丙戌運中如花散彩似月離雲丁亥運中滾滾才源旺滔滔福祿增戊子運中常有用時誰似若盧多醫處只談公當此特也舞雪漫空己丑運中英雄惟贈劍三尺豪傑相逢酒一鐘庚寅運中延賓翫物會友開樽辛卯運中妙樂雅醫人大限請君也自入蓬瀛

庚戌年　甲申月　戊寅日　壬戌時

此八字戊寅專權之日食神制殺之格人生得此椿父先帰萱又别天邊鴻鴈不聯行丰姿清淡天性果剛稍有賢良之智粗知礼義之方祖業須重立才源晚積蓄初運中年只如此晚年事業始軒昂此則守成之命鶯幃宜兩敵子嗣折秋香運行初乙酉上人庇下未断災祥丙戌運中登臨兩濘未秋尋芳丁亥運中幾多閑駁䄠依舊幸無妨戊子運中崎嶇都歷過才帛旺門墻己丑運中静裏乾坤大開中日月長庚寅運中安閑暮年福慶辛卯運中訃音一播莫揪璨

庚戌年　甲申月　辛亥日　己丑時

此八字辛亥日元相配柱中水木傷官印才之格人生得此生於弋第之族長於詩礼之門椿萱榮贈雞双耆天邊鴻鴈廣聯群其為人也丰姿清秀天性聰明胸羅星斗學貫古今當仁不讓見善則欽終是登庸之客豈為避世之翁不向蘐門施勇盛却来幹苑識文英奮身辟白屋平步入青雲一從宴錫瓊林後金紫榮看次第陞此則榮貴之命鴛幃正副方偕老子嗣秋来朶朶榮乙酉初乙酉幼年之下詩礼趨庭丙戌運中不負寸陰之惜豈辜題柱之功丁亥運中折桂瀛留登太守依然此際宴瓊林戊子運中綉衣璫日鉄面生風當此之際風雲初晴後滔滔禄位陞己丑運中載迁金紫宇宙澄清須臾風雨雨過山青藩蕎階陞當此際何期鮮組倍增榮癸巳運中子貴孫榮贈壬辰運中春歸鳥不鳴

庚戌年　甲申月　甲子日　甲戌時

此八字甲子日元相配柱中金水杀生印綬之格
杀印相生功名顯達主人生於右族長於名門椿
萱有倚雉双髦天邊鴻鴈不同群其爲人也丰姿
清雅天性聰明千古文章逞榮耀一天星斗煥心
胸驪珠能照魏雷劍豈藏豐終是功名之客豈爲
田舍之翁龍門變化三春浪鵬路逍遥萬程一從
姓字傳揚後金紫榮看次第陞此則榮貴之命鴛
幃之命須年長子嗣枝枝有継榮運行初乙酉上
人庇下來斷年生丙戌運中欲向雲中舉足須從
灯下留心丁亥運中雖則蟾宮折桂依然寄跡黌
門戊子運中一從姓字傳揚後青瑣光榮職位陞
己丑運中職近金紫聲名重省堂佐政德民心庚
寅運中仔看階陞二品酌然祿享千鍾辛卯運中
子貴顯榮歸壬寅運中春歸不鳥吟

庚戌年　甲申月　壬戌日　辛亥時

此八字壬戌日德相配柱中旺金印綬之格女人
得此生於右族長配名門椿親耐晚萱先別天邊
鴻鴈隻隨鳴其爲人也姿容闊朗德性真勝丈
夫之氣槩有男子之才能雲收華岳千山翠水到
湘江一樣清萬里無雲天一色三秋好景月長明
憂禍自能辞肉味愛琴應解辯絃聲滔滔無限滞
步步助夫門雖觸難犯易喜易嗔仔看子孫快樂
也應福祿無窮可惜青春年少女如何半世守孤
灯此則旺福之命良人早別難諧老子嗣枝顯一
菓榮運行初癸未上人庇下未斷平生壬午運中
契合翠鸞成好梦寅緣紅葉是良姻辛巳運中夫
唱婦隨多快樂何期鏡破與釵分庚辰運中幾度
樂中有悶數番靜裏憂生己卯運中子貴榮門多
快樂還愁花放尚風生戊寅運中晚年多享福老
景倍精神寅字之中一番風雨過此丁丑運中春
光去也花落月沉

庚戌年　甲申月　己巳日　乙亥時

此八字己巳日元相配柱中金木傷官制殺之格刑冲太重減我功名主人生於右族長於名門金土椿萱亡皓首天邊鴻鴈各飛鳴其為人也丰姿清雅天性老誠高謀遠見機関别懔慨情懷學識深祖業添新慶根原勝舊風五湖生計好四海祿元增英雄惟贈劍三尺豪傑相逢酒一鍾不是功名容終為發福人好意當成惡真心換得嗔但願財源富足何須天府求榮此則鋭格之命鴛幃同偶如魚水子嗣秋来旺宅門運行初乙酉上人託下天朗氣清丙戌運中世事宛如春夢人情薄似秋雲丁亥運中盃水無聲空有浪綉花雖艷不聞馨戊子運中世事有增有減才源或廢或興己丑運中財旺福興家業廣也愁耗片時生庚寅運中不但才源富足尚期聲勢豪洪辛卯運中晚年門快樂壬辰運中一枕入巫峯

庚戌年　甲申月　癸亥日　壬戌時

此八字日元相配柱中旺金印綬之格人生得此生於良族長於仁門萱親先别還相繼椿父萱年促去程天邊鴻鴈有不同行其為人也丰姿容古天性機関知高識下近貴親賢不戀不勇可方可員萬里春風行樂頌四時佳趣福闌關終是功名之業豈教豹变龍幡騰身不必登科試自有公門案牘權家谷不能早實名利晚節光鮮停看未晚節德澤惠黎民此則吏貴之命鴛幃火命須年小子嗣榮門晚節嬌運行初乙酉椿親庇下風雪盈巔丙戌運中数點雨餘雨一番寒食寒丁亥運中蔵辛詩時時必達時来祿馬旺於前戊子運中雨晴雲霽路跨馬上長安己丑運中去陰巾幘簪烏帽还空幾載閑田園當此之際風雪一番庚寅運中皇恩有感声名顯黎民仰德福無边辛卯運中急流須添退壬辰運中一枕入黃梁

庚戌年　甲申月　乙卯日　乙酉時

此八字乙卯專祿之日相配柱中旺金殺生印綬之格人生得此生於良族長於仁門水土椿萱比皓首双双鴻鴈不同鳴其為人也丰姿清淡天性老誠頗曉三分道理文章一竅不通自有順天之志豈無福地之深重成新事業再整旧門庭有心於貨利無意念功名處世素無榮辱生平喜不富貧時至才源旺足運来弟宅增新莫道枯枝难結果東君留意更殷勤東君為甚生微疾手上如何一疾榮此則平穩之命鴛

幃火命須年小子嗣秋来始有成運行初乙酉上人庇下未斷平生丙戌運中登臨雨澤賞玩春陰丁亥運中乍雨乍晴留客景或寒或爕困人春戊子運中难陽三月花如錦等我来時还遇春當此之際素耗还生己丑運中才源滚滚家居好尚恐閑非素耗侵當是時也風雪还生庚寅運中戌四時佳趣立萬古門庭辛卯運中春光去也花落月沉

庚戌年　甲申月　丙子日　庚寅時

此八字丙火相配柱中金水才旺生官之格人生得此生於右族長於高門椿萱双脫茂鴻鴈不聯群丰姿清楚天性聰明般般好爭件件不精祖業添新立才囊學積存門外田疇千古計庭前活計四時新空歌簇擁春遊處羅綺爭扶夜醉春雖然不是青驄客自然声势壓鄉氏此則旺足之命鴛幃正副方偕老子嗣秋来嫡庶生運生初乙酉天边初出月苑上始開花丙戌運中雨過萬重山有色雲開千里月光明丁亥運中雖則行藏有慶还愁人事虧盈戊子運子

春風播麥雨過山青己丑運中一番風雪初晴後大地春回萬物增庚寅運中富貴榮華宜快樂何愁第宅不增新辛卯運中樽罍有酒迎佳客蘭室藏書教子孫壬辰運中帰去

庚戌年　甲申月　庚午日　丁亥時

此八字庚午貴人之日傷官助財之格人生得此生於右族長於仁門萱母先歸椿後別西風鴻鴈陣行分手姿清爽天性老誠般般好學件件不能祖業須重立才源晚積存門外生涯曠潤庭前活計維新萬象光華沾沛澤四時佳趣樂昇平雖不得名得祿自然福祿駢臻此則發福之命鴛幃配合須年少子嗣秋成貴顯人運行初乙酉上人庇下未斷平生丙戌運中一番風雪過行樂未如心丁亥運中着意種花又不發無心插柳又成陰戊子運中旺中尚有盈頭雪雪霽依然財祿增己丑運中片雲蔽日雨過山青庚寅運中富貴榮華當此際何愁第宅不增新辛卯運中安樂晚壬辰運中春夢無憑

庚戌年　甲申月　辛亥日　己丑時

此八字辛亥日元相配柱中水木傷官助才之格傷官者剛毅之物也人生得此生於戈矛之族長於詩礼之門椿萱榮贈雁双鸞天边鴻鴈廣聯鳴其為人也丰姿清秀天性聰明胸羅今古筆貫詩文當仁不讓見善則欽終是登庸客豈為避世翁奮身離白屋平步入清雲一從姓字登黄甲金紫榮看次第陞此則榮貴之命鴛幃正副方偕老子嗣秋未朶朶榮運行初乙酉幼年之下詩礼趨庭丙戌運中不負寸陰之惜豈辜題柱之功丁亥運中高折桂枝登太學時未此際享瓊林戊子運中緋衣耀日鉄面生風當此之際風雪初晴後滔滔祿位陞己丑運中戢廷金紫宇宙澄清須臾風雨頃刻逡巡庚寅運中蒲臬階陞當是景何胡解組便辭榮辛卯運中子貴重榮贈壬辰運中春歸花落鳥無声

庚戌年　甲申月　己巳日　丁卯時

此八字己巳日元相配柱中金木傷官制殺之格人生得此生於右族長於名門萱毋早歸椿後別天邊鴻鴈各行鳴其為人也丰姿清秀天性聰明頗知禮義稍識古今有近善親賢之德應上和下之能水光浮座盃盤瑩花氣侵人笑語聲終是功名客豈為田舍翁不廢十年苦學定應九載名成佇看頭角聳光耀舊門庭此則榮貴之命鴛幃有犯須年長子嗣秋來一葉成運行乙酉上人庇下未断平生丙戌運中欲速不達揚帆待風丁亥運中歲器待時時必達時來何處少前程戊子運中幾年從事一旦雲恩有才堪嘆任卑職却與豪翁促去程己丑運中正欲榮加爵祿何期鮮組辭榮丑字運中花放風生庚寅運中笑傲壺中日月悠悠醉裏乾坤當此之際風雨還生辛卯運中子貴晚年多快樂壬辰運中春殘花落鳥無聲

庚戌年　甲申月　乙亥日　丙子時

此八字乙木日元相配柱中金水救印之格人生得此生於右族長於高門椿萱雖並巷鴻鴈各飛騰其為人也丰姿清秀天性聰明學問三冬足群書萬卷精筆鋒雄健千人敵談笑風流四座傾北海蛟横出頭角南山豹变露文星終是文場榮貴客豈為田舍鑿耕人嘉谷不早實大器當晚成一朝但得風雲便秉笏金鑾拜聖明此則榮貴之命鴛幃有犯須招副子嗣枝枝挽節馨運行初乙酉上人庇下祿祿平生丙戌運中讀書映雪觀史引燈丁亥運中人生富貴皆前定何必區區費盡心戊子運中拋卷幾回空嘆月依然困守讀書灯己丑運中到此始知文學好長安道上馬蹄輕處事但憑三尺劍理刑深似一團春庚寅運中一天膏雨隨車至千里仁風逐扇生辛卯運中榮回故里有酒盈尊壬辰運中春光去也花落月沉

庚戌年　甲申月　丙辰日　己亥時

此八字丙辰日德之辰相配柱中金水財殺之格喜逢印綬生身人生得此生於右族長於名門萱母先帰椿後别天邊鳴雁各行鳴其為人也半貟儒雅天性聰明胷羅今古事學識聖賢心泰山北斗千年在和氣春風四座傾終是文場折桂客豈為田舍鬻耕人瓊林雖不飡高宴祿位榮看次第陞文御萬古江山氣還繼千年竹帛聲此則清貴之命鶯悽有克須重續子嗣秋末始秀榮運行初乙酉上人庇下未断平生丙戌運中欸遂平生志須加董子功丁亥運中雖則蟾宮折桂時來天府沾恩戊子運中仁風開絳帳德化啓儒生己丑運中教鐸聲名多振顕還忌須臾非晦生過此庚寅運中此運見陞還見退且宜籬下樂高情寅巳之中如履薄氷辛卯運中晚年開快樂會友以論文壬辰運中春光去花落月沉

庚戌年　乙酉月　辛卯日　壬辰時

此八字傷官帶財之格生逢盛世成功名堂上椿萱含晩翠天邊鴻鴈不聯群其爲人也手姿俊秀天性聰明百般好學諸事不精祖業重加立鎡基厚積戌月掛碧天多皎潔名揚閭里有光榮雖不綺羅衣錦綉宜無榮辱度平生此則穩旺之命駕幃木命宜年小子嗣斑衣旺宅門運行初丙戌秋風播奐徵雨弄晴丁亥運中天邊雲始散海島月揚明戊子運中雖則財源旺有慶尚然人事困循己丑運中但得高人指引始知行樂精神庚寅運中人生正是光華景只恐西風雪滿庭辛卯運中門閭饒裕福禄添增壬辰運中安享晩年之福癸巳運中春歸花落月沉

庚戌　乙酉　甲辰　甲戌

此八字正官之格甲以乙妹妻庚凶爲吉兆椿父早帰萱白首西風鴻鴈獨超群其爲人也天資明敏力事乖能遇难尤無难逢凶不致凶九年刀筆勞神思一旦天門沐寵恩声名耿、禄位英、此則貴人之命也幃木命宜年少子嗣斑衣旺宅門運行初丙戌正宜庇下未論騰昇丁亥運中雨過園桃簇錦風和堤柳拖金戊子運中雖有高人引行藏未称心己丑運中財名兩美惟斯景縱有崎嶇依旧寧庚寅運中人民仰思真堪樂風雪飄未也慘情辛卯運中榮陞爵位大足生民壬辰運中田園快樂癸巳運中一夢佳城

庚戌　乙酉　丁亥　丙子

此八字丁亥日貴之辰相配柱中金水才殺之格遇斯命者萱親獨自搖先殞鴻鴈隨風不共飛其為人也雖無深智度頗有淡操持親不戎疎而自遠祖飛戎破而難依不思仕路登雲險且喜江湖樂有餘此則中和之命允愇有赴須重整子嗣秋深挺秀奇運行初丙戌只宜庇下有何是非丁亥運中登臨值疎雨宜是可人時戊子運中一得一失一喜一悲己丑運中爭奈春寒風料峭誰知心急馬行遲庚寅運中財帛滔滔長旺事情漸漸發鮮辛卯運中一番風雪過四景足歡娛壬辰運中一枕香魂帰不得落花啼鳥夕陽西

庚戌　乙酉　庚子　戊寅

此八字庚金配合寅戌之火偏官之格羊刃持令作合為良生於盛族長於華庭木大椿萱命雖和鴻雁鳴其為人也行藏寬瀟洒咲傲識苦榮得意江山詩句健忘懷日月酒盃深終是功名客豈為田舍人佇待時通雲霧合定交名顯福豐盈白衣須換綠宜易負平生此則名利兩全之命鴛帷水命須年長子嗣先凋後秀馨運行初丙戌襁褓之下榮辱未評丁亥運中文辭覽目詩禮羅心戊子運中猿鶴有時窺几硯松篁無日對琴樽己丑運中且喜時來風送豈愁運退雷轟庚寅運中絳帳衣冠別朱門風雪頻辛卯運中富之潤屋名之顯身壬辰運中樽酒花前樂癸巳運中香魂逐北庭

庚戌年　乙酉月　戊申日　癸亥時

此八字戊申之日身坐長生傷官生財之格官星透露祿發晚年椿萱一期耄鴻鴈少成聯其為人也丰姿清楚天性英賢詞源浩蕩學問淵泉豈使龍蟠豹隱管教折桂登天佇看頭角聳清政四方傳此則光達之命鸞幃兩敵霜添鬢桂子英華晚秀妍運行初丙戌平為福居之安丁亥運中庭前詩禮窓下書篇戊子運中幾度登場踐跡何時天運循環巳丑運中機會忽從天降也曾騰踏長安庚寅運中起鳳騰蛟從此始錦衣趨步聖君前辛卯運中一番風雨過兩度聖恩遷壬辰運中金紫權千里未應籬下閑癸巳運中歸去也

庚戌年　乙酉月　丁酉日　丁未時

此八字丁酉日貴之辰才旺生官之格人生得此生於右族長於高居椿萱不逮祿養鴻鴈有不聯飛知進退識安危恒招君子數時有貴人攜笙歌沸廢多行樂羅綺叢中幾醉歸稍親蕭相律頗讀聖賢書九載辛勤甘淡薄一朝天府沐恩歸此則時達之命鸞幃重合配桂子秀秋枝運行初丙戌上人庇下何是何非丁亥運中畫虎未成休嘆息時未步步入亨衢戊子運中勞形案牘多光霽戟度花開風又散巳丑運中才過功名成進退禍因酒色致災危踰此庚寅運中皇恩有替鳥帽脫却蘇衣換綠衣辛卯運中萬象光華沾沛澤四時佳趣勝常時壬辰運中欲全晚節當如此不待西風始見機癸巳運中清風明月不用一身買玉山自倒化人推

庚戌年　乙酉月　乙巳日　丙戌時

此八字去官留殺之格值此象者豈不為奇一對椿萱耐朓幾行鴻鴈分飛其為人也有應上和下之計較抑强扶弱之操持當仁不讓見善不欺祖業添新慶資囊異舊時游山翫水携詩軸對月臨風把酒卮雖然不中青錢選時運通時遇貴携此則建家之命鴛幃連理宜招硬子嗣班衣秀幾枝運行初丙戌只宜庇下未論是非丁亥運中漸漸陽回喬木看看氣轉門閭戊子運中從來萬事皆天定何必倭儸用盡機己丑運中威權有布人欽伏皓月囊雲且待時庚寅運中雖然財帛駸駸好只恐揚花作雪飛辛卯運中有茶留客有酒盈卮壬辰運中安享華堂福癸巳運中春風杜宇啼

庚戌年　乙酉月　己丑日　丁卯時

此八字己丑日相配柱中金木傷官雜氣之格喜逢印綬生身主人生於右族長於高門萱母先行椿耐晚金風鴻鴈有同鳴其為人也丰姿清秀性格聰明身受胚胎雙良育月中卌桂兩同英生有近貴親賢之能應上和下之德門欄生計好酒海始多開祖業添新慶財源勝舊風笋長名園過舊竹花開上苑勝先春不向仕途求聞達好耒貨植覔黃金戊事明佳趣立業古門庭初限發財中進退晚年金穀足豊盈好意番成惡真心換得嗔莫道秋枝難結果與君留費便般勤此則發福之命鴛幃木命須年少子嗣森枝晚節榮運行丙戌上人蔭下化日增光丁亥運中爆竹聲催殘臘盡折梅香引早春遲戊子運中財帛豐盈人事廣也忘萱草損傷心己丑運中有理有則財源或發或與庚寅運中瀼瀼財源耒正旺須吏風雪不為驚辛卯運中財源豐足第宅增新壬辰運中晚景安康癸巳運中一地清風

庚戌年　乙酉月　丙午日　己卯時

此八字丙午日刃之日才旺生官之格乙庚丙辛作合有功人生得此椿父先歸萱耐晚天邊鴻鴈不聯群手姿清秀天性聰明般般好學件件不精恒招居子教時有貴人欽田園桑柘茂畝畝稻粱馨市廛生計廣闢湖海禄衣豐花無桃李非春色人有笙歌是太平此則旺之之命鴛幃兩敵方偕老子嗣秋未孝且忠運行初丙戌上人庇下天朗氣清丁亥運中如日升暘谷似月皓中庭戊子運中幾度樂中有悶數番靜裏憂生己丑運中天寒有日雲欲凍江濶無風浪自生庚寅運中才源滾滾家業興隆辛卯運中樽疊有酒延佳客蘭室存書教子孫壬辰運中子顯身榮樂滔滔福禄增癸巳運中歸去也

庚戌年　乙酉月　乙未日　庚辰時

此八字乙未日元相配柱中旺金從殺之格人生得此生於右族長於仁門萱母先歸椿耐晚天邊鴻鴈各行鳴其為人也丰姿鄙猥天性聰明窮通子史學足三冬太山北斗千年古和氣春風四座傾終是得名得禄豈教鑿井躬耕頗知玄妙術熟讀聖賢經不登科第豈宴瓊林時来機會合天府便成榮此則清貴之命鴛幃年長尅後重新子嗣有成枝枝繼貴運行初丙戌上人庇下未斷平生丁亥運中踏破泮橋霜幾板讀殘茅店月三更幾欲思高慕遠當成剪雪裁冰戊子運中執卷幾回空嘆息依然固守讀書燈己丑運中三疊陽關歌別酒九重天府沐皇恩仁風開絳帳天府播佳聲庚寅運中伊川門外雪明道座間風當時之際絃斷重新辛卯運中天邊無沛澤離下足怡情壬辰運中春夢無憑

庚戌年　乙酉月　壬寅日　甲辰時
此八字壬寅日元相配柱中金土殺生印綬之格
人生得此生於右族長於名門椿萱先別豈有壽
天暹鴻鴈各行鳴其為人也丰姿清楚天性奇能
般般稍覽件件不精謀動君子威伏小人行藏竟
消洒笑傲任枯榮祖業添新慶根源勝旧風雨都
秋色皆喬木耆旧風流有幾人笙歌沸處曾行樂
羅綺叢中彩色新雖不成名利生來近貴人時來
機會好潤屋富潤身此則穩厚之命鴛帳正副方
諧老子嗣秋來朶朶榮運行初丙戌上人庇下來

斷平生丁亥運中金距鬬鷄三市北玉鞭跨馬五
陵東戊子運中雖則行藏有慶幾多人事爵盈已
丑運中財為畫花多素耗禍因酒色見灾逃平生
有微疾耳目尚朦聾庚寅運中精神又憔悴憔悴
又精神辛卯運中庭前竹爆平安日檻外花開富
貴春壬辰運中子榮孫秀梅白松青癸巳運中春
光去也一枕清風

庚戌年　乙酉月　乙酉日　乙酉時
此八字乙酉專權之日相配柱中旺金偏官之格
乙庚作合有功主人生於右族長於華宗椿萱難
並耄鴻鴈各西東其為人也丰資清秀天性聰明
胸藏今古事學識聖賢心太山北斗千年在和氣
春風四座傾終是功名之客宜為田舍之翁嘉谷
不早實名利當晚成瓊林雖不粲高宴自有仁風
四玩清此則榮貴之命鴛幃有犯須年敵子嗣秋
來朶朶榮運行初丙戌上人庇下來斷平生丁酉運
中欲遂平生志須加董子功戊子運中執卷幾𢇁

探月時來有日入神京己丑運中寄跡橋門十載
寒窗磨硯辛勤庚寅運中皇恩有感聲名顯百里
弦歌樂太平辛卯運中此運見陞還見退且宜巃
下樂高情壬辰運中晚年閑故里樽酒樂怡情癸
巳運中春光去也一枕清風

子平遺書 十三

庚戌年　乙酉月　乙巳日　丙戌時

此八字乙巳日元相配桂中金火傷官制殺之格人生得此生於右族長於仁門椿萱有倚先彰毋天邊鴻鴈陣行分其為人也丰姿清雅天性老成頗曉三分道理文章一數不通有近貴親賢之德應上和下之能行藏多消酒笑傲任枯榮世事每從忙裏就才源自向遠方生得意江山詩句總忌情日月酒杯深時來才祿旺運至福元增樽有酒兮消日月若無心緒慕功名晚年才祿旺中景只平平此則饒裕之命鴛幃兩數方偕老子嗣秋來始有成運行初丙戌上人庇下祿祿平生丁亥運中世事宛如春夢人情薄似秋雲戊子運中古樹含風常帶雨寒岩四月始知春己丑運中雪晴天未煖行樂尚彰盈庚寅運中正是太平光霽景還愁晦耗尚愁人辛卯運中才源從此長風雨一番驚壬辰運中晚年子貴多安樂癸巳運中一枕黃粱永不醒

子平遺書 十四

庚戌年　乙酉月　壬辰日　戊申時

此八字壬辰魁罡之日殺生印綬之格人生得此生於右族長於仁門堂上二親先逝毋天邊鴻鴈逐西風其為人也丰姿清秀天性聰明動謀遠見機關別慷慨春風一妙人祖業添新慶根源再整新門外田疇千古計庭前花木四時春欲為商賈思慕功名閭里聲聞播江湖活計新拙於自己巧於他人鄉黨有名何足羨晚年黎庶紋為尊此則穩旺特達之命鴛幃光命須年長子嗣秋成貴顯人運行初丙戌上人庇下未斷平生丁亥運中着意種花花不發無心插柳柳成陰戊子運中財源滚滚家居好第宅盈隆福祿增須臾風雨過山青己丑運中嘗草凋零風雪撒財源進退尚困循庚寅運中萬疊好山雲乍歛一輪明月雨初晴片時晦耗柳絮輕盈辛卯運中英雄惟贈劍三尺豪傑相逢酒一鍾壬辰運中安享晚年之福春殘啼鳥無聲

庚戌年　乙酉月　庚寅日　壬午時

此八字庚寅之日相配柱中火木才杀之格女人得此生於右族長配名門椿萱棠棣霜晞日妯娌翁姑分尚輕其為人也丰容清秀德行剛真勝丈夫氣槩有男子材能一苑杏桃鋪錦綉滿山松栢映幃屏滔滔無阻滞步步旺夫門玉產崑崙藏韞色蘭生楚澤散清馨難觸難犯易喜易嗔雖不鳳冠帔服自然福祿無窮此則穩旺之命良人連珠依一載子嗣枝頭一果馨運行初甲申幼年之下毓秀閨門癸未運中路入桃源花爛熳橋横銀漢水澄清壬午運中片雲能蔽千山雨雨過千山倍日晴辛巳運中須臾雲掩月頃刻月離雲庚辰運中雖則夫門多快樂還愁風雪片時生己卯運中夫賢子秀當斯際五夜金風未放晴戊寅運中安閑晚景丁丑運中鏡掩晨明

庚戌年　乙酉月　壬午日　辛亥時

此八字六壬生臨午位號曰祿馬同鄉才官印綬三奇之格人生得此生於右族長於名門萱母先歸椿後別天邊鴻雁各行鳴其為人也姿容清秀天性聰明勝丈夫氣槩有男子材能雲收華岳千山秀水到湘江一樣清萬里無雲天一色三秋好景月長明克勤而克儉易喜而易嗔雖不鳳冠披服自然財祿豐盈此則益旺之命良人火命須年長子嗣秋來朶朶榮運行初甲申上入庇下化日陽春癸未運中契合翠鳶成好夢貴紅葉是良姻壬午運中乍雨乍晴留客景或寒或暖困人春辛巳運中雖則夫門財業旺旺中还有事虧盈庚辰運中不用高燒銀烛月明添倍精神當此之際風雪滿庭己卯運中羅綺千般色珎羞百味新戊寅運中享子孫之福慶丁丑運中入宗祖之佳城

庚戌年　乙酉月　己丑日　辛未時

此八字己丑日元相配柱中金木傷官助殺之格女人得此生於右族長於名門椿萱有倚先虧母天邊鴻鴈各行鳴其爲人也丰姿清秀髮貌超群勝丈夫氣槩有男子才能雲妝華岳千山秀水到湘江一樣清每懷九膽意時抱擇隣心玉產崑崗藏韞色蘭生楚澤散清馨難觸難犯易喜易嗔佇看夫榮子貴也應晚節榮封此則榮貴之命良人得配榮華客子嗣生成貴顯人運行初甲甲幼年之下未斷平生癸未運中孔雀屏開花爛熳橋横

雲漢水澄清壬午運中雖則夫門多快樂幾多人事尚因循辛巳運中藁砧沾沛澤風雪尚愁人庚辰運中光華疊疊沛澤紛紛須史晦耗不損精神己卯運中彩中加彩色紅上贈紅英卯字之中如優滓氷戊寅運中子貴夫賢家業旺丁丑運中春歸花落鳥無聲

庚戌年　己卯月　丙申日　乙未時

此八字丙申之日相配柱中旺木印綬之格印綬者上格也女人得此生於右族長於名門椿萱雖並耄鴻雁各行鳴其爲人也姿容清秀德義行真有針紉之巧立業之勤雲妝華岳千山秀水到湘江一樣清每懷九膽意時抱擇隣心玉產崑崗藏耀色蘭生楚澤散清馨滔滔无阻滯步步助夫門难翻难犯易喜易嗔錦綉花開家富貴琅玕碩杖日平安此則穩厚之命良人連珠須配小子嗣榮門有棠英運行初戊寅上人庇下毓秀閨門丁丑

運中契合翠鸞成好夢箇緣紅葉是良姻丙子運中雖則夫門多快樂幾多人事尚斟盈乙亥運中幾度閑中有悶數番靜裏憂生甲戌運中正是太平光審景須史風雨洒晴空癸酉運中夫榮子貴多如意还有風雲頃刻生壬申運中粧樓人去也臺館掩晨門

庚戌年 乙酉月 甲午日 辛未時

此八字甲木日元相配柱中旺金合殺留官之格喜逢時值貴人遇斯命者必於右族長於名門椿父先歸萱後別天邊鴻鴈各行鳴其爲人也丰姿清秀天性聰明斷高理直處事公平禮施君子威伏小人芽長名園過舊竹花開上苑勝先春福布江山生秀麗名聞湖海有光榮不以功名爲念豈將冠冕磨礱才源有分生涯好官貴無緣不用心負將隱矣文何用人不知之味更真此則穩厚之命鴛幃同屬如魚水子嗣芬芳五果成運行初丙戌上人庇下未斷平生丁亥運中風帶雪來方覺冷鳥啼花落始知春戊子運中得中有失晦後還明己丑運中乍雨乍晴留客景或寒或煖因人春庚寅運中雖則行藏有慶幾番人事斷盈辛卯運中廣捲香風生百福軒開化日禄元增壬辰運中花放風生癸巳運中子貴孫榮家業旺何愁白髮鬢邊生甲午運中夕陽有限春夢無憑

庚戌年 乙酉月 甲申日 乙亥時

此八字甲申專祿之日相配柱中金水偏官助印之格女人得此生於右族長於名門椿父先歸萱後別天邊鴻鴈各行鳴其爲人也姿容雅淡癸貌精神雖是女流之輩過如男子材能衣冠濟濟三從倫家業昂昂四德新每懷丸膽意時抱擇濤心玉產崑崗藏韞色蘭生楚澤散清馨克勤而克儉易喜而易嗔但願一生才祿旺何須帔服受封棠此則益旺之命良人土命須年長子嗣枝頭晚節馨運行初甲申香閨之內毋訓攻針癸未運中春園雖雨過桃李未生英壬午運中須史雲掩月須剋月離雲辛巳運中幾次鬧中有悶數番歡處憂生庚辰運中雖則夫門才業旺晚年尚有事斷盈己卯運中千箱羅綺百味羞珍戊寅運中晚年快樂丁丑運中一枕清風

庚戌年　乙酉月　乙巳日　辛巳時

此八字乙巳日元相配柱中金火傷官助杀之格官杀混襍運行背月地減吾功名人生得此生於右族長於名門萱毋先歸椿耐晚天边鴻雁各飛鳴其爲人也丰姿清秀天性乖能雖穷今古義礼不深明萬里無雲天一色三秋好景月光明十年泮水空留意九載成功始進身嘉谷不早實名判當晚成佇看頭角聳光耀門門庭此則晚達之命也幃有化須同偏子嗣秋来有挂荣運行初丙戌上人庇下未断平生丁亥運中欲向雲中夅足須宜灯下留心戊子運中莫道儒冠悮萤窓患不勤巳丑運中幾欲思髙蟇遠番成剪雪裁氷庚寅運中蟾宮路搖維進步却將刀筆入公門辛卯運中踌馬起程登上国始知冠冕可栄身當此之際風雪滿庭壬辰運中皇恩有感姓名馨癸巳之中春光去也

庚戌年　乙酉月　癸未日　壬戌時

此八字癸未日元相配柱中旺金印綬之格女人得此生於右族配於名門姿容闓朗髮皃精神勝丈夫之氣槩有男子之材一苑杏桃鋪錦綉滿山松栢映幃屏萬里無雲天一色三秋好景月長明滔滔無阻滯步步恥夫門深明閨壼理洞識古今情克勤而克儉易喜而易嗔憂禍自能辞肉味爱琴應解辨絃声住看夫栄子秀也應福禄無穷此則栄益之命良人子嗣英俊客子嗣晚光栄運行初甲申上人庇下毓秀閨門癸未運中契合琴鳶成好夢寅緣紅葉是良姻壬午運中淡烟楊柳岸薄霧杏村花辛巳運中雖則夫門多快樂幾多人事尚虧盈庚辰運中正是太平光霽景須史雲月尚朦朧己卯運中羅綺千般色珎羞百味新戊子運中光華疊疊沛澤紛紛丁丑運中春光去也一枕难醒

庚戌年　乙酉月　庚辰日　辛巳時

此八字庚辰日德之辰相配柱中木火才來之格陽
刃格合事不十全主人生於溫良之族長於清白
之門椿萱有倚先于父天边鴻鴈陣行分其為人
也丰姿磊古天性忠誠頗曉三分道理文章一竅
不通萬里韶華世事每從壯裏就一聯美景才
源自向鬧中生雖不成名利生平得貴人時通
方壯觀運至祿元增世事素無榮辱生平却不
富分盈此則穩牡之命外幃有碍須招硬子嗣秋
來朵朵成運行初丙戌幼年之下客暑未分丁亥
運中世事宛如春夢人情薄似秋雲戊子運中
蚕水無声空有浪綉花雖艷不聞馨己丑運中
人生富貴皆前定何必區區費尽心庚寅運
中才牡生官家家業長福星臨照喜非輕辛
卯運中迎賓觀史會友間搏卯字運中花放
風生壬辰運中百年繾綣成何用一日無常
万事休

庚戌年　乙酉月　壬寅日　甲辰時

此八字壬寅趨艮之日相配柱中金土傷助印之
格時墓喜見冲開主人生於右族長於名門椿萱
儒達并賢淑嚴親不遂早先行天邊鴻鴈各行鳴
其為人也丰姿清秀天性聰明窮書覽史學足三
冬不向仕途求聞達却從林下訓儒生無慮盡從
詩禮樂友朋來自遠方親英雄惟贈劍三尺豪傑
相逢酒一鍾文啣萬古江山氣道継千年竹帛聲
此則隱者之命鴛幃有配年相敵子嗣先虧後有
盈運行杪丙戌工人庇下未断平生丁亥運中世
事宛如春夢人情薄似秋風戊子運中月離海嶠
山山皎春到園林處處紅己丑運中仁風開降帳
風雨不為驚庚寅運中伊傳門外雪明道座中風
須臾風過雨山青辛卯運中晚年閑快樂子秀旺
門庭壬辰運中無思無慮癸巳運中一枕清風

庚戌年　乙酉月　戊子日　乙卯時

此八字戊子日主相配桂中金木傷官助才之格女人得此生於右族長配高門椿萱有倚先虧母夭遐鴻鴈各行鳴其為人也丰姿顔闓朗髮貌精神勝丈夫憂置有男子之材能断機曾効斷親訓篤能傳侃母心萬里無雲天一色三秋好景月長明相夫應有道訓子揔成群明月當天生氣奐光華萬象色㐌新克勤而克儉易喜而易嗔佇看夫榮貴也應福禄無窮此則榮益之命良人榮貴須年長子嗣森枝有挺榮運行初甲申上人庇下龢

秀閨門癸未運中孔雀屏門花爛漫芙蓉帳煖氣氤氳壬午運中須史雲掩月頃刻月離雲辛巳運中淡煙楊柳岸薄露杏花村庚辰運中夫榮子秀當斯際还忌花開風又生己卯運中光華疊疊沛澤紛紛卯字之中一番風雨戊寅運中使婢臨厨烹異品抱孫堂上

庚戌年　丙戌月　戊辰日　癸亥時

此八字戊辰日德之辰雜氣才官之格值此祭者豈不光榮萱親耐脫椿先別鴻鴈分飛各一天其為人也多謀智有機關當仁不讓見善則廷事業重磨再琢根源則立重番必許揚名振德豈應豹隱龍蟠雖然不賜瑞林宴筆刀鋒鋼名斈傳此則貴顯之命篤悌有甚鏡破重圓子嗣無忝班衣之慶運行初丁亥少年之際或暖或寒戊子運中自有異途騰踏去留心書史已徒然己丑運中但得·高人提挈去果然祿馬於前庚寅運中悲戚有時盡光華勝昔年辛卯運中嶄然頭角登德又黎元壬辰運中皇恩有感祿位光鮮癸巳運中收年閑逸甲午運中憂入重泉

庚戌年　丙戌月　辛亥日　甲午時

此八字辛金相配柱中火局時上偏官之格人生得此丰姿洒落性格聰明椿親先別萱禁晚鴻鴈天邊不共鳴學問粗知禮義智謀能合賢英祖業三翻四覆財源十斷九成但願江湖生貨利何須一世倚親情此則自成之命篤悌年少他鄉女桂子秋來朵朵榮運行初丁亥上人庇下未必為寧戊子運中税地栽花多艷麗移苑接李倍芳榮丁丑運中馬行尋舊路湖海旺財名戊寅運中但覺行藏有慶不妨人事韋榮己卯運中一番風浪過財旺勢英英庚辰運中孫賢子秀辛巳運中夢入蓬瀛

庚戌年　丙戌月　戊辰日　庚申時

此八字戊辰日德之辰相配桂中丙火〻殺帰戊祿氣印綬之格女人得此姿顏穩重貌髮清奇其爲人也生於仁族長於豪庭姑親重别翁有壽妯娌聯行各有馨羅綺重〻家富足金玉盈〻衣錦豐衣冠濟〻三從備家業昴〻四德貞待夫有礼針緻之能掌家有道性急無私初限中年安險過晚年着錦守康寧此則助夫女之命良人水命宜結髮桂子雖招義送程運行初乙酉花房之内月白風清錦帳之中桃紅李白甲申運中結髮永爲天地遠然則憂危幸不侵癸未運中助起夫門財益盛還見堂前悔素途壬午運中雖則軀奴菓使婢安福飛来服陰離辛巳運中出入簪金而帯玉數番危素保扶身安享一自快樂幾年庚申運中壽彩堂前增福慶恨無的子又傷心歡欣時〻少憂愁日〻添己卯運中蟠桃已熟三千載王母来迎入洞房

庚戌年　丙戌月　壬戌日　乙巳時

此八字壬戌日德之辰雜氣財官之格女人得此福足以滋其身生於善族適于高門翁姑有倚妯娌欠同心治家有道處事亦能勝丈夫之取置有男子之聰明易嗔易喜克儉克勤楊柳無風枝婀娜梅花有月萼精神此則清和之命良人賢達須年少桂子枝頭數果戊運行初乙酉少年之際幽逸閨庭甲申運中翠鸞成好夢紅葉叙佳盟癸未運中雲收山有色雨過竹重青壬午運中精神又憔悴依舊發光明辛巳運中家門壯觀福祿淵深庚辰運中一番駁雜頃刻昇平己卯運中安享從容福戊寅運中東風杜宇聲

庚戌　丙戌　庚戌　癸未

此八字庚戌魁罡之日雜氣殺印之格女命得此有治家立業之能針綴刺綉之巧多機多變克勤克儉翁姑早失倚妯娌鮮同心雪為輕粉憑風傳霞作臙脂仗日匀雖不鳳冠霞帔且無榮辱致累于此則當家之命良人琴瑟合子嗣桂蘭馨運行初乙酉名花滋雨皎月囊螢甲申運中擇良求匹配漸覺瑞祥生癸未運中芙蓉生在秋江上不向東風未吐英壬午運中門閫方壯觀福祿自駢臻辛巳運中桃李千谿錦江山一畫屏庚辰運中冲擊之所樂極悲生己卯運中孫賢子秀樂意忘情戊寅運中臺鏡塵將暗機空月尚明

庚戌年　丙戌月　己巳日　乙亥時

此八字時上偏官之格喜逢雜氣印綬以生其身值此象者椿父早歸萱後别西風鴈字不聯群其為人也丰姿穩秀性格聰明難躍龍門三汲浪頗識書中理一分田園千古好福祿四時臻明倫堂上空留意鄉黨之中好寄身此則畢名厚福之命鴛帳連珠還有贈桂蘭藹藹旺門庭運行初丁亥花紅柳綠月白風清戊子運中徒然登聖闈科甲不馳名己丑運中財帛有增人事廣若何樂慶有因循庚寅運中任他風浪多甾覆亂得身心安且寧辛卯運中萬里春風行樂傾蒲堂和氣福元增壬辰運中門楣壯觀福祿餘盈癸巳運中子榮孫秀樂意忘情甲午運中春歸花落夢入佳城

庚戌年　丙戌月　甲戌日　庚午時

此八字天元甲木生寅午戌之火爲傷官帶煞之格傷官者須要傷盡值斯格者注人眉濃目重性格剛強有斷絶明敏之財崛強不受馴伏之志椿萱在堂鴈字聯行學問能爲英材拔萃此則清高有疾之命鴛幃兩兩洞房和樂之貺子嗣稀踈雅稱桂蘭之秀運行初丁亥梅雨弄晴齋襤褸錦衣新運行戊子螢窗學業雪案留心己丑運中兩過萬重山有色雲開千里月揚光庚寅辛卯運中傷官太重權高損福之驚身主剛強自有德星之助壬辰運中深院藏春人富貴華堂納慶樂平安丁巳運中馬啼花落後香夢逐春歸

庚戌　丙戌　丁卯　戊申

此八字傷官助財之格書得身坐印鄉值此象者生於右族長於高堂、上椿萱先别父夭邊鴻雁各分翔其爲人也聰明仁義遠倜儻世情長有濟人之德才輔世之紀綱出土黄金星赤色離雲皓月布清光不爲螢窗客名勢振鄉邦此則潤屋潤身潤之命妣幃有魁重羅帳桂子榮門孝義昌運行初丁亥雖居庇下既有炎凉戊子運中如花當日艶似箭拂雲長己丑運中洛陽三月花如錦嘗被寒風攪一場庚寅運中幾番駁雜都經過此際春光覓勝常辛卯運中但覓財源浪湧何愁風雪飛揚壬辰運中延賓酌酒快樂何當癸巳運中育子克家全富貴甲午運中清風引夢到泉鄉

庚戌年　丙戌月　丙辰日　壬辰時

此八字丙辰日德之辰相配柱中之水時上偏官之格人生得此丰姿慷慨天性英豪李貫聖經賢傳心明韜畧龍韜椿萱榮養分中道鴻鴈天邊各分奮遥鵬擊三千摶瀚海龍飛九五上青霄一從寵渥榮沾後祿位輝煌氣勢高此則榮顯之命鴛幃正副重諧老桂子金風長嫩梢運行初丁亥上人庇下快樂陶陶戊子運中詩書窮万卷志氣便冲霄己丑運中登庸沾聖澤命却扁風號庚寅運中祿元階進權衡重十郡山河化雨饒辛卯運中臬藩一方尊主器榮徽还擬輔天朝庚寅運中棟梁之用未許辭勞壬寅運中悠悠享用癸巳運中夢斷無聊

庚戌年　丙戌月　丁卯日　壬寅時

此八字丁逢卯日相配柱中金水雜氣才官之格人生得此丰姿英俊天性剛忠椿親耐晚萱先別鴻鴈天邊西復東學問三冬足詩書萬卷通十載泮林困志一朝天府榮封跳出樁門名耿耿威權千里又加洪此則榮顯之命鴛幃木命尤招贈桂子榮看繼赤裹運行初丁亥上人庇下快樂從容戊子運中芸窓篤志雪案加功己丑運中執卷幾回空跎跎時来也到五雲中庚寅運中一旦風雲勝會錦衣朝拜飛龍辛卯運中威聲揚四境風雲又漫空壬辰運中金魚初綰帶祿位享千鍾癸巳運中悠悠故里甲午運中音信無通

庚戌年　丙戌月　丁丑日　庚戌時

此八字丁丑日相配柱中金土雜氣才官之格人生得此手姿慷慨性格剛忠椿萱榮贈難双萲棠棣庭前各舞風學問三冬足詩書萬卷通燁燁驪珠終照映輝輝雷劍豈藏鋒躍過禹門三級浪果然身跨五花驄此則顯耀之命鴛幃重玉麗子嗣桂蘭叢運行初丁亥庇佑之下快樂無窮戊子運中欲遂凌雲志須加映雪功己丑運中瓊林忝玳宴祿位便加封庚寅運中威風揚遠迩政化洽西東辛卯運中祿位榮加權任重旺中何慮少從容壬辰運中重金重紫赫赫威雄癸巳運中榮回處樂甲午運中夢入巫峯

庚戌年　丙戌月　甲戌日　戊辰時

此八字甲戌日相配柱中之土雜氣財官之格人生得此手姿慷慨處用多機椿萱堂上先虧母鴻鴈天邊不共飛般般歷學件件能為遊山翫水携詩軸對月臨風把酒卮祖業增新麗才囊自整齊佇看晚年光霽景喧喧車馬集門閭此則晚成之命鴛幃配合須年少桂子秋風朵朵奇運行初丁亥上人庇下有何是非戊子運中志思登仕路窓下讀詩書己丑運中執卷空勞跋跡不如湖海奔馳庚寅運中一番風雪過財帛旺門閭辛卯運中財源滚滚氣勢巍巍壬辰運中晚年當富貴壯歷勝常特癸巳運中悠悠享福甲午運中歸去來兮

庚戌年　丙戌月　己未日　丁卯時

此八字已未日相配柱中之財時上偏官之格人生得此丰姿洒落性格良賢椿萱半道相分别鴻鴈天邊有共聯祖業重增麗財源享積添但願江湖聞德望自然豪傑到門墻晚年家業盛名勢異於常此則穩實之命鶺鴒有碍須偏殺桂子秋來有挺芳運行和丁亥庇佑之下快樂安祥戊子運中雖則春園雨過兆李生香己丑運中財業有成人敬仰一番風雪不爲傷庚子運中四時康泰行藏順何處斯須見柳揚辛卯運中滔滔發旺步步軒昂壬辰運中孫賢子秀晚節榮昌癸巳到甲午運中歸去也

庚戌年　丙戌月　乙丑日　辛巳時

此八字乙丑日相配柱中金土才殺之格人生得此丰姿英雅天性明良椿萱双皓首鴻鴈後隨行李閏有成未必名題鴈塔筆鋒雄健擬應身到公堂天官奏最沾恩寵民物熙熙化日長此則榮達之命鶺鴒有杞須年少桂子秋來有吐芳運行初丁亥上人庇下其祥尚祥戊子運中幾思登仕路依旧田家鄉己丑運中槐會來時逢貴敢高揮健筆振權衡庚寅運中三疊陽関馳驟馮定須天府沐榮光辛卯運中萬民樂業何處風霜壬辰運中悦年加壯腰紫綬束銀車癸巳運中榮歸處樂甲午運中一梦仙鄉

庚戌年　丙戌月　戊辰日　癸亥時

此八字戊辰日相配柱中之水雜氣才官之格人生得此年姿英偉天性剛忠生於戈矛之族長於劍戟之叢椿萱分半道鴻鴈各淩風學問窮通賢聖理英雄學劍向猿公驪珠終照魏雷劍豈藏豐漾漾旌旗遮曉日輝輝劍戟倚秋空此則武崇之命鴛幃有得偏偏正正有何妨桂子有成晚節光華多孝感運行初丁亥上人庇下何慮霜風戊子運中金勒馬嘶芳草地玉樓人醉杏花叢己丑運中皇恩深沐千軍服還擬崇加汗馬功庚寅運中

邊城尊令皇祿位再加封辛卯運中旺中生跋跨金紫勢豪洪壬辰運中好將平日英雄事付與兒孫奮赤衷癸巳運中香夢不知何處去落花烟草五淩東

庚戌年　丙戌月　己酉日　乙亥時

此八字己土配合柱中火木雜氣殺印之格鞋印相生功名特達值斯者半姿魁偉天性剛能武足以應变文足以脩身生於故舊之室長於名望之庭一對椿萱先後殄鴈行出我不低親學問聰明潤屋雕梁真富貴英才曠淵才囊萬斛足珠珍威風凜凜人中罕氣宇昂昂逢士欽每有高人來往侍恩人不怕善相親般般磨琢酌酒論文鄉人皈仰伏四遠播声名初限中年定耗涉暮年積玉子朝京此則英賢之命鴛幃有剋宜添助桂子遲來

富與英運行初丁亥禮祿之下習讀書經戊子運中雖有凌雲之志氣何當素悔亂心情己丑運中幾番曾憔悴憔悴又精神庚寅運中威權有布人欽伏服破官灾惱碎心辛卯運中跳出崎嶇行坦道赫赫威儀福有增壬辰運中子陞堂憲老健精神癸巳運中滿庫金銀將不去閻王催促緊行程

庚戌年　丙戌月　壬戌日　辛亥時

此八字壬戌日配柱中火土雜氣財殺之格人生得此湖海馳名椿萱半道相虧奉鴻鴈天邊杳沒鳴丰姿洒落天性聰明學識粗通今古智謀能壓賢英祖業添新慶才囊自積成但願江湖尊德望何須跨馬上神京此則富旺之命鸞幃魁後重偏正桂子庭前晚始成運行初丁亥上人庇下月白風清戊子運中詩書雖有志貨利亦閑情己丑運中風雪初消後財源漸漸生庚寅運中交四方豪傑生一旦悲驚辛卯運中財源雖益旺桂子恨纔生壬辰運中老當發旺金玉盈盈癸巳運中悠悠慶樂甲午運中夢入蓬瀛

庚戌年　丙戌月　乙卯日　庚辰時

此八字乙卯日相配柱中金木雜氣財官之格人生得此生於茂盛之族長於詩礼之堂丰姿英傑性格果剛椿萱棠棣榮雅倚祖業根元再慶更學問三冬足詩書萬卷藏一朝騰踏飛黄去濟濟衣冠拜袞章此則榮貴之命鴛幃全正副桂子發秋香運行初丁亥上人庇下詩禮鏗鏘戊子運中姓字傳揚後威風肅四方己丑運中祿元階進聲名重武卿紛紛集滿堂庚寅運中一番風雪後金紫職權衡辛卯運中政引風霜成物色語回天地到春陽壬辰運中冲擊之所未便還鄉癸巳運中人生從此別哀草自茫茫

庚戌年　丙戌月　乙亥日　甲申時

此八字乙亥日相配柱中金土襍氣財官之格人
生得此多機多智不勇不慈椿萱不逮双年鸞鴻
鴈天邊各奮飛知古今之窮達識時務之安危遊
山玩水生財利交貴親賢樂酒卮但願英雄相會
自然名勢光輝此則榮達之命鸞幃有得須年敵
桂子花開果有奇運行初丁亥幼承尊庇無慮無
思戊子運中雖不榮登仕路也須習誦詩書己丑
運中飄殘楊柳絮紅紫競芳菲庚寅運中到此生
財旺業旺中尚有憂非辛卯運中財囊充實門闌
壯豪傑相逢酒滿卮壬辰運中粟陳貫朽倍有威
儀癸巳運中孫賢子秀甲午運中夢斷華胥

庚戌年　丙戌月　癸亥日　丁巳時

此八字癸亥日相配柱中旺火雜氣財官之格人
生得此豈得不榮焉得不貴注人生於茂族長於
高居椿萱半遺相分別鴻鴈天邊各奮飛窮通今
古事熟味聖賢書一朝騰踏飛黃去卸却麻衣換
紫衣此則榮顯之命鸞幃正副方偕老桂子秋風
長嫩枝運行初丁亥上人庇下學禮聞詩戊子運
中欲遂平生志潛心下董帷己丑運中幾番探月
空回首還向窗前看雪飛庚寅運中一聲霹靂潛
龍奮烜赫聲華達鳳池辛卯運中德施民望重祿
位再加嵬壬辰運中化雨雙旌潤仁風萬里馳癸
巳運中英雄都盡也夢逐杜鵑飛

庚戌年　丙戌月　庚申日　壬午時

此八字庚申專祿之辰月上偏官之格食神制伏甚得其宜值此象者萱親老壽椿先別鴻鴈行中表出之其為人也丰姿穩秀天性勿欺學問通今古衣冠與世殊萬里風雲際會九天雨露沾濡佇看撫民崇令望一方境界頌声飛此則榮達之命鴛幃木命須年小子嗣枝頭三兩枝運行初丁亥機緣之際萬事無虧戊子運中絳帳齋中舜賓詩書窓下思維己丑運中眼前未有榮身路夢裏徒曾躡桂攀庚寅運中直須機會到漸覓姓名馳辛卯運中舒長化日桑麻茂融蕩仁風黎庶歸壬辰運中職列大夫聲價顯片時風雪不為悲癸巳運中優游晚節詩酒琴樽甲午運中春光留不住萬事尽成非

庚戌年　丙戌月　辛未日　壬辰時

此八字辛未日相配柱中之火旗氣財官之格人生得此丰姿磊落天性明良椿萱半道難全奉鴻鴈西風各奮翔知今識古扶弱抑強不向仕途求聞達却來湖海歷風霜時來吏得高人引金玉輝輝積滿堂此則富實之命鴛幃年少双雙耄桂子庭前朶朶芳運行初丁亥然雖承上庇風浪也曾狂戊子運中有心生貨利無志讀文章己丑運中行藏順利人交敬黎兩輕飛人事忙庚寅運中入虎穴而生疑憲逢貴客而旺財囊辛卯運中奇珍羅列英雄會風雪趦趄辛不妨壬辰運中晚年光霽勢壓鄉邦癸巳到甲午運中歸去也

庚戌年　丙戌月　庚申日　庚辰時

此八字庚申日相配柱中丙火月上偏官之格人生得此年姿洒落天性聰明椿萱難擬双榮奉鴻鴈天邊各奮鳴學識聰明終擬揚名顯姓筆鋒雄健膏教身沐恩榮機會來時飛驥足陽關三疊便揚声此則榮貴之命篤悻魁後重筆少桂子秋來有繼声運行初丁亥不榮不忝庇下昇平戊子運中欲遂平生志潜心對短檠己丑運中時來機会好祿馬旺前程庚辰運中歷險經霜絃又斷徐徐步過沐恩榮辛卯運中權衡布千里財旺勢英英壬辰運中再迁再擢未鮮簪纓癸巳運中孫賢子貴甲午運中一夢難醒

子平遺書　二三

庚戌年　丙戌月　甲戌日　甲戌時

此八字甲戌日時配爭柱中金土雜氣財官之格人生得此福足以授榮封椿萱棠棣難依老妯娌翁姑半有情儀容英麗天性剛明立業掌家克儉相夫教子多能雲開華岳千峯秀水到湘江一樣清夫榮子秀沾恩寵帔服霞冠絢日明此則榮贈女命良人獲配登雲客桂子生成奪錦英運行初乙酉幼承上庇毓秀閨庭甲申運中匹配成佳偶鸞歆鳳亦鳴癸未運中丁家光華沾沛澤一番行樂闘相榮壬午運中夫顯身榮樂風波不到驚辛巳運中寵渥榮加後霞衣絢日明庚辰運中華堂安享蘭桂生馨己卯運中悠悠處樂戊寅運中機杼無聲

子平遺書　二四

庚戌年　丙戌月　丙寅日　戊子時

此八字丙寅日相配柱中金水雜氣才官之格人生得此大器晚成椿親先别萱尤去鴻鴈天邊各奮鳴丰姿洒落天性剛明學問窮通今古筆鋒能掃究情瓊林雖不登高宴次第登天沐寵榮此則顯榮之命鶯幃剋後重年少桂子秋來有顯英運行初丁亥上人庇下不辱不榮戊子運中欲遂平生志潜心對短檠己丑運中志欲登天步月身還剪雪裁冰庚寅運中歷過冰霜騰驤足九重都下漫經行辛卯運中榮沾新寵遅千里播清声壬辰運中再加禄位未許辭榮癸巳運中榮囬慶樂甲午運中夢入蓬瀛

庚戌年　丙戌月　癸酉日　癸丑時

此八字癸酉之日相配柱中火土雜氣才官之格人生得此生於右族長於名門萱毋先歸椿後别天邊鴻鴈各行鳴其為人也丰姿清秀天性聰明胸羅今古事寧識圣賢心太山北斗千年在和氣怡怡席上珎終是功名之客豈為田舍之翁嘉谷不早實名利尚晚成瓊林雖不恭高宴禄位榮看次第陞此則榮貴之命鴛幃有凡須年敵子嗣秋來朶朶榮運行初丁亥上人庇下未斷升沉戊子運中欲遂平生志須加董子功己丑運中幾欲思高慕遠畜成剪雪裁冰庚寅運中執卷幾回空探月時来寄跡入橋門辛卯運中寧寧淹留幾載一朝天府沾恩壬辰運中黎民称父毋政化潤常春癸巳運中戢迁金紫解組辞榮甲午運中帰去也

庚戌年　丙戌月　庚申日　庚辰時

此八字庚申日相配柱中丙火月上偏官之格人生得此年姿洒落天聰明也椿萱难擬双榮奉鴻鴈天邊各奮鳴學識聰明終擬揚名顯姓筆鋒雄健萱教身沐恩波機會来時飛驥足陽関三疊便揚聲此則榮貴之命鴛帏魁後重年少桂子秋来有継聲運行初丁亥不榮不辱庇下昇平戊子運中欲遂平生志潜心對短檠己丑運中時来機會好禄馬旺前程庚寅運中歷險經霜弦又斷徐徐步遂沐恩榮辛卯運中權衡布千里財旺勢英雄

壬辰運中再遷再擢未鮮簪纓癸巳運中孫賢子貴甲午運中一夢难醒

庚戌年　丙戌月　己巳日　甲戌時

此八字己巳之日相配柱中木火雜氣官印之格人生得此本乎得禄得名只樂官無禄地祿爵福力主人平姿瀟洒稟賦良能生於仁孝之族長於豐潤之庭堂上椿萱先别父哭邊鴻後飛騰祖業增華麗才源晚積盈但頭有情交貴客何須騎馬上神京此則穩富之命鴛幃得配連珠女桂子繩縱錦英運行初丁亥上人庇下果享平生戊子運中頗劳詩礼望遠难登己丑運中風雪飄零財聚散數田蚕席不能成庚寅

運中漸漸財源旺看看氣象增當此之際跋涉無驚辛卯運中萬象光華沾沛澤四時佳趣樂昇平壬辰運中冲擊之所花放風生癸巳運中英雄惟贈劍三尺英傑相逢酒一鍾甲午運中春歸花落盡空然子規啼

庚戌年　丙戌月　丁丑日　辛亥時

此八字丁火配合柱中金水礫氣才官之格丙辛作合有功值斯象者主人多知多見能語能言生於文望之族長於仁義之門堂上椿萱先別母庭前棠棣一枝聯雖不窮經覽史也須剎鏟名率祖基祖業添新慶才帛資囊旋積添但願一樽花下醉何須跨馬上長安此則傑人之命鶯帳年低須正副挂蘭还許向秋娇運行初丁亥上人光庇地迥天寬戊子運中書窓之下頗讀殘篇己丑運中鶯啼燕語輕煖輕寒庚寅運中雪晴天似洗財物自關閑辛卯運中樓臺疊疊生涯富桑柘陰陰遍爀阡壬辰運中冲擊之所一度巡遭癸巳運中惟有猿啼處西風落照殘

庚戌年　丙戌月　辛未日　戊戌時

此八字辛未之日相配柱中火土雜氣官印之格正謂有官有印無破作廊廟之才人生得此生於古族長於名門椿父先歸萱桼晚天邊鴻鴈各行鳴其為人也丰姿清秀天性聰明窮書覽史學足三冬麗句妙為天下白高才俊似海東青終是功名之客豈為田舍之翁雖不三登科第自然祿位光榮晚年金紫聲名顯紛紛沛澤惠黎民此則榮貴之命鸞幃有犯須重續子嗣榮門晚節馨運行初丁亥上人庇下未斷平生戊子運中欲跨騰雲驥思囊照露螢己丑運中欲速不達揚帆待風庚寅運中機會來時雖快樂橋門依舊對青灯辛卯運中皇恩有感聲名振佐政黃堂德望新當此之際風雪何驚壬辰運中猛虎渡河民快樂飛蝗出境歲豐登癸巳運中重金重紫當斯際階陞藩臬戢權衡甲午運中晚年閑快樂乙未運中春歸鳥不吟

庚戌年　丙戌月　庚申日　乙酉時

此八字庚申專祿之日相配柱中丙火月上偏官之官人生得此丰姿雅俊歷事果剛生於茂族長長於高堂椿樹先凋萱耐俛隨行天際不聪行祖業增新嚴才囊厚積蔵不須跨馬長安道且向田園樂意長此則穩实之命鴛幃水命須年年少桂子秋來始芳運行初丁亥上人庇下風月之姿戊子運中声名開壮嚴万物自光輝己丑運中恰似洛陽三月天扯丹開迎柳花飛庚寅運中才源滾滾第宅輝輝亥卯運中英雄推剎足豪傑相逢酒

丁壬戌運中孫賢子秀晚芳桑柳癸亥運中人生此去永官别江上東流一夢長

庚戌年　丙戌月　辛未日　乙未時

此八字辛金相配柱中木火雜氣財官之格人生得此丰姿英俊性格良能生於望族長於華庭椿萱半道相分手鳴雁天邊各奮鳴舣觥都歷學件件不全精祖業有依重整頓財囊無聚自磨成但得一朝時運達貫人薦引旺才名此則穩榮之命鴛幃有犯須年少桂子生成奪錦英運行初丁亥上人庇下天朗氣清戊子運中春園雨過藂李呈榮己丑運中財源生進退風雪墜門庭庚寅運中到此漸知光景好才源袞袞氣英英辛卯運中門外田疇千古計庭前花木四時馨壬寅運中冲擊之所月入雲屏癸巳運中晚年安享甲午運中一夢難醒

庚戌年　丙戌月　己未日　戊辰時

此八字己未陰丹之日五行純土之旺成山女人得此生於雄烈之族適于韜畧之門翁姑喜有倚妯娌素無辭知内外識重輕易嗔易喜多智多能雨過園桃紅爛熳月離雲漢色光明天上恩波潤人間雨露豈此則得祿得名之命良人同屬重金貴桂子芬芳疊錦紫運行初乙酉一枝梅破臘萬漸回春甲申運中加益百年秀氣增添十倍精神癸未運中雖則夫賢子秀諸般只是虛名壬午運中財如春水滔滔漲福似秋蟾皎皎明辛巳運中

重羅疊翠富貴稱情庚辰有子多光彩滔滔福貴重癸卯運中蟠桃已熟王母來迎

庚戌年　丙戌月　癸丑日　壬戌時

此八字癸水相配柱中火土雜氣才官之格才識生官給身有慶女人得此福足以庇夫子才足以廣田園主人生於豐富之室長於華麗之堂椿父先歸萱別後庭前棠棣各苗生從容閨閫鬓貌不輕翁姑必有倚妯娌欠相親難觸難犯易喜易嗔有針線之巧立業之良羅綺千般色珍羞百味新仔看一朝光霽景夫榮子秀樂昇平此則榮夫女命良人招贅良門立柱子生成俊秀人運行初乙亥上人庇下毓秀蘭庭甲申運中楊柳無風枝婀

娜梅花有月蕚精神癸未運中紅蕖满中傳添意赤繩月下始良姻壬午運中雖則夫榮身自樂一畨風雪使人驚辛巳運中才源滚滚家居好福禄駢臻喜慶增庚辰運中月明雲翳花放風輕己卯運中享暮年之福戊寅運中鏡掩晨光

庚戌年　丙戌月　丙子日　乙未時

此八字丙火相配柱中旺土傷官用印之格人生得此生於平淡之族長於劍戟之門一對椿萱先別去天邊鴻鴈不聯群年從清秀性格忠誠知高下識重輕祖基再整事業重成君子敬貴人欽萬里春風行樂頌四時佳趣瑞祥生初運平常守到中年頓順中年頓順不如晚景光新佇看一朝達貴助才源滾滾旺門庭此則守成之命鴛幃兩健桂子秋成運行初丁亥上人庇下未斷亦沉戊子運中月明雲翳雨過青山已丑運中欲速不達揚帆待風庚寅運中爆竹聲催殘臘盡折梅香引早春逢當此之際微雨霽晴空辛卯運中家居有慶事業豐隆壬辰運中樂鬧棋一局遣興酒三鍾癸巳運中暮年安享甲午運中魄返巫峯

庚戌年　丙戌月　庚午日　己卯時

此八字庚金配合丙火偏官之格其爲人也立性聰明行莊倜儻待人接物和氣春風不與親昆共守生平妻子難逢紫袍金帶心偏洽綠水青山興正濃一塵渾不染萬法總成空此則出家之命運行初丁亥春光明媚化日和融戊子運中身居野水閑林外心寄孤雲夕照中己丑運中莫憚世情擾擾休嫌人事匆匆庚寅運中性美上方吾至席時聞說法執相同辛卯運中一番風雨咸驚怖神呪加持始有功壬辰運中有時揮白塵無事對青松癸巳運中折蘆千里去查查莫尋踪

庚戌年　丙戌月　乙卯日　丁亥時

此八字乙卯專祿之日相配柱中火土傷官帶才之格人生得此手姿雅俊處用多機生於豐潤之族長於積德之家椿萱堂上先虧父鴻雁天邊不共飛般般歷學件件粗知祖業重華聽才囊自整齋但願一樽交貴客何須騎馬上京畿此則穩旺富命焉幃年長尤招副桂子秋風舞綵衣運行初丁亥上人庇下花柳芳菲戊子運中志欲榮登仕路何期風雪飛飛己丑運中市塵生計廣湖海姓名馳庚寅運中財源雖穩旺行樂有趦趄辛卯運中樓臺華麗花木芳菲壬辰運中桑榆暮景樂處生悲癸巳運中落日青山外哀猿空自悲

庚戌年　丙戌月　辛巳日　癸巳時

此八字辛巳日相配柱中之火雜氣才官之格人生得此宜乎金紫光榮椿萱雙贈雞雙耄鴻雁天邊不共騰手姿洒落天性剛明窮今慱古覽史觀經擊開水府珠生新掘出豐城儉有古躍過天門沾寵濯班聯粉署戢兵刑此則榮肅之命鴛幃全正副桂子有登朧運行初丁亥幼承上庇暮史朝經戊子運中讀殘茅店月行落曉天星己丑運中嵩浪連三躍衣冠拜聖明庚寅運中一番風雪過祿位又加陞辛卯運中重金重紫萬里威聲壬辰運中山河開十郡鳳詔又榮徵癸巳運中榮回處樂甲午運中夢入蓬朧

庚戌年　丙戌月　甲寅日　甲戌時

此八字甲寅日相配柱中火離離氣才官之格人生得此羊姿異厚性格豪雄萱母早歸椿耄疾厲行天際各西東遷李古今之事營為湖海之風祖業重增新慶財囊自積豐隆交貴親賢生貨利觀花蜚柳樂雍容佇看來晚節家業愈豪洪此則豪富之命鴛幃高一載桂子發叢業運行初丁亥幼年承蔭庇蘆絮恨無窮戊子運中自有高人交敬果然貨利交通己丑運中家業有成人敬仰須史風浪不成函庚寅運中財旺家肥行樂順一番瑞雪又漫空辛卯運中老當宴樂英雄會難下悠悠酒教鍾壬辰運中春殘花落盡杜宇怨東風

庚戌　丙戌　辛未　甲午

此八字辛未日相配柱中火局偏官之格丙辛作合有功人生得此行藏穩重作事三思椿親耐晚萱先别鴻雁天邊不共飛抑強扶弱好是非才帛自磨自琢鎡基新整新斉天生才藝文豪傑湖海聲華慶馳此則倜儻之命篤愫尅後重年少桂子花前果後逢運行初丁亥幼承尊庇快樂怡怡戊子運中剪衣蘆花絮寒未只自知己丑運中斷絕靈配鸞膠續俾出聲小樂有餘庚寅運中才源未愈旺功就藉鎡鏈辛卯運中貨利交通四境突發生在一時壬辰運中老景清醒星逸樂孫賢子孝愈光輝癸巳運中滔、享達甲午運中歸去也

庚戌年　丙戌月　癸丑日　壬戌時

此八字癸水相配柱中火土襍氣木旨之格女人得此生於茂盛之族配於詩礼之庭椿親先別去鴻鴈以聯群姿容窈窕鬟貌精神有斜綴之巧立業之勤深明閨壼理洞識古今文心靜似月明霄漢性急如風捲烟雲佇看夫榮子秀滿門佳氣氤氳此則榮旺女命良人入贅年高丈桂子先蔚後有盈運行初乙酉上人庇下毓秀閨門甲申運中雨過山方秀雲開月始明癸未運中秉鳶配偶燕語鶯吟壬午運中一番風雪過才祿旺夫門辛巳運中食則珎羞不味衣則羅倚千層庚辰運中冲擎得所業享兒孫己卯運中粧楼人去也萱鏡掩晨明

庚戌　丙戌　庚申　己卯

此八字庚申專祿之日相配柱中火土殺生印綬之格人生得此宜乎金紫之榮注人手姿磊落性理剛明生於岳岳侯門長於潭潭相府椿樹高榮萱別早鴻鴈天際各凌風施七縱七擒之策揚百戰百勝之方萬馬不嘶聽號令一方士卒仰威雄風生紫塞秋横劍月落黄河夜挽弓此則武肅之命鴛幃尅後重交蚤桂子秋来長嫩叢運行初丁亥上人榮庇其樂無窮戊子運中正在風流處霜飛木葉紅己丑運中閑雖過渭北走馮向関東庚寅運中令嚴鍾鼓三更月夜宿貔貅萬馬中辛夘運中功成汗血祿享千鍾壬辰運中名利勳心成老懶溪山招隱樂從容癸巳運中桃源春去也蓬島信難通

庚戌年　丙戌月　己未時　丁卯時

此八字己未陰刃之日配合柱中卯未之木偏官之格人生得此丰姿穩厚性格高明生獨麗之族長於仁盛之門木命椿親金命母鴈行損上我先鳴祖業華斷而新弄財帛資囊自築成孝問有成詩禮顯美才略擬到神京一朝身脫白麻衣換綠新此則榮身之命鴦幃連珠應年小子嗣招來出顯人運行初丁亥雖留心於經史未得逐於功名戊子運中欵達平生男子志須當努力讀觀文己丑運中一聲春霹靂變化五雲輕庚寅運中正在威權陞耀地上人歸去雪沾身辛卯運中熙熙鷄犬風煙靜靄靄桑麻雨露恩壬辰運中上五年辭榮回故五柳馳名下五年華堂享福一夢逡巡

庚戌年　丙戌月　戊午日　丁巳時

此八字戊午日刃之辰相配柱中旺火祿氣印綬之格喜逢芳月二德相扶時歸日祿之功生人生於溫潤之族長於清白之門椿萱有倚難双老天邊鴻鴈各行鳴其為人也丰姿蒼古天性老誠頗曉三分道理文章一竅不通般般稍覓件件不精有近貴親賢之德應上和下之能終是功名之客豈為田舍之翁律法又誇勞案牘功名須藉筆力成行看頭角聳光耀舊門庭此則榮貴之命鴦幃有犯重招木子嗣秋來桑

桑榮運行初丁亥上人庇下未斷平生戊子運中貴人相指引揮筆助公廳己丑運中去除巾幘替烏帽麻衣換得綠衣新庚寅運中皇威有威聲名顯幾載勞繁接遊心辛卯運中重加祿位德洽黎民壬辰運中此運見進還見退悠悠蘿下樂高情癸巳運中子貴重光顯甲辰運下春殘鳥不吟

庚戌年　丙戌月　甲戌日　壬申時

此八字甲木相配柱中金火傷官制殺之格注人
椿父先歸萱後別天邊鴻鴈不聯群丰姿清秀
天性秉能竹藏竟瀟洒咲傲任枯榮萬里韶華
事業每從忙裏就一聯美景財源自源遠方生
雖不輕裘肥馬自然粟帛餘盈此則旺足之命
篤悌有碍重年敵子嗣秋來孝義深運行初丁
亥上人庇下淡淡春雲戊子運中雲籠皓月水
泛浮萍己丑運中世情濃又淡淡處又還濃庚
寅運中幾度樂中有悶數番靜裏憂生辛卯
運中一番風雪過財帛愈興隆壬辰運中山前
山後皆明月江北江南揔是春癸巳運中享子
孫之福慶甲午運中夢杳杳之佳城

庚戌年　丙戌月　辛亥日　甲午時

此八字辛亥日相配柱中火局偏官之格丙辛作
合有功人生得此姓顯名揚椿萱不逮双親贈鴻
鴈天邊各奮翔丰姿英厚天性果剛學問三冬足
詩書萬卷藏青志十年淹雪案易名一旦達天堂
雖不瓊林錫宴也須化日舒長此則顯榮之命篤
悌有碍須偏正桂子秋來有繼芳運行初丁亥幼
承上庇其樂何如戊子運中志欲風天步月身還
履雪輕霜己丑運中儒林踏去朝天去榮沐恩波
姓顯揚庚寅運中清氣豈教淹判水威風還看
肅緒方辛卯運中祿元重顯耀職列大夫行壬辰
運中金魚初綰帶便擬還家卿癸巳運中人生從
此別無復見儀形

庚戌年　丙戌月　庚申日　庚辰時

此八字庚申專禄之辰月上偏官之格女人得此姿容清雅天性乖能生於盛族配於殘婿有針綫之巧五業之勤翁姑少倚妯娌緣輕紅日点穿湘水碧白雲堆破楚山青處世素無榮辱平生喜不富貧此則平穩良人配旧須年長子嗣秋來朶朶成運行初乙酉香閨之内不辱不榮甲申運中路入尭源花憫慢擒横銀漢水澄清癸未運中青帰柳葉精初変紅日入尭花燦未匀壬午運中片雲能發千山雨雨過千山依旧青辛巳運中助夫家才禄長自巳精神庚辰運中一度愁心對蒼雪泌禽觧報昇平己卯運中交閑晩景戊寅運中一道赴音

庚戌年　丙戌月　己巳日　己巳時

此八字己巳之日相配桂中旺火印綬之格女人得此生於右族長配名門椿父先歸萱後别天边鴻鴈各行鳴其爲人也姿容閨朗髮曳超群勝丈夫之氣槩有男子之才能雲收筆岳千山秀水到湘江一様清每懷老膝意時抱擇隣心萬里無雲天一色三秋好景月長明風送芰荷香滿浣日匀花蕚發新紅克勤而克儉易喜而易嗔雖不鳳冠帔服自然益旺夫門此則穩享之命良人同屬如魚水子嗣秋來朶朶榮運行初乙酉上人底下未断平生甲申運中紅葉潜中傳密意赤城月下結良姻癸未運中正是梅青月白还愁微雨弄晴壬辰運中雖則夫門才業旺旺中尚有事虧盈過此辛巳運中不用高燒銀燭月明添倍精神庚辰運中滔滔無阻滯步步助夫門己卯運中子貴晩年多快樂戊寅運中春歸花落鳥無声

庚戌年　丙戌月　乙亥日　癸未時

此八字乙亥日元相配柱中金火傷官助才之格只嫌身弱減戒科第成名主人生於右族長於名門椿父先帰萱後別天邊鴻鴈各行鳴其為人也丰姿清秀天性聰明頗知礼義稍識古今有近貴親賢之德應上和下之能過火黄金重長價離雲皎月倍清明終是功名之客豈為隱跡之翁九載辛勤甘苦守一朝天府便承恩嘉谷不早實名利當晚成此則吏貴之命外幃有犯須重續子嗣秋来孖孖成運行初丁亥上入庇下未断升沉戊子運中如花露曉似月離雲己丑運中貴人相接引禄馬旺前程庚寅運中跨馬起程登上国始知冠冕可栄身辛夘運中幾年困守家門内一朝天府便光栄壬辰運中紅蓮幕下清如水月明風雨不如昏癸巳運中耿耿声名重滔滔禄位陞甲午運中晚年閑故里乙未運中一枕入巫峯

庚戌年　丙戌月　丁夘日　甲辰時

此八字丁火相配柱中金土傷官助才之格人生得此椿萱有倚难雙鸞鴻鴈天邊各奮騰其為人也丰姿清秀天性乖能知高下識重輕恒招君子敬時有人欽笙歌拂處曾行樂羅倚叢中醉市廛生計廣湖海禄元豊欲為商賈思慕功名花無桃李非春色人有笙歌是太平此則穩足之命鴛幃命獻子嗣秋枝運行初丁亥只宜庇下未論高低戊子運中如花向日似筝穿籬己丑運中退不從步進不前馳庚寅運中雨過萬重山有色雲開千里月揚輝辛夘運中門楣壯觀楼閣崔嵬壬辰運中孫賢子秀暮景桑榆癸巳運中延賓酌酒會友圍棊甲午運中春光歸去後夢遜杜鵑啼

庚戌年　丙戌月　丙寅日　辛卯時

此八字丙寅長生之日食神帝印之格丙辛作合有功其為人也丰姿清秀天性聰明生於茂盛之族長於華麗之庭椿萱皓首方帰去棠棣庭前獨挺棠理穷古事蕪今事書對賢經與聖經終是功名之客豈為避世之灵際會風雲應有日豈無雨露沭深恩此則榮显之命鴛幃酖少須年敵子嗣生戍奪錦人運行初丁亥惠風和暢天朗氣清戊子運中螢窓事業當時習雪案功夫務日新已丑運中時至名終显何須恩恨充庚寅運中声名

援此显旧没一朝伸辛卯運中仁風千里盛雨露再加陞當此之際風雪嚴凝壬辰運中戰位迁金紫權出等倫癸巳運中莫恋恩波洽宜思故显筹甲午運中莫道尺倚金馬貴也隨蝴蝶夢希

庚戌年　丙戌月　乙卯日　丙戌時

此八字乙卯專祿之日傷官財才之格值斯命者生於平順之族長於穩厚之居椿萱中道别鴻雁不聯飛手姿清雅天性操持知輕重識高低祖基宜再整事業必添吝常將好意番成悪每把真心換得非無辱心常足何須慕帝哉此則平穩之命鴛幃有碍須相顧桂子秋来秀幾枝運行初辛亥未分榮辱居断高低戊子運中登臨雨澤貴翫春帰已丑運中風狂椿柳折行樂未如幾庚寅運中嚴霜積雪都經過次第春風到故廬辛卯運中天

上三陽泰人間五福齊壬辰運中家居有慶處樂自如癸巳運中落日青山外西風木葉飛

庚戌年　丙戌月　甲子日　己巳時

此八字甲子日元相配柱中金火傷官制殺之格喜逢天月德相扶女人得此生於右族長配高門椿萱分別早鴻鴈斷行踪自家退敗夫業興隆其為人也姿容清致德茂行真勝丈夫之氣槩有男子之材能春入水光成嫩綠日勾花蕚發新紅財源富足家業餘盈难觸难犯易喜易嗔雖不鳳冠帔服贈自然福祿享無窮此則益旺之命良人土命須年長子嗣森枝有挺榮運行初乙酉上人庇下毓秀閨門甲申運中佳配高門侶花從錦上增癸未運中釵鏍雖壯麗人事尚虧盈壬午運中雖則夫門多快樂一番風雨尚愁人辛巳運中幾度樂中還有悶数番靜裏憂生庚辰運中使婢臨厠烹異菜抱孫堂上樂昇平辰字之中花放風生己卯運中桃源春去也蓬島信难通

庚戌年　丙戌月　己巳日　甲子時

此八字己巳日相配柱中木火祺氣官印之格正謂有官有印無破作廊庙之村人生得此本乎科第登名只嫌印重官衰名顯異途為人丰姿瀟洒性格果剛生於喬木長於高堂椿親榮且壽鴻鴈有高翔梢有賢良之志粗知礼義之方不作文儒非汗馬如何紫綬束銀章此則固富至貴之命縉帍全正副桂子發秋香運行初丁亥上人光庇快樂何當戊子運中讀残官舍月蹈破野橋霜己丑運中志欲榮膺薦聘身还困守田庄庚寅運中機會未時沐寵恎衣冠濟濟耀鄉邦當此運中柳絮飄揚辛卯運中才源未旺人欽伏人事那知有抑揚壬辰運中晩年增福慶沛澤再加昌癸巳運中依然光譽甲申運中夢入仙鄉

庚戌年　丙戌月　己巳日　辛未時

此八字己巳之日相配柱中雜氣殺印之格人生得此生於右族長於仁門椿萱先别父鴻鴈各行鳴其爲人也丰姿清秀天性聡明般般稍覽件件不精行藏竟滴洒咲傲任枯榮自有順天之慶豈無福地深重成新事業再整舊門庭花無桃李非春色人有笙歌是太平無慮尽傳詩礼樂有朋来自遠方親但願才源富足何須天府求榮此則穏厚之命鷩㡪有犯須重續子嗣秋來朶朶榮運行初丁亥上人庇下未断平生戊子運中娟娟雲裏月灼灼棄中英己丑運中正是梅青月白還愁微雨弄晴庚寅運中人生正在風光處只恐閑非春耗生辛巳運中才源雖秉羨人事尚虧盈壬辰運中簾捲香風生百福軒開化日禄元增癸巳運中晚年快樂會友開樽甲午運中春光去也一枕清風

庚戌年　丙戌月　己酉日　己巳時

此八字己土相配柱中之火祺氣印綬之格亦有食神之意主人生於良族長在紅門椿萱难並耄鴻鴈各搏風丰姿清雅天性剛忠有理理白分清之志截長補短之能田園桑柘茂湖海禄元豊盼能祝南北破能履西東豊年田舍禾盈穗臘月山家酒滿罇此則穏厚之命鷩㡪兩敵桂子金風運行初丁亥未分栄辱爲斷平生戊子運中一株晚烟迷弱柳半泓秋水浸芙蓉己丑運中片雲能發千山雨雨過千山依舊青月庚寅運中財源滚滚福禄駢臻辛卯運中片段禽連影禄週迴甲第聳雕甍壬辰運中安閑晚景癸巳運中春夢無憑

庚戌年　丙戌月　己未日　甲戌時

此八字己未陰刃之日祿氣官印之格女人得此生於右族長於高門姿容清秀髮兒超群翁姑早别妯娌尚情紝有針綴之巧立業能風送浮雲歸古洞雨滋花蕚發新紅般般塚立件件當心楊柳無風搁御梅花有蕚精神相夫應有道訓子挩成群錦綉花開春富貴琅玕竹根日昇平雖不鳳冠帔服晚年子昰光榮此則畨狂之翁良人連珠紙一載桂枝蕩蕩有呈榮運行初乙酉上人庇下未斷平生甲申運中江葉灘中傳寄意赤繩月下結良姻癸未運中一抹曉烟迷芍藥半江秋水浸芙蓉壬午運中雖則夫門財樂旺狂中尚有事虧盈辛巳運中天情人意晚日麗景華新庚辰運中子顯夫貴恩澤廣果然福禄亨無窮己卯運中桑榆暮景落意忘情戊寅運中桃源春去也蓬島信来通

庚戌年　丙戌月　丁亥日　庚子時

此八字丁亥日貴之辰相配水土傷官制殺之格人生得此生於右族長於名門椿父生歸萱後别天边鴻鴈各行鳴其為人也丰姿清秀天性聰明般般稍覽件件不精重成新事業再整舊門迷福布江山外名聞湖海中得意江山詩句捷忘情日月酒盃深消閑碁一局遣興酒三鍾常将好意畨成悪每把真心換得瑱遇險終無險逢凶幸不凶才源有分生涯好何必天邊沐寵榮此則發福之命鸞幃有分須年長子嗣先虧後有盈運行初丁亥上人庇下未斷平生戊子運中幾欲思高慕遠畨成剪雪裁冰己丑運中世情濃又淡淡處又还濃庚寅運中雖則行藏有慶幾多人事虧盈辛卯運中才源滚滚家居好尚有閑非晦耗生壬辰運中天上三陽泰人間五福增癸巳運中晚年子秀家居好何愁白髮鬢边生甲午運中人生從此别無復見儀刑

庚戌年　丙戌月　甲寅日　甲戌時

此八字甲寅専祿之日相配柱中金火傷官制殺之格女人得此生於右族配於高居鴻鴈幾行各奮椿萱不並期順其為人也姿容清致体態豊腴有針黹之巧立業之機遇如男子勝如丈夫鮮同心於妯娌不並倚於翁姑步步有助夫之樂滔滔無阻滯之危萬里無雲天一色三秋好景月揚輝易喜易嗔难犯难欺晚年夫顯貴福祿享無窮此則榮益之命良人士命榮華容子嗣秋來長嫩枝運行初乙酉上人庇下毓秀深閨甲申運中菑盗花深鴛並宿梧桐枝穩鳳雙棲癸未運中淡烟揚柳岸薄霧杏花堤壬午運中雖則夫門多快樂幾多人事尚趑趄辛巳運中夫榮多快樂風雷尚相侵庚辰運中羅綺千般多壯觀花開風放事憂㲲己卯運中晚年閒快樂戊寅運中一枕入雲衢

庚戌年　丙戌月　庚午日　甲申時

此八字庚午貴人之日殺印之格人生得此椿萱堂上先其父鴻鴈天边不共群手姿清秀天性聰明事事頗將就般般李久精江湖播姓字閭里有声名遊山玩水携書卷對月觀花把酒酙莫向江湖捲寒月好將仕路覓功名一朝時運至頭角崢嵘此則謀望方成之命鴛幃宜有贈桂子繼衣新運行初丁亥上人庇下天朗氣清戊子運中登臨雨濟賞玩春陰己丑運中刻鵠未就畫虎不成庚寅運中機會忽從天上降高揮劍向　公所辛卯運中雨晴雲路達跨馬上神京壬辰運中名聞遠近德惠黎民癸巳運中向來故里甲午運中一道計音

庚戌年　丙戌月　癸酉日　丙辰時

此八字癸酉日相配柱中水土𥙷氣才官之格人生得此姿容秀爽天性聰明椿萱棠棣难相守妯娌翁姑少合情立業掌家有道相夫教子多能心性似水涵明月性急如雷電交轟佇看未晚節羅綺耀層層此則安榮女命良人配合榮華客桂子生成俊秀英運行初乙酉上人庇下樂享昇平甲申運中藍田種玉綉幙牽繩癸未運中雖則夫門業旺也防行樂事相榮壬午運中囊空休嘆息風雪不傷情辛巳運中百味珎羞盛千般錦綉明庚辰運中晚年光霽子秀孫榮己酉運中悠悠處樂戊申運中鏡粧塵生

庚戌年　丙戌月　庚戌日　辛巳時

此八字庚戌魁罡之日相配柱中火土𥙷氣杀印之格陰月合杀有助人生淂此生於石族長於名門椿父先帰萱後殁天邊鴻鴈各行鳴其為人也丰姿蒼古天性聰明通今識古覧史窮經當仁不讓見善則欽終是功名之客豈為田舍之翁雲程坦坦登天去舉足悠悠名利成素谷不早賓名利當晚成莫嫌金榜無名字德業豈無觀国賓舒長化日桑麻茂融落仁風雨露青此則榮貴之命外怖有犯須年長子嗣秋來有挺榮運行初丁亥上人庇下未必談論戊子運中十年窓下業黃卷上青灯己丑運中莫愁雪阻藍關道時來機會入神京庚寅運中虎鬪暫寄梅陰且辛勤辛卯運中一自天官奏最後紛紛德澤惠軍民須臾風兩雨过山青壬辰運中禄位重陞當此之際不如解組向籬東癸巳運中子貴重又贈甲午運中一枕了平生

庚戌年　丙戌月　甲寅日　己巳時

此八字甲寅專祿之日傷官制殺之格人生得此生於平淡之族長於温潤之門火土椿萱亡皓首天邊鴻鴈獨行飛其為人也丰姿清秀天性操特粗知禮義鮮識詩書祖基祖業須重立財帛資囊自琢齊地遲山避花開早門映山光光上運田園桑柘茂猷畝稻粱肥自有順天之慶豈無祿地之深無辱心常樂何須暮帝歲此則平穩之命篤帰有犯重招小子嗣秋未朶朶奇運行初丁亥上人庇下未斷高低戊子運中登臨還濟賞玩未逢特

己丑運中幾度樂中有悶數番耗裏生悲庚寅運中夜冷水寒魚不食滿船空載明月歸當此之際須吏素耗災悔天非辛卯運中嚴霜積雪都經過次第春風到故廬壬辰運中晚年快樂暮景桑榆癸巳運中春光去也花落月沉

庚戌年　丙戌月　庚戌日　丙子時

此八字庚戌魁罡之日襍氣殺印之格仗此根基宜乎光顯主人生於茂族長於名門椿萱不並養鴻鴈有不同群其為人也丰姿清秀天性聰明頗知禮義稍識古今終是功名客豈為田舍之人璧林雖不忝高宴刀筆縱橫显利名佇看頭角聳德澤惠黎民此則榮貴之命篤帰全正副子嗣亦光榮運行初丁亥上人庇下未斷平生戊子運中腰服不用三場牽治政全憑九載功己丑運中三疊陽関斟別酒九重天府沐皇恩庚寅運中雪積閭閻

開黃道秉笏重沾雨露恩辛卯運中政化東西冷仁風遠近清壬辰運中一榻一柳帰効淵明癸巳運中春光去也夢入佳域

庚戌年　丙戌月　己卯日　丁卯時

此八字己卯台生元命之日樸氣殺印之格人生得此生於右族長於高門椿親先别萱存晚天邊鴻鴈不聯群手姿清秀天性聰明高謀遠見機關別慷慨情懷奪識深生歌沸處嘗行樂羅綺叢中幾醉醒滿世功名身外事五湖風月樂怡情此則具販之命鴛幃有犯須年啟桂子秋來有挺棠運行初丁亥上人庇下不辱不榮戊子運中幾欲思高暮遠畬成抱月捕風己丑運中雖則行藏有憂還愁人事虧盈庚寅運中負戴不諱千里遠貨財惟喜四方通辛卯運中田園賺潤樓閣凌雲壬辰運中財源富足家業余盈癸巳運中落日青外衰猿三兩聲

庚戌年　丙戌月　丙寅日　丁酉時

此八字丙寅長生之日相配柱中金火傷官助才之格人生得此生於右族長於高門金命椿萱双晚茂天邊鴻鴈各行鳴其為人也手姿清秀天性老誠言不妄發事不胡行頗知禮義稍識古今雖不成名利生平近貴人祖業添重立根衆勝舊風田園桑柘茂畝畝稻梁馨英雄惟贈劍三尺豪傑相逢酒一鍾春入園林香遍塵寰之藹月離海嶠光揚宇宙之明鄉民推領袖閭里讓為尊晚年光景好貫朽粟尤陳此則鄉黨特達之命鴛幃有碍須重續子嗣森枝晚節榮運行初丁亥上人庇下化日陽春戊戌運中世事宛如春人情薄似秋雲己丑運中財源滾滾家居好綉閣悲風恨莫伸庚寅運中人生正在風光處只恐間非素耗生辛卯運中雪晴雲散天如洗從此滔滔福祿增壬辰運中威權有布人欽伏財帛興隆第宅興癸巳運中享子孫之福慶甲午運中一枕巫峯

庚戌年　丙戌月　辛未日　癸巳時

此八字辛金相配柱中火土雜氣官印之格正謂有官有印無破作廊庙之財人生得此生於文望之族長於詩禮之庭椿萱荣贈鴻鴈飛騰其爲人也丰姿磊落天性聰明辯鋒頴利疑無敵筆力縱橫若有神驟足千程随蹀躞雲霄萬里任飛騰躍過三層浪朝班立縉紳此則聯荣之命鴛幃正副方偕老子嗣生成継顯人運行初丁亥上人庇下未斷升沉戊子運中不負寸陰之惜豈韋題柱之功己丑運中禹浪三層都躍過聯班粉署姓名馨

庚寅運中禄位重重多顯耀朝朝秉笏拜明君當此之際須史素耗辛卯運中一番風雪過金紫戕加陞壬辰運中明時柱石盛世股肱癸巳運中辭荣慶樂甲午運中春夢無憑

庚戌年　丙戌月　戊辰日　甲寅時

此八字戊辰日得之辰相配柱中木火樸氣殺印之格運行之地事不十全主人生於右族長於名門萱毋先帰椿後別天邊鴻鴈各行鳴其為人也丰姿清秀天性聡明頗知札義稍識古今有抵雪欺霜之智截長補短之能祖業添新慶根源勝舊風福布江山外名聞湖海中雨滋秋色皆喬木耆舊風流有幾人不以功名為念豈将冠冕磬龔英椎惟層劍三尺豪傑相逢酒一鍾施恩惹怨布德成嗔但願一生多發福何必天邊沐寵榮此則旺

福之命鴛幃有碍須招硬子嗣秋来有顯荣運行丁亥幼年之下未斷平生戊子運中春風播爽微雨年晴己丑運中幾度樂中有悶数番裏憂生庚寅運中幾欲思高暮遠番成剪雪裁氷辛卯運中遨遊湖海重風味遝愁人事尚斷盈壬辰運中天上三陽泰人間五福增辰子運中花放生癸祀運中晚年多快樂甲午運中春歸花落鳥吟

庚戌年　丙戌月　丁卯日　戊申時

此八字丁卯日元相配柱中金土傷官助才之格
喜逢天月二德相扶女人得此生於右族長配高
門椿萱双暗萱鴻雁各排空其為人也丰姿清致
体態和温雖是女流之輩過如男子材能雲收華
岳千山秀水到湘江一樣清每懷凡膽意特抱擇
隣心明月富天春氣實光華萬家色尤新心靜如
月明雲漢性急若風捲殘雲雖然不是榮封婦自
然一世福元齊此則旺益之命良人水命須年長
子調枝枝孝義深運行乙酉幼年之下未斷平生
甲申運中匹配名門女花從錦上増癸未運中一
抱曉烟迷芍藥半江秋水浸芙蓉壬午運中精神
又憔悴憔悴又精神已巳運中晚年閑快樂戊辰
運中一枕入佳城

庚戌年　丙戌月　丙寅日　乙未時

此八字丙寅長生之日相配柱中金土傷官帶印
之格喜逢天月二德扶身主人生於右族長於輳
門萱親先别還拾繼椿父光榮晚節行天邊鴻雁
後有分群其為人也丰姿清秀天性聰明行藏果
断作事老誠頗知黃石略稍識聖賢經日福日崇
自有順天之慶常安常樂豈無福地之深終是功
名之客豈為田舍之翁三跳御溝沾寵渥百家帷
我獨為尊此則武貴之命鴛幃連珠低一載子嗣
榮門晚節馨運行初丁亥上人庇下天朗氣清戊
子運中風帶雪來應竟冷鳥啼花落始知春已丑
運中不勞窓下攻書史兹喜天邊雨露恩庚寅運
中雖則光榮多壯觀也慈人事有虧盈關山千里
念風木一番驚辛卯運中光華疊疊沛澤紛紛壬
辰運中花將好艷傳於子竹有清陰付与孫癸巳
運中晚年蘺下樂甲午運中一枕入巫峯

庚戌年　丙戌月　丙辰日　己丑時

此八字丙辰之日相配柱中金土傷官印財之格人生得此生於右族長於名門火土椿萱當茂長到頭終是毋先行天邊鴻鴈有各行鳴其為人也手姿清雅天性老誠知高下識重輕有近貴親賢之德敬上和下之能重成新事業再整舊門庭萬里春風行樂訟四時佳趣瑞祥生有心於貨利無意奉功名得意江上詩句健忘情日月酒盃深花無桃李非春色人有筌歌是太平但願一生財祿旺何須天府沐皇恩此則穩厚之命鴛幃有尅重

招水子嗣秋來始有成運行初丁亥上人庇下未斷平生戊子運中登臨有濘買訟春滄己丑運中雪晴天未暖行樂未如心庚寅運中雖則行藏有慶遂愁素耗相侵辛卯運中着意種花花不發無心插柳柳成林須臾風雨過山青壬辰運中晚年快樂會文開樽癸巳運中無思無慮甲午運中一枕清風

庚戌年　丙戌月　辛亥日　戊子時

此八字辛亥日相配柱中火土雜氣官印之格喜逢天德月德相扶遇斯命者生於右族長於名門椿父先歸萱耐晚天邊鴻雁各行鳴其為人也手姿清秀天性聰明窮經覽史學足三冬泰山北斗千年在和氣春風四座傾終是功名之客豈為田舍之翁筍長名園過舊竹花開上苑勝先春黄金不早實火器當晚成此則榮貴之命鴛幃水合須年長子嗣森然火旺榮運行初丁亥幼年之下未斷平生戊子運中款向雲中舉足

須從灯下留心己丑運中莫愁雪阻藍關道時來跨馬入神京庚寅運中客館掩門十載寒毡苦自辛勤當此之際素耗还生辛卯運中皇恩有感聲名重百里絃歌樂太平梨花舞雪雨過山青壬辰運中一天膏雨隨車至千里仁風逐扇生癸巳運中妻榮子貴皇恩贈甲午運中一枕清風

庚戌年　丙戌月　辛未日　戊戌時

此八字辛未之日相配柱中火土雜氣官印之格正謂有官有印無嫪作廊廟之材主人生於右族長於名門椿萱易遂双双耄鴻鴈聯能陣陣群其為人也丰姿清俊天性聰明胸羅今古事業識聖賢心斷高理直則重知輕喜則春風和氣怒則雷擊雷轟峯問超群官取秋末深徳弟莫材出類誰知春遇劫馳声威權烜赫禄位崢嶸悦年重金重紫階陞蕩梟之能此則崇貴之命鴛幃有犯須招副子嗣秋末有継崇運行初丁亥上人庇下未斷平生戊子運中讀眠茅店月囊聚案頭崇己丑運中十年窓下業時至步蟾宮庚寅運中幾欲不登持依然寄跡橋門皇恩有威声名顕佐政黄堂德望新辛卯運中桑麻欝蔚人民樂全業煌煌雨露陞當此之際風雪無滿壬辰運中黎民頌德琅玕消形癸巳運中佇看官超二品何期鮮組思壽甲午運中春光去馬無声

庚戌年　丙戌月　壬戌日　甲辰時

此八字壬戌日德之辰相配柱中火土雜氣才杀之格喜逢天月德相扶主人生於良族長於高堂椿萱有倚奚雙耄天邊鴻鴈有行聯其為人也丰姿清秀天性機関知高識下近貴親賢不慈不勇可圓可方旭日桑麻茂盛薰風禾黍連阡重成新事業再整舊根源飛詔任他来北闕草玄終不出南山但願時来多發福果然旺足任為官此則穩厚之命鴛幃有犯須手敵子嗣秋来發桂蘭運行初丁亥上人庇下未斷暑寒戊子運中乍晴乍雨景或煖或寒天已丑運中寒向梅中尽春從柳上還庚寅運中雖則行蔵有慶幾多人事迭遭辛卯運中幾度樂中有悶数番静裏憂煎壬辰運中千江有水千江月萬里無雲萬里天癸巳運中世利浮生皆若此不如高臥且加飡甲午運中春光去也一枕难醒

庚戌年　丁亥月　丙午日　丁酉時

此八字丙午日刃之辰相配柱中金水財官之格財盛生官終身有慶遇此命者生於信義之族長於詩禮之庭椿父先歸耐撓西風鴻鴈幾行分其為人也丰姿洒落其為人也天性聰明定是棠華客豈為田舍人萬里風雲相濟會九天雨露沐恩榮此則顯達之命鸞幃正副霜添鬢桂子金風綻粟英運行初戊子只宜穖穛何慮平生己丑運中踏破泮橋霜幾板讀破經書月三更庚寅運中雖然未造青雲路跨馬長安也是榮辛卯運中到此

始知名譽顯半生汨沒一朝伸壬辰運中一番風浪息多度聖恩陞甲午運中依然光霄乙未運中夢入佳城

庚戌年　丁亥月　丙午日　丁酉時

此八字丙午日刃之格相配柱中金水偏官之格羊刃作合有功人生得此宜乎仕登路榮丰姿洒落志氣英豪萱親先別椿尤去鴻鴈天边各自飛學問淵源三峽遠英才敏捷五車高橋門自有榮身路何必乘龍奪錦標此則貴顯之命鸞幃土命須年少桂子秋風長舊范運行初戊子上人庇下快樂滔滔己丑運中雪晴天未暖窓下坐簫條庚寅運中刺股苦窓甘自守幾回執卷尚徒勞辛卯運中酒盡陽関路恩光沐九霄壬辰運中皇恩有

感紫綬銀貂癸巳運中金紫重重權任重乘居離下酌香醪甲辰運中錦衣歸故里乙未運中蓬島預來招

庚戌年　丁亥月　庚申日　庚辰時

此八字金生水傷官之格其為人也丰姿清秀性格聰明行藏出類動止人欽椿萱有倚家業重榮江上春晴柳綠桃紅堪賞翫途中日麗揮黄桂發稱科名龍驁動處千山振舟桂開時萬里馨此則清貴之命鴛幃親上之親桂子聞詩有礼運行初庚子辛丑上人庇下心冗鑿户之功壬寅運中數載辛勤甘淡薄一朝天府沐深恩癸卯甲寅運中鷄犬千家樂風烟百里睦乙巳運中不見春冬風雨信爭得梅花拂鼻香丙午運中黄堂声價重鳳闕歸衣新丁未運中一夕不來却是夢西疇留與子孫耕

庚戌年　丁亥月　戊申日　丙辰時

此八字戊申日德之辰偏官之格人生值此丰姿俊偉体皃精神生於豊厚之家長於富室名門有明敏之才出類之志堂上椿親别我止能方六歲定前萱母年庚戌子禄元深孺字少行出援韋庭前花木四時香田園桑柘茂北園麥苗齊此則富貴之命鴛幃宜招壬子配偏房重叠到齊胥子許榮門多顯達馬年之嗣跳龍門運行初戊子己丑春風拂枝夏日花蓮庚寅辛卯運中一朝美景財源自向遠方來萬里無雲利禄必從天上降高賢求敬貴髙來共手寅年其間宦非路徒過此壬辰癸巳運中未開水府珠先現禄源資進福增深英雄惟贈劍三尺豪傑相逢酒一樽延賓酌酒會友論文甲午運中穀粟盈廒正是戊佳成趣子登天府光揚三代之名乙未運中莫道富豪無了日也隨蝴蝶入巫峯

庚戌年 丁亥月 丙午日 己亥時

此八字丙午日丑之辰柱中之水偏官之格人生得此年安穩厚天性果剛椿萱半道難全奉鳴鴈天涯有奮翔學識相通今古事筆鋒能理憲條章機會未時逢貴助高揮劍筆到公堂此則顯貴之命鴛幰魁後重從女桂子秋來有挺秀運行初戊子幼承尊庇快樂安祥己丑運中詩書雖有志焉得到科場庚寅運中真向偶林跋跡風霜阻節何當辛卯運中案牘跨功才業旺趦趄歷過上天堂壬辰運中榮沾新寵屋光顯舊門墻癸巳運中絃歌民樂業未擬便還鄉甲午運中黃花綠酒乙未運中緣斷人傷

庚戌年 丁亥月 辛丑日 辛卯時

此八字月上偏官之格女人得此安生於詩礼之族遠配半豁署之門椿父萱親曾得祿如何中道見喪生鴻行鴈字異處各鄉其為人也治家有道待人有方勝丈夫之氣槩有男子之軒昂紛紛蜂蝶隨風舞淡淡花枝露短墻此則富貴兩全之命良人榮俊中年別子嗣枝頭一果芳運行初丙戌上人光庇其樂徜徉乙酉運中匹配英賢友花添錦上粧甲申運中懊恨棄枯歸去悲憐獨守空房癸未運中裙釵朗慕羅綺風光壬午運中兒曹真洒落沛澤滿門墻辛巳運中四時快樂八節安康庚辰運中音容留不住流水送殘陽

庚戌年　丁亥月　甲午日　丁卯時

此八字甲午日相配柱中水火傷官用印之格人生得此丰姿洒落幹置多機椿萱堂上先虧父鴻鴈天邊各奮飛心明千古事學貫五車書北海蛟横頭角聳南山豹变爪牙齊一從揚姓字肅氣便奔飛此則英顯之命鴛幃配合須重整桂子金風舞綵衣運行初戌子上人庇下有何是非己丑運中持竿習誦映雪勤劬庚寅運中雪晴天路遠馬得上雲梯辛卯運中時来雲霧合折桂有光輝壬辰運中雨露恩榮才祿旺祿元階進肅威儀癸巳運中晚年當重擢未擬向東籬甲午運中榮回故里乙未運中歸去来兮

庚戌年　丁亥月　辛卯日　丙申時

此八字辛金相配柱中水木傷官生才之格主人生於仁孝之族長於迁变之門椿萱難並耄鴻鴈狗飛鳴其為人也丰姿磊落天性乖能東嶺栽松西嶺秀南園菓子比園馨本行墉着意無藝慢同緇自有高人相契合才源便向閙中生親基可非倚岳地可親此則閙處生財之命此幃贅當硬子嗣脱應森運行初戌子幼年之下未斷升沉己丑運中雪晴雲散雨過山青庚寅運中綉花看有艷蚕水听魚聲辛卯運中娟娟梅裏月匀匀葉中英當此之際如履堅氷壬辰運中陽田宇宙風光好还愁人事有相縈癸巳運中滔滔福旺滾滾財興甲午運中老當益壯日福曰寧乙未運中當歸去也春夢無憑

庚戌年　丁亥月　壬午日　庚戌時

此八字六壬生臨午位號曰祿馬同鄉之格值斯象者豈得不貴焉得不榮注人丰姿瀟洒天性聰明其爲人也生於武勇之族長於劍戟之營椿木榮壽萱親别天邊飛鴈下聮鳴能觀韜畧知変化腰懸神劍識雌雄學問粗知今古事弓刀果有武威能心源榮榮堪爲將膽氣堂堂合用兵初景中年生刹雜管交老景必腰金此則武官之命鴛幃宜同屬桂子出金麟運行初戊子褫褓之下未論昇沉己丑運中皇恩有感身榮貴声名耿耿有權能庚寅運中軍人雖咸伏憂耗未清寧辛卯運中驀地威權而振作紛紛軍卒則隨之灾破憂非謹慎而行壬辰運中跋跡苦崗真是險險中祿位又加陞癸巳運中上五年千門燈火黃昏靜軍民盡唱太平歌下五年晚金紫重重貴好把英雄付令郎甲午運中一世英雄歸何處声名皆陷一坎中

庚戌年　丁亥月　己酉日　乙亥時

此八字己土日元相配柱中水木才殺之格仗此根基生於平淡之族長於清隱之門椿萱有倚如無倚鴻鴈雖群又失群丰姿穩秀性格平能須吏親貴容咫尺近高人不意之中曾得意用心之度不如心但得天然機會自然福旺才興此則成立之命北幃須帯硬子嗣桂蘭馨運行初戊子娟娟秋月淡淡春雲己丑運中小池雨過添新綠深谷春來發舊紅庚寅運中世事短如春夢人情薄似秋雲辛卯運中行藏有慶人事光新壬辰運中須吏風浪息頃刻瑞祥生癸巳運中梅已白竹尤青甲午運中春光歸去也花落月尤沉

子平遺書 十二

庚戌年　丁亥月　甲午日　乙卯時

此八字甲午日相配柱中水火傷官用印之格人生得此丰姿磊落天性良賢椿萱難擁雙雙耄鴻鴈西風各一天窮今博古交貴親賢財利生湖海聲華旺市廛但顧晚年財祿旺一樽壽酒樂團圓此則自旺之命駕幃有碍須年少桂子秋來朵朵妍運行初戊子無憂無慮衣祿自然己丑運中恰似洛陽之月景牡丹開錦柳拋綿丙寅運中行蔵覺瀟洒悲慮又蒙牽辛卯運中市廛生貨利湖海有名傳壬辰運中家業渾渾人事廣一番風雪不安癸巳運中滔滔發福享用晚年甲午運中悠悠慶樂乙未運中夢入九泉

子平遺書 十二

庚戌年　丁亥月　丙申日　辛卯時

此八字丙申日相配柱中水木旋印之格人生得此丰資英俊天性剛明椿萱不逮双宗贈鳴鴈天邊不共鳴學問三冬足詩書萬卷精一舉可冲天之勢岳言有折獄之能一從姓字傳揚後祿位輝輝德望清此則顯煥之命駕幃有犯須年少桂子秋來朵朵馨運行初戊子上人庇下黄卷青燈己丑運中讀殘窓下月行落晚天星庚寅運中幾回空執卷時至始升騰辛卯運中一番風雪遇四海播文聲壬辰運中祿元高擢不次加陞癸巳運中金魚初綰帶未擬便辭榮甲午運中到巳未歸去也

庚戌年　丁亥月　庚子日　庚辰時

此八字庚子日相配柱中之水傷官之格人生得此仕路登榮椿萱不逮雙榮贈鴻雁天邊有各鳴丰姿慷慨天性剛明學問胸中廣詞源筆下精終是仕途之客豈為草野之英快登月殿攀仙桂綫步天門沐寵榮此則榮耀之命鴛幃有犯須偏正桂子秋来有顯英運行初戊子幼承上人庇下黄卷青灯已丑運中欲遂凌雲志思囊照露螢庚寅運中志欲登天步月身還剪雪截氷辛卯運中折桂榮回光故里陽関三疊馬蹄輕壬辰運中寵渥榮沾後威風四境清癸巳運中一番風雪過金紫大夫榮甲午運中黄花綠酒乙未運中一夢難醒

庚戌年　丁亥月　辛卯日　戊戌時

此八字辛卯日相配柱中水木傷官助才之格人生得此丰姿英傑天性剛明椿萱親別鴻雁天邊各奮鳴粗知韜畧法淺覽聖賢経祖業增新慶才囊學積成雖不建侯封爵也須歲壓鄉城此則豪華之命鴛幃正副双諧老桂子秋来吐嫩英運行初戊子在佑之下快樂昇平已丑運中詩書雖有志焉得遂科名庚寅運中一番風雪过才旺勢尤增辛卯運中狼虎関中須得路棘荊叢裏旺才名壬辰運中發辛敗心財福旺、中風雪酒門庭癸巳運中粟陳貫朽沛澤如棠甲午到乙未運中帰玄也

庚戌年　丁亥月　丙申日　乙未時

此八字丙臨申位配合柱中旺水偏官之格人生得此本乎得禄得名只嫌身衰殺重貴在晚年主人生於茂族長於英豪丰姿蕭洒志氣清高皓首双親分半道聯行鴻鴈各飛遥學識親君子威儀利筆刀但願貴人交敬重何須跨馬上青霄此則穩富之命鴛幃有碍須年敵桂子秋来衣錦袍運行初戊子光庇之下享用豐饒己丑運中有志攻書史無心守寂寥庚寅運中春入園林菀杏艷無端烟雨又瀟瀟辛夘運中飄殘楊柳絮福慶愈加高壬辰運中才名榮旺人欽伏樂向籬邊酌美醪庚子運中桑榆暮景甲午運中蒐蓼飄飄

庚戌年　丁亥月　丁酉日　辛亥時

此八字丁酉日貴之辰相配柱中之水正官之格人生得此本是功名只嫌身弱不能勝用萱母早歸椿後别鴈行天邊有同鳴丰姿洒落天性剛明李識粗通今古智謀能動賢英祖業添新慶才源自積成湖海市壓才両旺英雄豪傑擁門庭此則富旺之命鴛幃尅後重年少桂子森森發晚馨運行初戊子身衣蘆花絮寒来恨自生己丑運中風雪都歷過才帛便生成庚寅運中不独英雄敬仰果然湖海馳声辛夘運中断絃重續後才旺事尤驚壬辰運中滿目金珠華麗微微風浪還生癸巳運中老當發旺日日昇平甲午運中晚年先寄乙未運中花落月傾

庚戌年　丁亥月　丙申日　丁酉時

此八字丙申之日相配柱中金水殺重身柔之格正謂生平為富且貴殺重身柔值斯象者注人丰姿瀟洒性理剛明生於豊富之室長於文望家馨胸羅今古事書對聖賢經折桂蟾宮誇妙手標名鴈塔振蜚声此則英顯之命鴛幃帶硬頭生雪子嗣秋枝綻錦英運行初戊子與親庇下快樂安寧巳丑運中升堂入室暮史朝經庚寅運中執卷徒勞休嘆息時来依舊振威辛卯運中騰身離雪案攀是奮鵬程壬辰運中清映梅窓堅玉雪寒生栢府虎風生當此之際一番風雪癸巳運中祿位遷金紫權衡郡縣甲午運中訃音莫遣行人說花落庭前恨莫勝

庚戌年　丁亥月　庚子日　乙酉時

此八字金生水傷官之格傷官者剛勇之宿也人生得此丰姿清致天性剛明堂上椿萱双皓首天邊鴻鴈不交鳴知古今之事略識時務之衰興十載九連成事業三番四覆旺財名但願門迎車馬客何須身到鳳凰城此則穩富之命鴛幃諧老須年少桂子庭前發錦英運行初戊子幼承上庇天朗氣清巳丑運中財喜两全人事廣須更風雨湿花英庚寅運中英雄交敵厚財旺勢尤生辛卯運中萬象回春紅紫麗門闌日日會賢英壬辰運中貨利交通千里稻粱萬頃生成癸卯運中一番風雪過金玉積盈盈甲午運中孫賢子秀乙未運中花落月傾

庚戌年　丁亥月　甲午日　戊辰時

此八字甲午日相配柱中水土棄印就才之格人生得此貴發晚年椿萱不待双荣養鴻鴈西風各一天丰姿洒落天性良賢理貫古今古事學貫聖篇終擬揚名顕姓豈教鑿井耕田瓊林雖不登高宴履跡橋門禄位遷此則荣顕之命鴛帏有碍頂偏正桂子金風朶朶姸運行初戊子上人庇下快樂自然己丑運中青灯明翠幙雪案覽雲篇庚寅運中志欲飛騰雲驥霜橋馬滑難前辛卯運中螢窓朧向橋門去未許承恩秉大權壬辰運中荣沾新寵淫百里聽鳴弦癸巳運中再加禄位便擬回棘甲午運中黄花緑酒乙未運中夢入九泉

庚戌年　丁亥月　癸巳日　癸亥時

此八字癸日坐向巳宮才官双美之格值斯格者丰姿磊落天性剛能順之一團和氣逆之浪捲風生其為人也生於田族長於豊門双親难並萱棠棣我枝馨祖業宜當整才囊有積成問學也知今古事行藏出類貴賢欽非独田園家業厚鄉拜邦也是有名人般般労碌件件操心初限中年官灾險晚年享福樂豊登此則富顕之命鴛幃有犯宜添贈子嗣遲来是顕英運行初戊子上人庇下習讀書経己丑運中意欲思高并暮遠灾憂非耗幸無侵庚寅運中鄉邦然仰敬官灾耗生辛卯運中此運家門雖有姓憂危非耗素灾迍壬辰運中到此必然光霽好官灾破服未離身癸巳運中田園茂盛耿耿声名甲午運中上五年愈若愈仁下五年一夢巫峯

庚戌年　丁亥月　庚子日　乙酉時

此八字庚子日相配柱中之水傷官之格人生得此大器晚成椿萱堂上双年鸞鴻雁天邊有共鳴半姿英俊天性聰明學問三冬足詩書万卷精十載泮林淹素志一朝天府沐恩榮泞看来晚節金紫崢嶸此則晚榮之命鴛幃配合須年廿桂子森森有維榮運行初戊子上人庇下風月双清已丑運中讀殘窓下月囊死案頭螢庚寅運中執卷幾回探月不應顯姓揚名辛卯運中天祿榮加行樂順功名依旧困鄉城壬辰運中足馬登天沿寵遲重情榮肴位加陞癸巳運中權衡布千里職列大夫榮甲午運中金魚縋帶乙未運中夢入蓬瀛

庚戌年　丁亥月　壬戌日　庚子時

此八字壬戌日德之辰相配柱中火土才殺之格水居冬旺生平樂自無憂主人生於豊阜之室長於詩礼之居鴻鴈幾行各奮椿萱富貴連珠其為人也半姿清秀氣岸高奇頗知礼義稍識詩書知高識下不勇不慈羅綺飄香風蕩蕩壺觴列座草萋萋花盈上苑草盈圃稻滿田疇水滿池才源富足樓閣崔嵬雖不健侯封爵貴也應鄉黨嘗黔黎此則豐潤之命鴛幃重合會子嗣有標奇運行初戊子上人庇下有何是非己丑運中世事宛如春夢人情薄似秋枝庚寅運中才旺福與家業廣須吏風雨尚憂悲辛卯運中柳綠三春景花紅二月時當此之際素耗趑趄壬辰運中福元昌熾福祿無虧辰字之中花放風吹癸巳運中軒開化日千祥集簾捲香風百福齊甲午運中夕陽有限春夢無憑

庚戌年　丁亥月　己亥日　甲戌時

此八字己亥日相配柱中之水財旺生官之格人生得此冨上加榮椿萱半道相亏奉鴻鴈天邉各奮翔明古今之智時務之詳十断九連成大業三畨四覆螿門墻笙歌沸擁春遊處羅綺爭扶夜醉香信肴来晚節鶴髮綉羅囊此則冨貴雙全之命鴛幃配合須偏正桂子榮肴沭寵恩運行初戊子上人福庇其樂何當己丑運中尋章摘句何憑風霜庚寅運中雪霽天明良財深積滿囊辛卯運中粟陳貫朽金玉滿堂壬辰運中萬象光華沾沛澤四時佳趣樂榮昌癸巳運中孫賢子秀榮樂軒昂甲午運中滔滔享用乙未運中夢入仙鄉

庚戌　丁亥　乙未　丙子

此八字乙未相配柱中水火傷官用印之格人生得此丰姿俊彦氣宇清高椿萱難並壽鴻鴈各飛遥祖業多華嚴才囊倍積饒學問淵深早登蟾窟攀丹桂英才敏捷快向龍門奪錦標此則顯貴之命鴛幃有碍須年敵貴子秋来長嫩梢運行初戊子上人庇下樂享滔滔己丑運中芸窓篤志雪案辛勞庚寅運中幾度空登月窟依然黄卷清宵辛卯運中聲名從此顯騰踏上天朝壬辰運中一畨風雪過權勢再加高癸巳運中衣冠多壯麗未許酌香醪甲午運中桃源春去也蓬島信來揺

庚戌　丁亥　甲午　癸酉

此八字甲午日相配柱中之水官印之格人生得此仕路聲揚椿萱榮贈難全耄鴻鴈天邊各奮翔丰姿慷慨天性果剛理貫古今之學心明賢聖之章一從姓子傳揚後恩榮沐波拜衮章此則顯榮之命鴛幃全正副桂子有承芳運行初戊子上人庇下何論炎涼乙丑運中詩書穷万卷便擬入科場庚寅運中禹浪三層都躍過榮沾寵渥勢軒昂己卯運中禄元階進何慮冰霜壬辰運中權衡千萬里金紫職權衡癸巳運中大才大用未擬还鄉

甲午運中黄花綠酒乙未運中夢入黄泉

庚戌年　丁亥月　乙巳日　己卯時

此八字乙巳日相配柱中之水印綬之格喜逢日禄以歸時稟得五行之秀氣人生得此本乎早就科名只嫌巳亥冲破減虧貴氣堂上椿萱難並耄庭前棠棣芳榮英才倜儻學識勤精瓊林雖不忝高宴禄位尤能沭寵陞此則榮達之命鴛幃有碍須偏正桂子枝枝發晚馨運行初戊子上人庇下快樂和平己丑運中讀書映雪觀史引燈庚寅運中志欲登天步月身還剪雪裁冰辛卯運中三疊陽關斟別酒九重天府便榮登壬辰運中政化

東西洽仁風遠近清癸巳運中晚年權任重千里根威稜甲午運中悠悠故里乙未運中一夢蓬瀛

庚戌年　丁亥月　乙丑日　己巳時

此八字才官之格金神之助主人生於帥府長於高居椿貴莫如萱耐嵗西風鴻鴈獨超飛其爲人也智謀深遠操幹能爲總兵時贊傑勇卒自投歸千里振威貔虎嘯一声長肅閔劍低此則英傑之命鷙悍有碍重羅悵挂子金風秀幾技運行戊子只宜庇下未斷興衰己丑運漸漸精神豁爽看看名德奔飛庚寅運凜凜威聲遠揚播微微風浪不爲危辛卯運但逢高貴相推舉雄勢冗高上古時壬辰運皇恩有感貴至金屋當此之際一度雪飛

癸巳運英雄傳後嗣雞下飲芳巵甲午運春光留不住花落鳥空啼

庚戌　丁亥　戊子　壬戌

此八字戊土相配柱中木火財殺之格人生值此丰姿平穩天性多能生於户門右族長於名望之庭椿府先歸萱耐晚鴈字無兄弟出鳴每有高賢相挽手常逢諸處貴人遵根基計業還添慶財帛聲名勝祖親有分清理白之志欺强扶弱之能學問也知今古事生平喜愛結交朋早歲神清冗氣爽那堪半路疾纏身此則慷慨之命鷙悍火命結髮早嫡子難招義秀英運行初戊子上人之庇下兩過自山青己丑運中便有貴人相指引行藏進

益樂心情當是時也耗舌無驚庚寅運中正在拓賢納士處一番風浪捲災深若無陰祐相扶救如何得月再還明辛卯運中已謝之花重吐艷回潮之水復波興其中無險蹊小節事因循壬辰運中往來皆是英雄客滿堂和氣樂昇平然雖家業長惟恨自窮身癸巳運中花無桃李户有笙歌是太平運賓酌酒會交論文甲午運中採得百花成蜜後螟蛉子女送歸程

庚戌　丁亥　戊子　壬戌

此八字戊土相配柱中木水財殺之格人生值此丰姿平穩立性多能生於良門右族長於名望之庭椿府先歸萱耐晚鴈字無兄第出鳴毋有高賢相挩手常逢諸處貴人遵根基計業還添慶財帛聲名勝祖親有分清理白之志欺强扶弱之能學問也知今古事生平喜愛結交朋早歲神清九氣爽那堪半路疾纏身此則慷慨之命篤惲火命結髮早嫡子難招義秀英運行初戊子工人之膽下雨過自山清己丑運中便有貴人相指引行藏進益樂心情當是時也耗舌無驚庚寅運中正在拓賢納士處一番風浪捲災深若無陰祐相扶救如何得月再還明辛卯運中已謝之花重吐艷田潮之水復波興其中無險涉小節事因循壬辰運中往來皆是英雄客滿堂和氣樂升平然雖家下長惟恨自單身癸巳運中花無桃李將春色人有笙歌是太平庭賓酌酒與友論文甲午運中採得百花成蜜後螟蛉子送我歸程

庚戌年　丁亥月　丙申日　壬辰時

此八字丙火相配柱中旺水才殺之格人生得此丰姿豪傑天性剛能順之一團和氣逆之千里霜氷其爲人也生於名族長於豊門雙恩難並老鴻鴈壽殊深學問聰明潤屋雕梁真富貴英才出類財囊萬斛是珠珎威風凛凛人中罕氣宇昂昂席上珍早歲中年官災破暮年富貴子腰金此則富貴之命篤惲宜贈方無尅子嗣遲來奪錦人運行初戊子上人之下學禮攻書己丑運中意欲思高并慕遠進退憂非不順情

庚寅運中便有聲名揚外境總有災非素不親

辛卯運中財源進退非危惱且喜無偏樂太平

壬辰運中此運郡縣賢良敎官符災險破憂驚

癸巳運中門迎車馬客田園倍有增甲午運中子孫顯達乙未運中一夢佳城

庚戌年　丁亥月　戊戌日　丁巳時

此八字戊戌日相配柱中之水偏財之格　紫生標
此本顯功名只嫌己亥冲破秀而不實椿父先歸
萱後别鴻鴈天邊有飛鳴丰姿洒落天性公平理
明今古事學貫聖賢經空向儒林踐跡可從湖海
經營佇看晚節名勢也崢嶸此則前難後易之命
篤情有碍須偏正桂子秋來朶朶崇運行初戊子
上人莊下詩礼趨庭己丑運中詩書窮萬卷仕路
未馳声庚寅運中執卷幾回探月功名半寸無成
辛卯運中鴳鵠不就翻作鷺形壬辰運中莫待老
來空自悔不如湖海旺才名癸巳運中晚年壯觀
子秀孫崇甲午運中悠悠憂樂己未運中一夢雖

庚戌年　丁亥月　丁亥日　辛亥時

此八字丁亥日貴之辰官化杀之格女人得此
生於右族配於仁門姿容清秀天性聰明椿萱棠
棣霜觾日妯娌翁姑不共群有針緻之巧立業之能
雪為軽粮憑風傳霞作胭脂仗日匀雖飛正聘亦
不言奔葵藿有心終向日楊花無力暫随風早歲
款求清净行藏未称心情一朝運動星辰助從此滔
滔福緑增此則穏秀之命良人年長殘婚客子嗣
秋来假當真運行初丙戌運上人花下未断平生
乙酉運中淡烟楊柳岸薄露杏花村甲申運中
乍雨乍晴留客景或寒或煖困人春癸未運中
須史風雨過從此瑞祥生壬午運中一度愁對蒼
雪何禽尤觧振昇平辛巳運中桃李千般錦江
山一盃弄庚辰運中安樂晚荣己卯運中滔水
無声

庚戌年　丁亥月　己丑日　己巳時

此八字己丑日元相配柱中水木才官之格人生得此生於右族長於仁門椿萱有倚椿先毋天边鴻鴈各行鳴其為人也手姿清秀天性聰明般般稍覽件件不精機謀軼服拳用人飲水光浮座杯盤瑩花氣侵人笑語馨雖不成名利生平近貴人祖業添新慶根原勝舊風是非莫管門前客得失須憑塞上翁消閑碁一局遣興酒三鍾好意番成惡真心換得嗔但欲一生多快樂任他白髮鬢邊生此則穩厚之命鴛幃有犯須年敵子嗣秋來有顯榮運行初戊子上人庇下淡淡春雲己丑運中春園雖雨過桃李未生英庚寅運中精神又憔悴憔悴又精神辛卯運中雖則行藏有慶幾番人事虧盈壬辰運中才源雖旺足晦耗尚愁人癸巳運中門楣納彩福祿駢臻甲辰運中晚年子貴顯乙未運中一枕了平生

庚戌年　丁亥月　己丑日　乙亥時

此八字時上偏官之格傷官作合為良主人生於邃家長於華堂椿萱俱翠秀棠棣謌春芳手姿磊落詩礼鏗鏘學問異常終是功名之客英材出類豈為田舍之郎咲顏登試院唾手赴科場馬上衣冠別男兒當自強此則青出於藍之命鴛幃兩敵霜添鬢蘭桂金風發秀香運行初戊子但宜襁褓何論灾祥己丑運中味道心千古披文目五行庚寅運中時來風送滕王閣何必區區心下忙辛卯運中到此始知文學好拜恩鳳闕覲明王壬辰運中一番風雪過萬里姓名芳癸巳運中正好忠君輔國豈教納組還鄉甲午運中香夢不知何處去年年流水送斜陽

庚戌年　丁亥月　戊申日　壬戌時

此八字戊申長生之日相配柱中旺水才旺生官之格女人得此福足以庇其夫子主人生於右族配於衣纓姿容清雅髮貌超群椿萱先别母鴻鴈各行鳴有針綴之巧立業之勤勝丈之氣槩有男子之材能一苑杏桃鋪錦繡滿山松柏映幃屏翁姑翁先别妯娌各門輕每懷九臍意特抱澤隣心磨穿鐵硯非吾事綉折金針却有功克勤而克儉易喜而易嗔佇看夫榮子顯也應同沐天恩此則榮旺之命良人同屬榮身客子嗣森枝有挺榮運行初丙戌上人庇下毓秀閨門乙酉運中契合琴鸞成好夢夤縁紅葉是良姻甲申運中雖則夫門財業旺旺中尚有事虧盈癸未運中藁砧沾雨露子喪又傷心壬午運中重沐皇恩多快樂何愁人尚困循辛巳運中綉中加彩色紅上贈紅英庚辰運中春光如過隙一枕入巫峯

庚戌年　丁亥月　甲申日　乙亥時

此八字甲申專權之日陽刃合之格殺生印綬之論水泛木浮減吾科第成名主人生於右族長於高居椿萱先别母鴻鴈不聯飛其為人丰姿清秀天性操持般般稍覽件件粗知見善則持於已當仁不讓於師重成新事業再整舊根基豈無高士談時有貴人携六曹知古律三語覺今非終是功名之客豈教南畝耕鋤一日貴人相薦引高揮劍筆向曹司佇看頭角聳德澤惠黔黎此則榮貴之命鴛幃同屬須招副子嗣孫有出奇運行初戊子上人庇下無慮無思己丑運中欲速不達藏器待時庚寅運中時來逢貴助劍筆自高揮勞形案牘多光際尚有趑趄未順時辛卯運中雨晴雲路達跨馬入京畿尚此之際尚有盈虧壬辰運中去除巾幘簪烏帽晉衆麻衣換緑衣癸巳運中黎民飯父政化洽東西甲午運中子貴重沾寵渥悠悠樂享東籬乙未運中春光去也花落月西

庚戌年　丁亥月　乙未日　庚辰時

此八字乙未日元相配柱中官印之格有官有印無破作廊廟之材只嫌運神欠順減吾金榜題名一對椿萱先別父幾枝棣棠各數崇其為人也丰姿磊落天性聰明辞鋒頴利凝無敵筆力縱横若有神北海蛟横聳頭角南山豹変露文英雖然鴈塔無名字折桂蟾宮姓字香晩年光霽景疊疊祿元增此則清貴之命鴛幃有犯須指副子嗣秋来有挺崇運行初戊子上人在下未斷平生己丑運中未伸男子志且讀聖賢經庚寅運中执卷幾回探月依然未遂升騰辛卯運中一旦高攀丹桂子誰知金榜姓难登播門不若守便将德澤恵儒林當此之際風雪紛紛壬辰運中一月閱文三石米九年落魄臨諸生癸巳運中皇恩有感祿位峻陞巳字之中解組思尊甲午運中子貴晩年閑快樂春光一去鳥無声

庚戌年、丁亥月　乙酉日　丁亥時

此八字乙酉専權之日殺印之格人生得此椿父先帰萱後別西風鴻鴈占先飛其為人也丰姿清淡性格和怡行藏果断作敢事為自有順天之理豈無福地之特祖業添新立財懐自葺餘不須問名利何用目詩書湖海生涯贂闞平生道路東西初運中年只如此不如晩景始光輝此則穩足之命鴛幃有碍兩強匹配始齊眉子嗣有成晩節枝枝向梃秀運行初戊子上人庇下何論高低己丑運中月正明時雲又掩花將放處又風吹庚寅運中守己無榮辱安心避世非辛卯運中行藏有得失世事尚盈虧壬辰運中旺中尚有趦趄事依旧春風满故廬癸巳運中到此始知光景好果然行樂勝當時甲午運中駸駸登坦道漸漸入亨衢乙未運中帰去也

庚戌年　丁亥月　己酉日　戊辰時

此八字乙土日元相酡柱中金水才旺生官之格人生得此生於右族長於高門椿萱有倚双宗贈天边鴻鴈独飛昇平姿磊落天性聰明鋒鋩顯利鋭無敵筆力縱横若有神定是皇朝之客豈為田舎之人一日風雲相際會九天雨露沐新恩腰横金作帶符剖玉為鱗此則宗貴之命鴛幃正副方偕老子嗣秋来有挺宗運行初戊子上人庇下未断平生己丑運中闈詩李礼員安趋庭庚寅運中機會舊從天上降自有声名播翰林辛卯運中耿耿声名重滔滔禄位陞壬辰運中雪晴閶闔開黄道重沐恩波拜聖明癸巳運聖明手曾扶日月人間位政逼台星甲午運中酒鮮平生悶衣沾上國塵乙未運中安閑晩景丙申運中一枕难醒

庚戌年　丁亥月　庚寅日　辛巳時

此八字庚寅之日相配柱中水火食神制秋之格女人得此生於右族配於高居椿萱有倚双宗耄天邊鴻鴈各行飛其為人也姿容閨朔体態豐腴有針緩之巧立業之機遇如男子之材勝如大夫計用心於理姻不至仕於翁姑一苑杏尭鋪錦綉満山松栢映幃升步步有助夫之楽滔滔無阻滞之道易喜易嗔难犯难觸雖不鳳冠帔服自然才禄盈余此則益旺之命良人木命須争小子嗣秋來孝義深運行初丙戌上人庇下甑秀深閨乙酉運中淡烟柳葉岸薄霧杏花村甲申運中夫婦唱随多快楽須史風雨貴無癸未運中有得有失有喜有怨壬午運中財源旺足家居好只恐五交事不斉辛巳運中裙釵濟濟家業盈余庚辰運中無思無慮己卯運中夢入

庚戌年　丁亥月　己卯日　癸酉時

此八字己卯專權之日相配柱中水木才殺之格人生得此生於右族高門萱母績紵椿蔭落到頭終是母先行天還鴻鴈有各翱翔其為人也丰姿清秀禮樂鏗鏘聰明書義遠倜儻世情長驪珠照鏡光難攀雲劍生豐氣莫藏終是功名之客豈為田舍之郎橋門自有榮身日書劍重携到試場莫言金榜終是紫衣郎晚年光霽景金紫照黃堂此則榮貴之命鶺鴒同屬須年敵子嗣榮門朵朵香運行初戊子上人庇下其樂何當己丑運中味到

心千古披文目五行庚宮運中機會來時登太學寒窗冷硯尚凄凉辛卯運中皇恩應有感百里姓名揚壬辰運中猛虎渡河民快樂飛蝗過境歲安康癸巳運中此運見陞還見退悠悠籬下樂盡觴甲午運中春光去也一枕黃粱

庚戌年　丁亥月　甲申日　乙亥時

此八字甲申專權之日相配柱中金水殺生印綬之格陽刃合殺有功水泛木浮減吾科第成名至人生於右族長於高門椿父先歸萱耐晚天還鴻鴈各行鳴其為人也丰姿清淡天性聰明世事頗能將就般般學欠精通高人起敬貴客相欽重成新事業再整舊門庭所執者法所掌者刑終是功名之客豈為田舍之翁成名不用三場舉治政全憑九載功佇看頭角聳德澤惠軍民此則榮貴之命鶺鴒會合須招副子嗣森枝有挺榮運行初戊

子上人庇下化日陽春己丑運中藏寵待時時必達時來祿馬旺前程庚寅運中幾年從事公堂上雨猜跨馬入神京辛卯運中皇恩有感簪烏帽且向家園困幾春須臾風雨雨過山青壬辰運中佐政琴堂名望重皇恩有感再加榮癸巳運中耿耿聲名重滔滔祿位陞甲午運中子貴重沾雨露乙未運中遽然一枕巫峯

庚戌年　乙亥月　壬辰日　辛丑時

此八字壬辰魁罡之日壬騎龍背之格辰戌相沖減虧福力主人生於良族長於高堂椿萱不並祿養鴻鴈有不聯行甘為人也丰姿清秀天性明良聰明書藝達倜儻世情長終是功名之客豈爲田舍之郎橋門自有榮身日書劍空携到試場一朝頭角聳千里姓名揚此則榮貴之命鴛幃有碍須招副子嗣生成貴顯即運行初戊子上人庇下紹襲迎祥己丑運中聞詩學禮入室升堂庚寅運中幾欲思高慕遠時來一舉名揚辛卯運中騰身離

雪案依舊守寒窗壬辰運中皇恩有感聲名顯駘蕩仁風雨露長癸巳運中一天膏雨隨車至萬里仁風逐扇涼甲午運中樂閑晚節乙未運中一枕黃梁

庚戌年　丁亥月　辛卯日　丙申時

此八字辛金相配柱中旺水傷官之格人生得此生於平順之族長於溫潤之門椿有倚先亏父鴈鴈天迪偶楚雲丰姿磊落天性聰明立仁立義多見多聞祖基祖業添新慶才帛資囊破寢成初運平和中駁襟悅耳行樂怡怡心此則飛旺之命鴛幃木命須耳敵柱于亏中又有盈運行初戊子上人庇下化日陽春己丑運中才源生進退人事有亏盈庚寅運中登臨兩濟賞翫春陰辛卯運天上三陽泰人間五福增甲午運中桑榆暮景

乙未運中一枕清風

庚戌年　丁亥月　戊戌日　丁巳時

此八字戊戌魁罡之日相配柱中旺水才官之格才盛生官終身有慶遇斯命者生於右族長於高門椿萱榮倚奚双耋天邊鴻鴈各飛騰其爲人也丰姿清秀天性聰明學問有成朏次峥嵘書萬卷英材出類行藏消洒壓群倫定擬當朝顯朱紫豈教南畝務躬耕一朝騰踏飛黄去濟濟衣冠拜聖庭此則榮貴之命驚幰有犯須偏正子嗣榮門衆衆馨運行初戊子上人庇下化日陽春己丑運中歡遂平生志潛心對短檠

庚寅運中何事不知今日顯時來便許躍潛鱗辛卯運中自沐天邊寵朝班立縉紳壬辰運中雪晴雲散天如洗從此滔滔福禄增當此之際二次廷榮癸巳運中正宜侍明主未許解簪纓甲午運中榮歸故里乙未運中歸去也

庚戌年　丁亥月　甲申日　甲子時

此八字甲申專權之日殺印之格人生得此生於温潤之族長於劍戟之門萱毋先歸椿耐晚天邊鴻鴈獨超群丰姿磊落天性克勤雖不成名利生平近貴人梅開白雪飄東閣笋出新梢過北庭福布江山外名闡湖海中花無桃李非春色人没枯榮是太平此則特達之命驚幃有碍須年少貴子秋來繇彝成運行初戊子上人庇下化日陽春己丑運中頗覺行藏有慶還悲人事虧盈庚寅運中人情似紙畓畓薄世事如碁局局新辛卯運中得失相半憂喜並行壬辰運中一番風雪初晴後從此財源倍有增癸巳運中門外田疇千古計庭前花木四時春甲午運中子秀孫賢家業旺乙未運中蘭摧玉折恨何明

庚戌年　丁亥月　丙申日　癸巳時

此八字丙申之日相配柱中金水才官之格陽刃合殺為官主人生於戈矛之族長於文望之門萱母先歸椿後別天边鴻雁有分群其為人也丰姿清雅天性聡明胸羅星斗李貫古今般般都好覽件件不全精胸襟澄徹度量寬洪常以時人不如己每嫌世事不如心機服謀輙服本用人欽祂恩惹怨布德成嗔終是功名之客豈為田舍之翁文章別有凌雲志德業豈無觀国賓佇看頭角嘗德澤惠黎民則此榮貴之命舊婦有犯須招副丹嗣

秋来有捷榮運行初戊子上人庇下未断平生己丑運中欲遂平生志潛心對一經庚寅運中幾數思高慕遠番成剪雪裁氷辛卯運中寄跡橋門十載空題險額辛勤壬辰運中皇恩有感聲名顯佐政琴堂德澤新須史風雨兩過山青癸巳運中禄位重加當此際黎民頌德樂昇平己字之中風雨还侵甲午運中晚年閑快樂會交以閑樽乙未運中歸去也

庚戌年　丁亥月　甲午日　乙亥時

此八字甲午日元相配柱中金水殺生印綬之格陽刃合殺有功遇斯命者生於右族長於名門椿父先歸萱後別天邊鴻雁各行鳴其為人也丰姿清秀天性老誠機謀輙伏李用人欽謀勤君子咸伏小人般般稍覽件件不精祖業添新慶根源勝舊風月掛碧天多皎潔名聞湖海有光常好意番成惡真心換得嗔得意江山詩句健忘情日月酒杯深但願湖海生涯旺何必天邊沐寵榮此則發福之命鴛幃有碍順偏正子嗣秋來貽有成運行

初戊子上人庇下未斷平生己丑運甲春園雖雨過桃李發春英庚寅運中雖則行藏有慶也愁人事難盈爭卯運中得中有失暗後还明壬辰運中幾番進退都經過從此才源福禄增癸巳運中富之以潤其身屋德之以潤其身甲午運中春光告也一枕清風

庚戌年　丁亥月　壬午日　丁未時

此八字壬午日祿馬同鄉才官之格水居冬旺生平樂自無憂主人生於右族長於高門萱親先別椿父晚歸天邊鴻鴈各自窠生其為人也丰姿清秀識見高明般般好學件件不精高人起敬貴客相欽學問曾遊泮水功名儼若浮雲不必覓珠來水府何須求劍到豐城不如株守閑田地湖海遨遊樂自生此則穩厚之命鴛幃有犯須年敵子嗣榮門晚節戌運行初戊子上人庇下化日陽春己丑運中莫道儒冠悞螢窗悲不勤庚寅運中刻鵠不就畫虎不成辛卯運中福布江山生秀麗名揚湖海有光榮壬辰運中一番風雪初晴後從此滔滔第宅興癸巳運中青松秀北嶺黃菊綻籬東甲午運中子榮孫秀梅白竹青乙未運中春光如過隙一枕了平生

庚戌年　丁亥月　庚午日　乙酉時

此八字庚午貴人之日相配柱中旺水食神之格官星得令為奇主人生於右族長於高門椿父先歸萱後別天邊鴻鴈奮長空其為人也丰姿磊落性格豪洪世世般般稍覺邪看深處不通水光浮座孟盤瑩花氣侵人笑語馨祖業有依須再整財源厚積曉豐盈不以功名為念豈將冠冕磨礱英雄誰贈劔三尺豪傑相逢酒一鍾施恩惹怨布德成嗔雖則綺羅衣錦繡也應鄉黨衆推尊此則豐饒之命鴛幃有犯重招水子嗣秋來有挺榮運行初戊子上人庇下未斷平生己丑運中娟娟雲裏月灼灼葉中英庚寅運中古樹含風帶雪寒岩向日始知春辛卯運中雖則行藏有慶還愁弦斷傷情壬辰運中既濟尤防未濟得經尤慮失經過此癸巳運中財源不意多增進一度風波也惱人甲午運中子貴晚年閑快樂乙未運中春歸花落鳥無聲

庚戌年　丁亥月　壬午日　辛亥時

此八字六壬生臨午位號曰祿馬同鄉傷官帶才之格主人生於族長於高居椿萱含晚翠鴻鴈後隨飛其為人也丰姿磊落天性操持能機變會施為田園桑柘茂畝畝稻粱肥羅綺飄香風淡蕩壺觴列座草萋萋此則穩足之命驚幃有碍須重續子嗣秋來秀發枝運行初戊子上人庇下有何是非己丑運中如花向日似筍穿籬庚寅運中春寒風料悄心急馬行遲辛卯運中到此始知時運好才源滾滾旺門閭當此之際一番風雪壬辰運中成四時佳趣並萬古根基癸巳運中松尚茂栢尤奇甲辰運中孫賢子秀暮景桑榆乙未運中歸去也

庚戌年　丁亥月　己酉日　己巳時

此八字己土相配在中金水傷官助才之格人生得此生於右族長於仁門椿萱雙晚鴻鴈各飛鳴丰姿磊落天性乖能曰福曰榮自有順天之慶常安常樂宣無福地之深閭里声名播江湖活計新豊年田舍禾盈樂鵬日山家酒滿斟佇看子显日恩賜也光榮此則晚显之命驚幃有碍重年敵子嗣生成貴显人運行初戊子上人庇下未断平生己丑運中不窮詩史多好踏青庚寅運中樂中有悶旺處還傾辛卯運中雖則竹巖有慶還愁人事虧盈壬辰運中重重風雪過從此福駢臻癸巳運中子貴孫賢沾沛澤黃花晚節樂怡情甲午運中安閑晚景乙未運中一夢巫峯

庚戌年　丁亥月　辛巳日　甲午時

此八字辛金相配柱中水火傷官制殺之格人生得此生於良族長於高門椿親先歿萱禁晚天邊鴻鴈有飛鳴其為人也丰姿清爽自是自能雖無深計較稍有淡聰明曰福曰榮自有順天之慶常安常樂豈無福地之深市塵生計廣湖海祿元豐英雄惟贈劍三尺豪傑相逢酒一鍾但願粟陳貫朽何須問利求名此則旺足之命鴛幃同屬須相毓子嗣秋來孝且忠運行初戊子上人庇下未斷升沉己丑運中雪晴天未暖行樂未如心庚寅運中人生正在風光處只恐閑非悔耗生辛卯運中旺中曾駁雜依舊旺才名壬辰運中田園曠闊楼閣凌雲癸巳運中梅已白竹尤青甲午運中香夢歸何處千年不復醒

庚戌年　丁亥月　戊子日　癸亥時

此八字戊土相配柱中旺水才旺生官之格人生得此生於平順之族長於溫潤之居全木椿萱云皓首森森棠棣又枝枝丰姿清楚氣岸高奇見善則持於己當仁不讓於師花盈上苑果盈園稻滿平疇水滿池舟搖搖而輕颺風飄飄而吹衣借問生涯何處是或南或北或東西此則晚旺之命鴛幃木命須年敵子嗣全風秀戴枝運行初戊子上人庇下未斷盈虧己丑運中乍雨乍晴留客景或寒或煖困人時庚寅運中旺中曾見趦趄事事安依然樂自如辛卯運中雪消雲散天如洗從此才名旺閭里壬辰運中豐年田舍和盈罍臘日山家酒滿卮癸巳運中暮年安享甲午運中歸欤欤

庚戌年　丁亥月　丙申日　己亥時

此八字丙申日元相配柱中旺水偏官之格人生得此生於右族長於良門萱母先帰椿後別天邊鴻鴈各西東其為人也丰姿清淡天性聰明世事頗能將就般就學欠精通自有順天之慶豈無福地之深祖基祖業添新慶才帛資囊自琢成福布江山外名聞湖海中水光浮座盃盤瑩花氣侵人笑語馨是非莫管門前客得失須憑塞上翁但顧才源旺足何須天府沐榮此則穩享之命鴛幃鼓盆三嘆子嗣晚節光榮運行初戊子上人旅下未断平生已亥運中雪晴天未煖行樂未如心庚寅運中古樹金風常帶雨寒岩四月始知春辛卯運中得中有失晦後還明壬辰運中雖則行藏有慶還愁晦耗相侵癸巳運中才源富足家業餘盈甲午運中無思無慮不辱不榮乙未運中花已落月尤沉

庚戌年　丁亥月　甲辰日　己巳時

此八字甲辰日相配柱中之水印綬之格亦有金神之重值斯象者主人丰姿英俊天性果剛椿萱难擬双双老鴻雁天边不共翔粗知今古事頗識聖賢章一朝福慶從天降榮沐恩波侍建章此則显貴之命運行初戊子庇祐之下人事乖張己丑運中一番風浪急事妥福洋洋庚寅運中威稜肅肅氣宇昂昂辛卯運中祿位重加人晚服旺中何慮有驚張壬辰運中威飛風帀咲權勢異於常癸巳運中冲擊之所暫阻權衡甲午運中悠悠享用乙未運中夢入黄梁

庚戌年　丁亥月　戊戌日　壬戌時

此八字戊戌魁罡之日相配柱中旺水才殺之格人生得此生於右族長於名門椿父先歸萱耐晚天邊鴻鴈有飛騰其為人也丰姿清秀天性聰明般般稍覽件件不精機謀輒服舉用人欽水光浮座盃盤瑩花氣侵人笑語馨朝中無姓字閭里有青名田園桑柘茂畎畝稻粱馨福布江山外名聞湖海中花無桃李非春色人有笙歌是太平好意番成惡真心換得嗔鄉民仰德閭里推尊晚年光霽景子貴有光榮此則旺顯之命鶯啼木命須年

小子嗣生成貴顯人運行初戊子上人庇下天朗氣清己丑運中世事短如春夢人情薄似秋雲庚寅運中春園雖雨過桃李未生英辛卯運中雖則行臧而有慶還愁素耗以相侵壬辰運中才源滚滚家居好風雪飛來尚惱人癸巳運中子貴榮門多快樂須叟風雨尚陰晴甲午運中恩沾雨露乙未運中一枕巫峯

庚戌年　丁亥月　丙戌日　戊子時

此八字丙火相配柱中旺水偏官之格食神制伏為良主人生於右族長於仁門椿父先帰萱後别天边鴻鴈各飛騰其為人也丰姿清秀天性聪能有抵雪欺霜之智截長補短之能過火黄金重長價離雲皎月倍清明江湖播姓字閭里有声名萬象光華沾沛澤四時佳趣瑞祥生祖業增新廢根原再整新有名聞富貴無事樂從容此則發福之命鶯啼木命須年少子嗣秋来有挺榮運行初戊子上人庇下何慮平生己丑運中雪晴天未煖行樂尚遲些庚寅運中精神又憔悴憔悴又精神辛卯運中貨利交通千里外須叟風雨幸無驚壬辰運中才源旺足行藏好弟宅興隆福禄增辰字之中一番風雨癸巳運中青松秀地嶺黄菊綻籬東甲午運中安閑晚景美酒盈樽乙未運中春帰花落啼鳥無声

庚戌年　丁亥月　甲辰日　己巳時

此八字甲木相配金水秋印之格亦有令人之意值斯命若生於茂盛之族長於豐潤之門丰姿清秀天性乖能虛老实志誠頗知玄妙術稍識聖賢經世事添慶新根原勝舊風江湖播姓字閭里有声名但頗有身家業旺何須沐寵拜丹庭此則豐逸之命鸞幃得配名門女子嗣秋來孝且忠運行初戊子焰焰雲裏月灼灼葉中英己丑運中不労窓下攻書史玆喜門閭活計新庚寅運中人生雖在風光處尚有閑非素耗生辛卯運中旺中曾駁稜依舊瑞祥生壬辰運中得失相半憂喜並行癸巳運中財源衮衮家居好福禄駢臻第宅興甲午運中消閑基一局遣興酒三鍾乙未運中落落孫孫啼山鳥香夢悠悠入九重

子平遺書　二九

庚戌年　丁亥月　辛巳日　丁酉時

此八字辛金相配壬中水火傷官制殺之格女人得此生於右族配於仁門姿容清秀髮兒精神有針綫之巧立業之能萬里無雲天一色三秋好景月長明椿萱棠棣雖全奉妯娌翁姑稍共群克勤而克儉易喜而易嗔才源旺足福禄駢臻雖然不作荣封婦自然一世樂無窮此則益旺之命良人水命須年少子嗣生成奪錦人運行初丙戌上人庇下瓶秀閨門乙酉運中匹配名門交花送錦上增甲申運中須臾雲掩月依舊月離雲癸未運中雖則行藏有慶也愁人事虧盈壬午運中正是梅青月白還愁微雨弄晴辛巳運中夫賢子秀樂意忘情庚辰運中事安和之福慶己卯運中夢杳杳之佳城

子平遺書　三十

庚戌年　丁亥月　壬午日　庚子時

此八字六壬生臨午位号曰祿馬同御水居冬旺生平樂自無憂主人生於右族長於名門椿萱双脫茂棠棣各數其為人也丰姿清秀天性聰明般般梢覽件件不精祖基祖業添新慶才帛資囊自琢成豈無高仕敬時有貴人欽遇險終無險逢亮喜不亮得意江山詩句徒忘情日月酒盃深雨蒸秋色皆喬木蒼得風流有幾人豐年田舍禾盈哭臘日山家酒滿斟鄉民仰德閭里推尊此則穩厚之命鴛幃同屬如魚水子嗣生成貴显人運行初戊子上人庇下淡淡春風己丑運中未觀桃李紅紅色且喜湖光淡淡晴庚寅運中雖則行蔵有度也愁人事虧盈辛卯運中精神又憔悴憔悴又精神壬辰運中雪晴雲散天如洗從此滔滔福祿增癸巳運中富潤屋德潤身甲午運中子榮孫貴梅白竹青乙未運中花已落月尤沉

庚戌年　丁亥月　癸卯日　辛酉時

此八字癸卯日貴之辰木火傷官助才之格人生得此生於右族長於高門椿父先歸萱後別天邊鴻雁各行鳴其為人也丰姿清秀天性聰明胸羅星斗學貫古今袖裡紅霓冲霄色筆銷風雨篤雲程終是功名客豈為田舍翁嘉谷不早實名利當晚成一日風雲相際會九天雨露沐皇恩此則買臣之年高貴之命鴛幃有犯須年敵子嗣秋來旺顯門運行初戊子上人庇下未斷平生己丑運中明窗几淨暮史功經庚寅運中幾欲思高暮遠番成剪雪裁冰辛卯運中執卷幾回空探月依然困守讀書灯壬辰運中蔵氣待時時必達時未有日自升騰癸巳運中到此始知文學好高攀丹桂沭皇恩甲午運午一天膏雨隨車至千里仁風逐扇生乙未運中晚年閑故里丙申運中一枕清風

庚戌年　丁亥月　壬午日　庚戌時
此八字六壬生居午位號曰祿馬同鄉財官之格
水居冬旺平生樂自無憂遇斯命者生於武宦長
於將門椿萱先別母棠棣不聯英手姿清秀天性
聰明詩禮古今練習玩鎗刀弓馬頗相攻高人親
敬貴客相欽享祖宗爵祿承遺蔭功名雖不腰金
紫也降千百兵此則武貴之命鸞幃兩敵方偕老
子嗣秋來孝且忠運行初戊子上人庇下未斷平
生己丑運中不勞窓下攻書史兹喜天邊雨露恩
庚寅運中貴人指引權名振旺慶還愁憂又驚辛
卯運中一番風雪過祿位再光榮壬辰運中風生
紫塞秋横劍月落黄河夜渡立癸巳運中子傑未
能承事業灰心焉遇向羅東甲午運中安閑晚景
乙未運中一道赴音

庚戌年　丁亥月　己酉日　戊辰時
此八字己酉日元相配柱中金水傷官助財之
格才盛生官終身有慶遇斯命者生於右族長
於名門椿萱榮贈先亏父萱母逢逢玉樹春天
邊鴻鴈有隻疾萦其爲人也丰姿清爽天性聰
明穷書史攬古今萦紆春蚓行行健鉄畫銀鉤
字字明衣冠濟濟人中傑和氣怡怡席上珎終
是功名之客豈爲田舍之翁非吏非儒非汗馬
也應薦聘是功名莫愁富貴無科甲金紫榮看
次第陛名時柱石盛世股肱此則社稷良臣之
命鸞幃有犯須招副子嗣秋來有繼榮運行
初戊子上人庇下未断平生己丑運中不勞
窓下攻書史自有天邊雨露恩庚寅運中黄
騰箋中書晋帖耿耿声名播帝京辛卯運中
祿位重重當此際秉笏趨朝拜聖明壬辰運
中金紫廷榮声價重一番風木使人驚癸巳
運中化行禹貢山川外人在周公礼樂中當
是時也風雪還生甲午運中白頭未許還家樂
紫詔還宣慰老臣乙未運中帰去也

庚戌年　丁亥月　甲申日　丁卯時

此八字甲申專權之日相配柱中金水木生印綬之格人生得此生於右族長於仁門椿父先歸萱從殞鴈行天際各西東其為人也丰姿敦篤智氣雍容不慕功名事先加詩禮功竹影掃階塵不染月穿潭底水無痕才帛有贈而晚旺根源先舊而添新豊年田舍禾盈疊臘日山家酒滿斟是非莫管門前客得失須憑塞上翁雖是不是金鞍客也應名德播鄉村此則豊潤之命鴛幃有犯須招副子嗣枝枝晚節馨運行初戊子上人底下未斷升

子平遺書　三五

況己丑運中始覓陽回喬木還愁霜雪未晴庚寅運中大地春回生萬物世態炎涼未十分辛卯運中有得有失有喜有驚壬辰運中莫言此運多興旺一度風霜也惱人癸巳運中家門饒裕倉廩豊盈巳字之中彿彿微風甲午運中消閑棊一局遣興酒三鍾乙未運中歸去也

庚戌年　丁亥月　己亥日　戊辰時

此八字己土相配柱中旺水才旺之格才多身弱福享清閑主人生於茂族長於玄門椿親先別萱存晚鴻鴈天边不共群其為人也丰姿清秀性格良賢不慈不勇可方可圓烟樹依依遮北丰雲槐疊疊隱南山才源有分清閑好官貴無緣誓不貪執簡當朝玉帝頂冠披服礼金仙此則清孤之命運行初戊子只宜襁褓春施春山己丑運中提師李業悮入玄関庚寅運中人道出門清淨幾多世事縈牵辛卯運中散袒烟霞之內逍遥雲水之

子平遺書　三六

間當此之際还有些靈壬辰運中高人提挈起無量福帛癸巳運中過戸清風人快樂可庭明月夜嬋娟甲午運中無思無慮乙未運中跨鶴西还

庚戌年　丁亥月　丙戌日　己亥時

此八字丙火相配柱中旺水偏官之格人生得此生於良族長於仁門椿父生歸萱後別天邊鳩雁各行群其為人也丰姿清古天性老誠言不妄發事不胡行有微微之計較淡淡之爭能自有順天之慶豈無福地之緣生涯湖海上道路或西或東嶺裁松西嶺秀南園種樹北園青處事素無榮辱生平喜不富貧時逢方壯觀運至福元增此則富成之命篤幃有杞須重續子嗣秋來有捷榮運行初戊子上人庇下未斷平生己丑運中世情濃又淡淡處又還濃庚寅運中乍雨乍晴留客景或寒或煖困人春辛卯運中千里關山千里念一番風雨一番驚壬辰運中旺中尚有蹊蹺事依旧才源倍有增癸巳運中成四時佳趣並萬古門庭甲午運中安閑晚景乙未運中流水無声

庚戌年　丁亥月　丙戌日　丙申時

此八字丙戌之日相配柱中旺水月殺偏官之格人生得此生於右族長於高門椿萱不逮祿养鴻雁有不同群其為人也丰姿清秀天性老誠機謀輒伏奪用人欽李間有成定擬當朝顯朱紫英材敏捷豈教里駱躬耕早歲功名馬遂意晚年大器始當成一日風雲相際會九天雨露沐深恩此則榮貴之命鸞幃有杞須添寵子嗣金風有顯榮運行初戊子工人庇下何處平生己丑運中十年窗下業黃卷与青灯庚寅運中幾回空際月來許遂功名辛卯運中莫言此運难騰猶須到身登太李中須要風雨雨過山青壬辰運中皇恩應有感千里播仁風癸巳運中江山迎五馬花柳拂双旌甲午運中歸去松筠三逕足偏來軒冕一毫輕乙未運中無礼尽俾詩礼李有朋來自遠方親丙寅運中花已落月猶況

庚戌　戊子　己巳　辛未

此八字己巳相配柱中之水財旺[illegible]才盛生官終身有慶值斯象者丰姿洒落天性聪明椿萱皓首難全奉鴻鴈天邊有各鳴學問三冬足機関百変生祖基祖業重新慶財帛財裏自積成但須財名旺湖海自然豪傑貴擁門庭此則富實之命鴛幃配合須年少桂子秋来綻錦英運行初己丑上人庇下月白風清庚寅運中辣辣烟雨過便擬旺才名辛卯運中不獨金珠滿目尚防風雪過庭壬辰運中財旺福具人敬仰一番行樂又悲驚癸巳運中交四方之豪傑整一簇之門庭甲午運中老當益壯未擬安崇乙未到丙申運中歸去也

庚戌年　戊子月　甲寅日　甲子時

此八字甲寅日相配柱中之水印綬之格印綬者上格人生得此本有光榮只嫌運入木鄉不富不貴椿父早帰萱後别鴈行天際少交飛般、歷李件、粗知祖業三番四覆才囊十盈九丐但願英雄尊手䟦何須天府掛朱衣此則離祖成家之命鴛幃尅得重年長桂子庭前秀一枝運行初己丑幼年之景椿樹凋摧庚寅運中事業番、覆、才源冷、悽、辛卯運中斷弦重續後似馬過東籬壬辰運中到此財源生手段始知光景勝當時癸巳運中老来重發旺風浪不成悲甲午運中身安才足乙未運中帰去来兮

庚戌　戊子　癸酉　癸亥

此八字水居冬旺平生樂自無憂官印之格人生得此丰姿洒落性格明良堂上椿萱分别早天邊鴻鴈各分翔學識聰明素志十年淹泮水英才卓冠橋門一旦顯鷹擕一從沾寵遷職列大夫行此則顯榮之命鴛幃重重破損桂蘭藹秋香運行初巳丑上人庇下快樂何當庚寅運中尋章摘句篤志書窓辛卯運中讀殘茅店月披出泮林霜壬辰運中時來躍馬長安道寄跡黄宫姓顯揚癸巳運中榮沾雨露肅振權衡甲辰運中金魚印綰帶未擬便還鄉乙未運中榮回故里丙申運中夢入黄梁

庚戌年　戊子月　庚申日　癸未時

此八字庚申日相配柱中水局傷官之格傷官者剛勇之宿也人生得此多機多智不勇不慈椿萱年耄難雙奉鴻鷹天邊各自飛粗知今古事頗識聖賢書遊山翫水生財利交貴親賢樂酒卮但願晚年財帛旺何須身到鳳凰池此則守成之命鴛幃有碍須年敵桂子秋來有出奇運行初己丑庇佑之下有何是非庚寅運中倦讀來湖海才名便有馳辛卯運中歷過風霜道悠悠福慶彌壬辰運中江湖尊德望財帛尚盈虧癸巳運中到此滔滔發旺庭前花木芳菲甲午運中老當康樂財旺福彌乙未運中孫賢子秀丙申運中歸去來兮

庚戌年　戊子月　戊辰日　甲寅時

此八字戊辰日相配柱中之木時上偏官之格人生得此丰姿慷慨性格明良椿萱雙耐晚鴻鴈各分翔精識古今之畧粗知訓義之方不向仕途求聞達却来湖海歷風霜祖業重磨琢才囊厚積蔵此則富足之命鴛幃配同属子息晚飄香運行初巳丑上人庇下其樂何當庚寅運中有志思登仕路也讀聖賢章辛卯運中倦却来湖海紛紛貨利昌壬辰運中一番風浪急傍岸駕梯航癸巳運中雪積特運達才帛旺門墻甲午運中粟陳貫朽晚景軒昂乙未運中桑榆暮景丙申運中夢入黃粱

庚戌年　戊子月　甲子日　己巳時

此八字甲子日相配格中之水印綬之格亦有金神之意值斯象者丰姿英俊天性剛明椿親先別萱禁晚鴻鴈天邊自各鳴明韜畧之法習聖賢之経山倚秋空鳴劍戟旗穿曉日彩雲騰御溝三跳沾恩寵灯火千門楽太平此則武榮之命鴛幃合正副桂子居金英運行初己丑上人庇下快樂昇平庚寅運中風狂椿樹折便擬顯威稜辛卯運中獅令飛營苑趑趄事又生壬辰運中生卒腹心權禄重岩崗路滑馬慵行癸巳運中汗馬有功加禄位一方揺盛振威稜甲午運中摠持重柄乙未運中夢入蓬

庚戌　戊子　丁亥　辛亥

此八字丁亥日貴之辰相配相生柱中旺水從然之格尺嫌運行印鄉減虧福力椿萱有倚難雙老鴻鳫天邉不共鳴丰姿雅淡性格聰明風雲多變態日月有虧盈祖業增新麗才囊自積成箏閑學得神仙秘動貴親賢勢自生佇看來晚節家旺福峥嶸此則傑人之命鶺鴒年少方諧老桂子秋來始發榮運行初己丑庇佑之下花放風生庚寅運中雖云春信轉風雪未開晴辛卯運中財源來旺人交敬世事縈紆幸不驚壬辰運中天際烟霞風掃盡一輪皓月自揚明癸巳運中貴人提挈財源旺車馬喧喧集滿庭甲午運中晚年家業盛樽酒樂昇平乙未運中悠悠處樂丙申運中一夢難醒

庚戌年　戊子月　庚戌日　丁亥時

此八字庚戌魁罡之日相配柱中之水傷官之格傷官者剛毅之宿也爲人善機変好施爲性不受觸心不藏機椿萱老萱先別棠棣運枝獨發揮運至時通自有榮華朝命日地靈人傑堂無雨露沐恩時佇看峥嶸頭角甘霖四境遍施此則顯揚之命鶺鴒有尅重交登桂子芬芳孝義辭運行初己丑雙親庇下困志書惟庚寅運中人生得失皆前定未遂功名莫嘆嗟辛卯運中長安有路當通達風舞揚花也憐悽壬辰運中國學定應留不住天門終待掛朱衣癸巳運中満庭霜雪都消盡四境人民正渴思甲午運中佐政藩籬權萬里若何鮮印返鄉閭乙未運中蒼顏白髮綠酒芳卮丙申運中春光留不住一夢到華胥

庚戌年　戊子月　戊辰日　壬戌時

此八字戊辰日相配柱中水局財旺生官之格女人得此儀容秀爽天性良能椿萱双皓首妯娌少間情有立業掌家之道針綫刺繡之能花開春色麗月皎夜光清雖則配婦填室也須福氣崢嶸此則穩安女命良人配舊須蛇屬桂子秋來有顯榮運行初乙亥上人庇下快樂昇平丙戌運中杏艷桃紅媚鶯飛鳳亦鳴乙酉運中雖則夫門才業旺也防風雪一番生甲申運中裙釵濟濟家業英英癸未運中徽烟迷弱柳疎雨溼嬌英壬午運中冲擊之鄉臻福也孫賢子秀樂昇平辛巳到庚辰運中婦去也

庚戌年　戊子月　乙丑日　丙子時

此八字乙丑日配辛柱中之水印綬之格喜逢鼎貴以歸時人生得此仕路聲揚椿萱榮養難全耋鴻鴈天邊各奮翔手姿慷慨天性果剛學問三冬足詩書萬卷藏驥足飛騰登上國橋門聊寓沐恩光此則榮耀之命鴛幃有碍須偏正桂子秋來有繼芳運行初己丑上人庇下何論炎涼庚寅運中尋章摘句入室升堂辛卯運中志欲登天步月身還履雪經霜壬辰運中匹馬飛騰登上遣悠悠都下望恩光癸巳運中榮加新寵遷千里政聲揚甲午運中職列大夫權任重來應此際便還鄉乙未運中榮回慶樂丙申運中夢入仙鄉

庚戌年　戊子月　乙丑日　丁亥時

此八字乙丑日相配柱中水土殺印之格人生得此行藏倜儻居止端詳椿萱皓首難全奉鴻鴈天邊各奮飛學識初通書史智謀能合賢良祖業添新變才囊自積藏湖海市廛才兩旺果然晚節勢軒昂此則富厚之命鴛幃有碍須偏正桂子秋來吐異香運行初己丑幼承上庇快樂何當庚寅運中有心生貨利無志讀文章辛卯運中踈踈風雪過花下醉壺觴壬辰運中不獨英雄交敬尚祿米粟盈倉癸巳運中一番烟浪過金玉滿華堂甲午運中孫賢子貴沛澤加昌乙未到丙申運中歸去也

庚戌年　戊子月　丙辰日　乙未時

此八字丙辰日德之辰相配柱中水局正官之格正官者貴氣之宿也人生得此丰姿壯重天性公平存濟人之德無忝害之情椿父先歸萱後別鴈行天際不交鳴識古今之事明賢聖之經祖業重新廢才源自積成但願門迎珠履客自然湖海旺才名此則富厚之命鴛幃全正別桂子晚呈榮運行初己丑庇仕之下快樂昇平庚寅運中行藏生貲利何必守書灯辛卯運中風霜歷過才來旺第宅光華勢要憎壬辰運中英雄交敬厚才旺福峥嶸癸巳運中季倫錦帳何為貴秦帝阿房未足稱甲午運中孫賢子秀沛澤加榮乙未運中依然享用丙申運中駕入蓬風

庚戌年　戊子月　癸酉日　壬子時

此八字癸酉日配子柱中金土殺印之格女人得此儀容英縶天性明良椿萱崇棣雅依耄妯娌公姑不共堂有立業掌家之道斷機丸膽之方心静似月明宵溪性急如風倦殘雲佇看來脫節金玉滿華堂此則掌家女命良人半道相分手柱子庭前一朶芳運行初丁亥閨門之内冬煖夏凉丙戌運中屏門金孔雀帶掛錦鴛鴦乙酉運中裙釵光絢日羅綺色凝霜甲申運中門閫重釐才源旺鴛侶分飛恨莫當癸未運中家業多豐富安榮倍勝常壬午運中華堂安享辛巳運中鏡掩晨光

庚戌年　戊子月　庚辰日　辛巳時

此八字庚辰日德之辰相配柱中水火傷官制殺之格主人生於右族長於名門萱毋先歸椿後別天邊鴻鳫各行鳴其為人也丰姿清秀天性聰明高謀遠見機關別慷慨春風一妙人行藏豐満洒笑傲任秷榮祖業添新慶根原勝舊風福布江山外名聞湖海中花無桃李非春色人有笙歌是太平得意江山詩句健忘情日月酒盃深好意番成惡真心換得寃但願一生財禄旺何必天邊沐寵榮此則穩厚之命鴛幃同属須丰敵子嗣枝頭孝義深運行初己丑上人庇下未断平生庚寅運中番園雖雨過桃李未生英辛卯運中着意種花花不活無心插柳柳成陰壬辰運中才源旺足家居好尚有閑非素耗生癸巳運中戌四時佳趣主萬古門庭呈雲掩月雨過山青甲午運中軒開化日千祥集藹摇香風百禄增午字之中花放風生乙未運中晚年閑快樂子貴樂無窮丙申運中一枕餘香隔年夢斜風吹落楚山雲

庚戌年　戊子月　壬子日　壬寅時

此八字壬子日刃之辰食神制殺之格值斯象者丰姿清秀性格明良椿親先別萱帰悅鴻鴈天邊有列行孝悌稍知禮義智謀能近賢良祖基而有倚才兒悅豐囊門迎珠履三千客屏列金釵十二行飛詔任他来北闕草玄終不出南山此則商價成家之命鴛幃有碍須重續桂子秋来朵朵香運行初己丑上人庇下未斷炎凉庚寅運中雪晴天未暖行樂尚悠揚辛卯運中貴客填門多壯觀還愁風雪濕衣裳壬辰運中柳綠三春景花開二月黃癸巳運中門外旧疇千古許庭前花木四時香甲午運中松尚茂菊尤黃乙未運中人生此去長為别江水東流日夜忙

庚戌年　戊子月　丁巳日　丙午時

此八字丁巳日元相配柱中旺水傷官之格傷官制殺有功遇斯命者有於宦門之族長於名望之門椿萱榮晚茂棠棣宛邊春其為人也丰姿清秀天性聰明知高下識重輕過火黃金重長價離雲皓月倍清明終是芳名之客豈為耕鑿之翁承應功名遺百世御書跳顯威稜雖不腰金紫也降千百兵對月夜看黃石畧望雲秋計黑山神此則武榮之命鴛幃有犯須招副子嗣秋来有聘榮運行初巳丑上人庇下未斷平生庚寅運中不勞窗下功書史慈喜天邊雨露恩辛卯運中雖則光華好景幾多人事虧盈壬辰運中榮中尚有趣趣事依然不損舊威稜癸巳運中不入天山路焉能將有功甲午運中花將好艷傳與子竹有生陰付與孫乙未運中晚年快樂丙申運中一枕清風

庚戌年　戊子月　丁巳日　辛丑時

此八字丁巳日元相配柱中金水才殺之格人生得此生於右族長於高門椿父先歸堂後別天邊鴻鴈各行鳴其為人也丰姿清秀天性聰明頗寫玄妙術稍識聖賢經豈無高仕敬時有貴人欽風月處交消洒客情行藏果斷作事老誠般般稍覽件件不精雖是功名之客豈為田舍之翁不須勞汗馬何用剔青燈時來機會好天府便沾恩此則榮貴之命鴛幃有犯須重續子嗣秋來有顯榮運行初丁丑上人庇下天朗氣清庚寅運中世事宛

如春夢人情薄似秋雲辛卯運中幾欲思高慕遠奮成剪雪裁冰壬辰運中貴人相接引天府便沾恩須臾風雨雨過山青癸巳運中声名耿耿氣宇英英片時風雨頃刻返退甲午運中子貴須榮贈何愁白髮生乙未運中老來且樂閑中事三逕荒涼有竹松丙申運中春光去也一枕清風

庚戌年　戊子月　癸酉日　庚申時

此八字癸酉日元相配柱中火土才官之格水居冬旺生平樂自無憂主人生於右族長於高門椿萱有倚先亡父天邊鴻鴈各行鳴其為人也丰姿磊落天性聰明般般稍覽件件不精頗知玄妙術稍識聖賢經謀動君子威伏小人祖業添新慶根源勝旧風門外田疇千古計庭前花木四時春兩都秋色皆喬木耆旧風流有幾人好意番成惡真心換得嗔雖不建侯封爵自然潤屋潤身此則穩厚之命鴛幃年長尤招副子嗣秋

來尚廣生運行初己丑上人庇下未斷平生庚寅運中世事宛如春夢人情薄似秋雲辛卯運中雖則行藏有慶還愁人事虧盈壬辰運中得中有失旺處還虧癸巳運中莫言此運多光彩得一程而失一程甲午運中才源滾滾家居好茅宅豈饒福祿孫乙未運中花放生當此之際子貴孫榮多快樂丙申運中春光去也花落無声

庚戌　戊子　丙辰　辛卯

此八字丙辰日德之辰相配拄中水木才官之格刑冲太重不顯功名棄庐離俗慈慕佛家捨崇上士命崇存晚天边鴻鴈各西東安容清秀天性温恭見識知輕知重平生無妄無妄豈無高仕敬特有貴人欽會從三宝詩檀瑞豈謝千花佛世尊高人提挈声名异莪材領袖播清風此則清高之命初行己丑運中上人之下雲月朦朧庚寅運中烟霞淡淡風月濃濃辛卯運中貴遂山門無別事心閑情爲喜勿勿壬辰運中須則人欽人敬幾多人事秀盈癸巳運中挑叩恭敬存礼高崇須史風雲存己無亡甲午運中冲擊之所生進退任從天已樂特雍乙未運中生涯乏終用活計繼椿松丙申運中湿雲肆洞道德成空

庚戌年　戊子月　乙卯日　庚辰時

此八字乙卯專祿日相配柱中金水官印之格有有官有印無破作節苗之材女人得此生於右族長於宦門椿萱雙並鸞鳳各西東其爲人也丰姿清秀髮兒精神有針線之巧立業之勤一旋吉桃鋪錦綉蒲山松柏映屏万里無雲天一色三秋好景月長明深明閨壼理洞識古今情玉產崑崗藏耀色蘭生幽谷散清馨难觸难犯易喜易嗔佇看夫榮子貴也應同沐皇恩此則榮顯之命良人得配榮華容子制生成貴顯人運行初丁亥上人庇下敏事閨門丙戌運中春入桃源花爛熳橋橫銀漢水澄清乙酉運中萬里好雲山乍斂一樓明月雨初晴甲申運中頃刻烟迷楊柳岸須史風霧月朦朧癸未運中片時雲掩日頃刻月離雲壬午運中夕陽有限春夢無憑

庚戌年　戊子月　癸酉日　壬子時

此八字癸酉日元相配桂中火土才官之格人生得此生於右族長於名門堂椿府晓萱先別天遐鴻鴈不行聯其為人也丰姿清秀高明遠見之機閨挑扑崇迂之謀略般般頤曉件件有能曰福曰祿自有順天之理常安常樂豈無福地之深非日麥麻茂藏景風禾秀連阡飛鴻任他來北闕草洛終不出常将好意當成惡每把真心担月空才源有分終好白頭終上青雲此則穏足之命鸞幃有兔頂年敵子嗣金風發桂蘭運行初己丑上人奮下春苑青山庚寅運中雲氣餃月霧鎖晴空辛卯運中數點雨餘雨一番寒食寒壬辰運中雖則行藏有蹇幾番事逸廻癸巳運中人生正在風光處柰被閑非頃刻間甲午運中家園欠順含柳絮尚飄綿乙未運中賢子應孫貴福祿念閱闖丙申運中春光去也一枕难還

庚戌年　戊子月　丙子日　丁酉時

此八字丙子之日相配柱中金水才官之格才盛生官終身有慶女人得此生於右族長配名門椿萱难並鸞鴈不行同其為人也姿容清秀髮貌精神勝丈夫之氣象有男子之材能一苑杏花鋪錦綉滿山松栢映幃屏每懷忧膽意時抱擇鄰心滔滔無阻滯步步助夫門雖翁雖犯易喜易嗔停看夫門多快樂也應福祿自無窮此則益旺之命良人水命暮榮客子嗣秋未旺宅門運行初丁亥未斷平生丙戌運中雖則夫門多快樂幾多人事尚丟盈乙酉運中片雲初發山山雨雨過千山依旧晴甲申運中千里關山千里今一番風雨一番驚癸未運中夫榮沾沛澤從此祿元增壬午運中羅綺千般色珍羞百味新辛巳運中精神人去也明月照黃昏

庚戌年　戊子月　壬子日　辛丑時

此八字壬子日丑之辰相配柱中金土殺生印綬之格女人得此生於右族長於名門椿父先帰萱後別天邊鴻鴈各行鳴其為人也姿容清雅髮貌精神有針綫之巧立業之勤雲收華岳千山秀水到湘江一樣清有遺訓斷機之智相夫教子之能萬里無雲天一色三秋好景月長明滔滔無沮滯步步旺夫門雖觸難犯易喜易嗔雖不鳳冠帔服晚年子貴沾恩此則益旺之命良人年長須金命子嗣秋來有挺榮運行初丁亥上人庇下毓秀閨門丙戌運中路入桃源花爛熳橋横銀漢水澄清乙酉運中淡烟楊柳岸薄露杏花村甲申運中雖則夫門多快樂須臾雲月尚朦朧癸未運中柳嫩不禁三月雨花嬌尤忌五更風過此壬午運中天上三陽忝人間五福增辛巳運中享子孫之福禄庚辰運中夢香杳之佳城

庚戌年　戊子月　甲寅日　甲子時

此八字甲寅專禄之日殺生印綬之格人生得此雖不成名亦能旺業主人椿父先帰萱耐晚天邊鴻鴈回行鳴其為人也半姿清秀天性操持行藏果斷作事三思心不變觸性不藏機不窮今古豈習詩書祖業添新慶根原異昔特雨過萬重山有色雲開千里月楊輝羅綺飄飄香風藹藹壺觴列座草萋萋晚年光景多饒裕子秀孫賢樂自如此則傲霜金菊之命鴛幃土命須年長子嗣庭前秀五枝運行初己丑萱親庇下椿父有虧庚寅運中不為惜花春起早多慮愛月夜眠遲辛卯運中頗覺行藏有度也恙人事趦趄壬辰運中人生正在風光處雲月朦朧雪作堆癸巳運中才源從此長福禄勝常特甲午運中但使家園兩旺足何愁白髮而龐眉乙未運中歲寒松柏暮景桑榆丙申運中帰去也

庚戌年　戊子月　丁巳日　乙巳時

此八字丁巳日元相配柱中旺水月支偏官之格傷官制殺有功主人生於右族長於名門萱親先别還招繼椿父遲歸晚贈榮其為人也丰姿清秀天性聰明理窮古事兼今事書對賢經與聖經衣冠濟濟人中傑和氣怡怡席上珍終是文場折桂客豈為田舍鑿耕人三級浪中龍变化九霄雲外鳳飛騰一從揚姓字金紫職階陞此則榮貴之命鶺鴒宜有贈子嗣晚榮門運行初巳丑上人庇下未斷平生庚寅運中天晴天未𢳣𦬁泮有書聲辛卯運中春浪禹門三躍秋闈高占一經壬辰運中千里霜威金斧重三秋風色綉衣輕當此之際三載諒陰癸巳運中職遷金紫字内澄清甲午運中藩臬階陞超二品職遷都憲攝兵刑乙未運中子貴晚年重沐寵丙申運中春歸花落鳥空鳴

庚戌年　戊子月　丁卯日　戊申時

此八字丁卯日元相配柱中水土傷官制杀之格人生得此生於右族長於名門椿萱不逮禄鴻鴈有不同群其為人也丰姿清秀天性聡明胸羅今古事夆識聖賢心太山北斗千年在和氣生風四座傾衣冠濟濟人中傑和氣怡怡席上珎終是文場折桂客豈為田舍鑿耕人壽原不早亥名利尚晚戌北海蛟横頭角聳南山豹变瓜牙新一朝騰踏飛黄去濟濟衣冠拜九重此則荣貴之命死㡖有犯須重續子嗣秋来有挺荣運行初巳丑上人庇下未断平生庚寅運中十年窓下業黄卷輿青灯辛夘運中幾欲思高暮遠番戌剪雪裁氷壬辰運中执卷幾回空探月時来攀桂步蟾宫癸巳運中幾載權門困守特来天府沾恩甲午運中皇恩有感声名顕紛紛德澤恵黎民乙未運中子貴晚年多快樂丙申運中春帰花落鳥無声

庚戌年　戊子月　辛酉日　壬辰時

此八字辛酉專祿之辰傷官之格女人得此福足以庇其身主人生於茂族配合高門姿容秀朗鬓兒清新翁姑姑有倚妯娌欠同心心靜似月明雲漢性急如風捲寒雲錦綉花開春富貴琅玕竹報日昇平此則榮旺之命良人水金須年小桂子秋成奪錦人運行初丁亥上人庇下毓秀閨建丙戌運中春入桃源花爛熳橋横銀漢水澄清乙酉運中片雲蔽日雨過山青甲申運中一抹曉烟迷芍藥半泓秋水浸芙蓉癸未運中食則珍羞百味衣則羅綺千重壬午運中沖擊之所如月入雲辛巳運中暮年安享庚辰運中一道訃音

庚戌年　戊子月　庚午日　丁丑時

此八字庚午貴人之日傷官之格人生得此椿萱堂上先虧父鴻鴈天邊不共飛其爲人也丰姿清秀天性操持立仁立義多見多知祖基須再整事業必添齊花盈上苑果盈園稻滿平疇水滿池市廛生計廣湖海祿元齊滿世功名身外事但無榮辱得便宜此則經營藝業之命鴛帳配合須年敵桂子秋來孝義齊運行初己丑上人庇下未斷盈虧庚寅運中雪晴天未煖豈是踏青時辛卯運中雖則家居有慶還愁人事趑趄壬辰運中須受風浪辛不成苍癸巳運中爆竹聲催殘臘盡折梅香引早春歸甲午運中始登太域方造亨衢乙未運中安閒晚景丙申運中花落月西

庚戌年　戊子月　庚戌日　己卯時

此八字庚戌魁罡之日傷官帶印之格遇斯命者椿萱晚茂鴻鴈翺翔其為人也不慈不勇可員可方學問稍知今古事生平常履貴人鄉梅開白雪飄東閣笋出新梢過北墻出土黃金顯十分之貴色離雲皓月布萬里之清光江湖播姓字閭里姓名揚佇看晚年光霽景才源滚滚旺門墻此則穩盛之命鴛幃重合登桂子簇秋香運行初己丑上人庇下其樂何當庚寅運中如花向日枝枝豔似笋穿泥節節長辛卯運中幾度閨中駁雜依然不損威光壬辰運中豐年田舍財盈罍臘日山家酒滿觴當此之際柳絮飄揚癸巳運中正是梅青并月白何愁弟宅不軒昂甲午運中冲繫之所夢熟黃梁

庚戌年　戊子月　乙卯日　戊寅時

此八字乙卯專祿之日相配柱中金水官印之格人生得此生於右族長於高門木命椿萱双晚茂天邊鴻鴈各行鳴其為人也丰姿清秀天性聰明老誠頗知礼義稍識古今般般稍覽件件不精水光浮座盃盤瑩花氣侵人咲語馨常為萬里客有抱酉年身萬里春風行樂頌四時佳趣瑞祥生是非莫管門前客得失須憑塞上翁才源富足平生好何必天邊沐寵榮晚年光霽景富貴也光榮此則穩厚之命鴛幃木命須年少子嗣生成貴昰人運行初己丑上人庇下未断平生庚寅運中寒向梅中盡春從花上增辛卯運中昼水無声空有浪繡花雖艷不聞馨壬辰運中千里關山千里念一番風雨一番晴癸巳運中旺中尚有盈頭雪從此才源倍有增甲午運中子貴須榮贈何愁風雨侵乙未運中無思無慮丙申運中春夢無憑

庚戌年　戊子月　丁巳日　乙巳時
此八字月支偏官之格正謂五行遇月支偏官歲時
中亦宜制伏人生得此宜乎仕路榮登主人椿萱双
晩茂棠棣不聯叢其為人也丰姿清雅天性雍容世
事頗能將就般、學欠精通祖業添新立才囊閑處
生終是功名客豈為田舍翁雖不三登科甲自然光
耀門庭此則微名厚利之命鴛幃有碍須添寵子嗣
金風孝且忠運行初巳丑上人庇下樂在其中庚寅
運中欲速不達揭忼待風辛卯運中貴人相指引祿
馬旺前程壬辰運中雨晴雲路達人間仕路通癸巳

運中萬象光華沾沛澤果然德澤恩軍民甲午運中
耿、声名重渞、福祿增乙未運中安閑晩景丙申
運中遊水無声

庚戌年　戊子月　丁巳日　壬寅時
此八字丁火日元相配柱中旺水露官藏殺之
格傷官制伏有功四柱布乎相刑娍吾貴氣主
人生於盛族長於高門椿萱有倚中途別天邊鴻鴈
各行群其為人也丰姿清爽天性乖能般般好
李件件不精雖不成名利生平近貴人祖業重
新慶才源自茸成萬里無雲天一色三秋好景
月長明弄巧番成拙進危反致亨田園桑柘茂
畝畝稲粱馨初運安和中破耗悦年福祿享無
窮子貴光揚閭里也應同沐

皇恩此則脱盛之命鴛幃正偏方皓首桂蘭晩
有榮運行初巳丑上人庇下機裸平生庚寅運
中雨晴山聳翠雲散月當空辛卯運中才源滚
滚家居好尚恐閑非索耗生壬辰運中守巳自
然才祿旺妄為反致禍臨身囊餘休嘆息依舊
旺才名龍虎馬羊風浪急小舟宜向岸邊行出
此癸巳運中春至乖沾新雨露時来重整舊門
庭甲午運中子顯門楣多壯觀喧喧車馬集門
庭乙未運中黄花晩節丙申運中夢入無憑

庚戌年　戊子月　丁卯日　丙丁時

此八字丁卯之日相配柱中金水月支偏官之格女人得此生於右族配於衣纓翁姑有倚妯娌稱同情其為人也姿容閨朗德茂行真有針綴之巧立業之勤雪為輕粉憑風傳露作胭膠仗日匀憂禍自能辞肉味素琴應解辯絃声磨穿鉄硯非吾事綉折金針却有功玉産崑崗藏韞色蘭生楚澤散清馨难觸难犯易喜易嗔佇看藁砧沾沛澤也應同沐帝王恩此則榮旺之命良人木命須年小子嗣枝頭綻錦鱗運行初丁亥上人庇下未斷平生丙戌運中匹配名門交花從錦上增乙酉運中夫步蟾宮非是喜喜然子秀樂無窮須臾風雨雨過山青甲申運中威從上以生秀氣思須草木動陽春當此之際花放風生癸未運中令則珠蓋百味衣則羅綺千層旺中尚有盈頭雪一度空非素不驚壬午運中晚年金紫貴子顕耀光榮辛巳運中花已落月沉沉

庚戌年　戊子月　丁巳日　壬寅時

此八字丁巳孤鸞之日相配柱中水木殺生印綬之格女人得此生於右族長於名門椿萱有倚先歸父天邊鴻雁各行鳴其為人也姿容清秀髮貌精神勝丈夫之志氣有男子之才能一苑杏桃鋪錦繡滿山松柏映幃屏每懷九膽意時抱擇隣心深明閨壼理洞識古今情難觸難犯易喜易嗔雖不鳳冠帔服自然福禄無窮此則榮益之命良人有犯先分別子嗣雙枝有挺榮運行初丁亥上人庇下毓秀閨門丙戌運中契合翠鸞成好夢貴緣紅葉是良姻乙酉運中雖則夫門多快樂幾番人事尚虧盈甲申運中幾度樂中有悶數番靜裏憂生癸未運中精神又憔悴憔悴又精神過此壬午運中子秀家門多壯觀還愁花放尚風生辛巳運中晚年多快樂庚辰運中一枕了平生

庚戌年　戊子月　癸酉日　癸亥時

此八字癸酉日元相配火土才官之格水居冬旺生平樂自無憂主人生於右族長於名門椿父先歸萱耐晚天邊鴻雁獨飛騰其為人也丰姿清秀天性聰明學問有成源流三峽誰能及英材敏捷談笑風流四座傾衣冠濟濟人中傑和氣怡怡席上珎終是功名之客豈為田舍之翁雖不三登科甲自然福祿光榮舒長化日桑麻茂融蕩仁風雨露春此則榮華之命鴛幃鼓盆三嘆苦子嗣丹桂兩光榮運行初己丑上人庇下未斷平生庚寅運中雪晴天未煖芹泮有書聲辛夘運中執卷幾回空嘆月依然困守讀書燈壬辰運中時來自有良機會也應寄跡入橋門癸巳運中莫愁雪阻藍關道果然天府便光榮甲午運中佐政黃堂民悅服須臾風雨幸何驚乙未運中戰邅金紫聲名重向期解組向籬東丙申運中子貴晚年快樂春歸啼鳥無聲

庚戌年　戊子月　丙子日　癸巳時

此八字丙子之日相配柱中旺水官多化殺之論在柱為良主人生於右族長於高堂椿萱雖並耄鴻雁各翩翔其為人也丰姿清秀禮樂鏗鏘學問三冬足經書萬卷藏北海蛟騰頭角聳南山豹變爪牙新終是功名之客豈為田舍之郎笑顏登試院唾手赴科場一朝馬上衣冠别此是男兒當自強清映梅窗呈玉雪寒生栢府凜秋霜此則榮貴之命鴛幃燭夜添新室子嗣生成貴顯郎運行初己丑上人庇下未福慶迎祥庚寅運中味道心千古披文目五行辛卯運中執卷幾回空嘆月依然困守讀書窗壬辰運中莫道仕途多淹滯時來跨馬上朝堂癸巳運中搢紳朝帝主秉笏見明王甲午運中耿耿聲名重滔滔雨露長乙未運中天邊無沛澤籬下樂壺觴丙申運中春光歸去也一枕入黃粱

庚戌　丁亥　乙酉　丁亥

此八字乙酉日相配杜中之水印綬之格印綬者
上格也人生得此丰姿清楚性格良兵椿萱晚節
难全奉鴻鴈天边不共聯翩知今古事淺識壑兵
篇十断九違成事業三番四覆整財源佇看晚年
行樂順江湖生意自源、此則豪準之命鴛幃諧
白首桂子有恭天運行初戊子上人庇下未必為
安己、丑運中詩書心倦讀貨利又縈牽庚寅運中
交貴親兵生貨利趨退歷事又安然辛卯運中漸
漸精神爽暢、才利全壬辰運中重興大慶廣置
田園癸巳運中老當益壯子秀孫兵甲午運中落
日青山外西風泣断猿

庚戌年　己丑月　庚辰日　丙戌時

此八字庚辰魁罡之日相配杜中之火時上偏官
之格人生得此丰姿穩重天性明良椿萱堂上先
亏母鴻鴈天邊各奮翔學識粗通今古智謀能動
賢良萬里龍華福布江湖之上一聯美景名揚市
井之場時至英雄交敬厚果然財旺整門墻此則
卓立之命鴛幃水命須年小桂子秋来有異芳運
行初庚寅庇佑之下快樂安詳辛卯運中財源来
旺處入事有驚張壬辰運中一番風雪過財帛便
盈囊癸巳運中行藏有人欽伏些少風波幸不妨
甲午運中金玉滿堂賓旅集威權有布福祥詳乙
未運中冲擊之所財帛福異常丙申運中依然昌
樂丁酉運中梦入仙鄉

庚戌年　己丑月　甲辰日　己巳時

此八字庚辰日相配柱中之土雜氣才官之格人生得此姓字傳揚椿萱不逮雙榮養鴻鳫天邊各隻翔丰姿洒落天性果剛學問有成空向泮林跤跡筆鋒雄健可從案牘鷹揚天官考取沾恩寵榮沐恩波化日長此則晚榮之命鴛幃諧老須招副桂子秋來吐異香運行初庚寅上人庇下何論炎凉辛卯運中尋章摘句入室升堂壬辰運中志欲登天步月自還履雪經霜癸巳運中案牘有聲登上國未應此際沐恩光甲午運中榮沾新寵渥光耀舊門墻乙未運中政化東西洽財源積滿囊丙申運中榮回故樂丁酉運中夢入仙鄉

庚戌年　己丑月　壬寅日　乙巳時

此八字壬水生於丑月襍氣官印之格人生值此丰姿洒落性格操持生於仁門長於右族堂上之親难皓首庭前有鴈不同飛祖基有倚而更新財帛声名自琢成花開春苑風光好月照江山萬里明鬱鬱青松數脫翠依依綠柳發春輝此則特達之命鴛幃宜硬頭生雪桂子還招奪錦兒運行初庚寅辛卯春花向曉秋夜明蟾壬辰癸巳運中財帛夏荷鋪錦綉声名春苑列幃屏貴人提挈起祿馬狂前程甲午乙未運中簫攙香風生意妙門迎車馬客閭閱未字運中一番跋跡丙申運中老景清癯梅竹秀暮特佳趣獨春榮丁酉運中桃源春去早蓬島信难通

庚戌年　己丑月　甲申日　乙丑時

此八字甲申專權之日羊刃合稼有功女人得此生於茂族適於良門翁姑少倚妯娌緣輕姿容穩厚處事頗勤喜則風輕日暖怒則雷掣雷轟楊柳無風枝娜娜梅花有月夢精神此則掌家之命萱毋先歸椿樹晚運枝棠棣少聯英良人土命宜年長子嗣先難後有成運行初戊子孤褓之下未論外況丁亥運中蘭房毓秀閨閣殷勤丙戌運中帳前新綰鴛鴦帶堂上新開孔雀屏乙酉運中片雲飲發千山雨雨過千山依舊青甲申運中滾滾才源旺紛紛沛澤增癸未運中沖擊之所花枝風生壬午運中正享　前福無常一夢中

庚戌年　己丑月　乙丑日　辛巳時

此八字乙丑日相配在中之金時上偏官之格人生得此本乎科第成名只嫌官殺相混減方貴氣椿萱皓首分中道鴻鳴天邊各奮鳴粗知今古能別重輕祖基祖業添新慶才帛才囊自積成不須跨雲路且向江湖貨利生此則富貴之命鸞儔配合賢良女桂子生成俊秀英運行初庚寅幼承庇佑花放花生辛卯運中詩書雖力學仕路攢難登壬辰運中未必雲霄騰蹈可從湖海經行癸巳運中財源來旺處風雪一番生甲午運中萬象生光霽英雄醉合情乙未運中老景清閑梅竹秀斯須哭惱下傷情丙申到丁酉運中歸去也

庚戌年　己丑月　辛巳日　壬辰時

此八字辛巳日相配柱中火土雜氣印綬之格人生得此多聞多見不勇不慈室上椿萱先別父天遣鴈鴈有分飛識古今之事知動靜之機祖業添新換舊財囊厚積豐肥不獨稻粱盈畝畝向祈名勢壓鄉閭此則富貴之命鴛幃同偕須年少桂子庭前秀發枝運行初庚寅無榮無辱快樂怡怡辛卯運中恰似洛陽三月景牡丹開處梆花飛壬辰運中財源來旺人欽服風浪生時不致危癸巳運中一番風雪過威德服黔黎甲午運中滿目生涯加壯顯英雄車馬集門閭乙未運中愈昌愈樂丙申運中歸去來兮

庚戌年　己丑月　戊申日　壬戌時

此八字戊申日相配柱中之水雜氣才官之格人生得此仕路名揚椿萱榮處難全鴻鴈天邊各奪翔丰姿灑落天性果剛學問能窮經史筆鋒能理憲章奮志空遊泮水成名擬向公堂佇看來晚節百里仰聲光此則顯貴之命鴛幃有礙須招副子嗣秋來吐異香運行初庚寅上人庇下何論炎涼辛卯運中尋章摘句入室升堂壬辰運中志欲登天步月身還履雪經霜癸巳運中時來揮劍筆跨馬上天堂甲午運中榮沾新寵渥光耀舊門墻乙未運中聲揚百里祿位軒昂丙申運中悠悠之樂丁酉運中夢入仙鄉

庚戌年　己丑月　丁未日　庚午時

此八字丁未陰刃之日傷官制殺之格女人值此生於平潤之門遷於豊厚之族翁姑緣分少妯娌兩行分姿容濟楚言語輕清無偏無黨易喜易嗔花發園林香遍塵寰之藹月離海嶠光揚宇宙之明此則賢淑之命良人年長殘婚客子嗣先虛後有成運行初戊子崑崗玉瑩楚澤蘭馨丁亥運中萬里煙雲散千江水月澄丙戌運中悲歡相濟喜怒適均乙酉運中不用高燒銀燭月明添倍精神甲申運中一抹曉煙迷芍藥半泓秋水浸芙蓉癸未運中財亨人壯風順帆輕壬午運中香夢歸何處空山杜宇聲

庚戌年　己丑月　甲辰日　戊辰時

此八字甲木配合庚金歲杀之格值此象者立性聰明存心忠恕贍羅今古學試聖賢椿父先歸萱耐晚西風鴻鴈步行聯龍飛九五青霄外鵬擊三千翰海邊一朝旦得風雲便頭角崢嶸覲聖顏此則榮達之命鴛幃得配連珠女子嗣金風發桂蘭運行初庚寅春寒料峭未必為安辛卯運中刺股芸窗應繼夜埋頭雪案不知寒壬辰運中思退不後欲進不前癸巳運中鰲逐玉蟾攀桂去馬随青鳥踏花還甲午運中名聞四海嶽折片言當此之際柳絮飄綿乙未運中皇恩有感金紫高遷丙申運中歸來故里丁酉運中一枕難還

庚戌年　己丑月　丁丑日　辛丑時

此八字天元丁火克丑中之金為才之格才盛生官合赴鰲頭之選但嫌華蓋重重偏宜僧道同行孤月伴對坐一爐香托鉢為計生持鐘作道場運行初庚寅辛卯之中才能害己况秋夜月泛泛水邊舟壬辰癸巳隆冬桃李春回秋敗荷蓮夏至甲午運中一塵不染萬法皈依乙未丙申運中火絕之鄉夢歸清泰

庚戌年　己丑月　壬辰日　辛亥時

此八字壬辰魁罡之日相配柱中金水雜氣才官之格喜逢日祿得歸時女人得此儀容秀麗天性聰良椿親誰是主妯娌尚無行有主業掌家之道劬勤麗句之方佇看英雄交敬果然財帛盈箱此則嬌紅女命良人多俊傑子嗣桂蘭香運行初戊子無思無慮快樂時光丁亥運中竹戀花蝴蝶花貪竹鳳凰丙戌運中雖則夫門才業旺幾番旺處事乖張乙酉運中裙釵濟、才旺他鄉甲申運中人事崎嶇何足慮才源滾、旺門墻癸未運中老當安享金玉滿堂壬午到辛巳運中歸去也

庚戌年　己丑月　壬寅日　庚戌時

此八字壬寅日配乎柱中之土雜氣財官之格人生得此冨貴兩全椿萱皓首難全奉鴻鴈西風各一天丰姿魁厚天性良賢有濟人之心德無妬閑之機関自有聲揚湖海豈無夕布鄉原晚年財禄旺頭角聳巍然此則冨貴之命鴛幃有犯須偏正桂子須看晚發奸運行初庚寅上人庇下快樂自然辛卯運中生財應有道行樂艷陽天壬辰運中便有英雄敬仰豈無滿目財源癸巳運中一番風雪過家旺福綿綿甲午運中不獨金珠積厚尚祈廣布威權乙未運中老當發旺頭角巍然丙申到丁酉運中歸去也

庚戌　己丑　辛卯　壬辰

此八字辛卯日相配柱中之木雜氣印綬之格人生得此丰姿慷慨天性聰明椿萱半道難全奉鴻鴈天边不共鳴學識聰明休向泮林寄跡筆鋒雄健可從案牘劳形天官奏最沾恩寵百里山河化日明此則栄身之命鴛幃有得須偏正桂子秋来有性栄運行初庚寅上人庇下黄巻青灯辛卯運中志思登仕路还讀聖賢書壬辰運中劍筆髙揮才帛旺風霜阻鄭又光栄癸巳運中三疊陽関斟别酒九重天府沐恩栄甲寅運中政化東西洽仁風遠近濟乙未運中銀章紫綬便餠簪纓丙申運中栄回慶樂丁酉運中一夢陽関

庚戌年　己丑月　庚申日　丁亥時

此八字庚申日配合柱中火土雜氣才官印之格人生得此福享清榮椿萱不逮相依奉鴻雁西風不共朝丰姿瀟洒性理明良足踐列仙之館身享鵷鷺之案竹肩玄都尊德望恩波眾沐振權衡此則清榮之命運行初庚寅幼承上庇樂守時光辛卯運中燒藥炉中添火談玄座下燃香壬辰運中才源未旺處人事見乖張癸巳運中不獨英雄交敬尚祈天祿加昌甲午運中時未逢貴助声奪顯玄壇乙未運中晚年加祿位法令響琳琅。丙申運中悠悠處樂丁未運中夢入仙鄉

庚戌　己丑　丙辰　乙未

此八字丙辰日德之辰傷官帶財之格人生值此椿萱晚耆翠棠長翡英其爲人也行莊有機變之智臨事有果斷之能須鶴有時歸風硯松篁無事對琴樽江湖有意公卿小廊廟無心軒冕輕倚得天然機會至果教祿馬旺前程此則搥鼓生音之命鴛幃有碍宜年小子嗣庭前蘭桂香運行初庚寅尋春翫景語燕啼鶯辛卯運中宿雨初收天曠闊高人指引漸光亨壬辰運中盈水無聲空有浪綉花雖艷未聞香癸巳運中遇客提携客去看看財福盈甲午運中酒觧平生恨衣沾上國塵乙未運中清風掃雲翳皓月滿中庭丙申運中佳賓滿座有酒盈樽丁酉運中嘉魚詩在鵬鳥賦成

庚戌　己丑　戊子　丙辰

此八字戊子日相配柱中之水雜氣財官之格入生得此半姿英厚天性明良椿萱不逮双榮養鴻鴈天邊各奮翔學識聰明終是功名之客英才特達豈為田舍之郎一朝馬上衣冠到此是男兒當自強此則榮顯之命鴛幃有碍須招副桂子秋来有繼芳運行初庚寅幼承上庇摘句尋章辛卯運中志欲登天步月身還履雪經霜壬辰運中到此風雲際會未應榮沾恩光癸巳運中驥足飛騰登上國都門聊寓便軒昂甲午運中榮沾寵渥威風肅百里山河化日長乙未運中再加禄位紫綬銀章丙申運中榮司故里丁酉運中夢入仙鄉

庚戌　己丑　癸卯　癸丑

此八字癸卯日相配柱中之土月上偏官之格喜逢卯破透年干人生得此半姿穩俊天性聰明堂毋先歸椿後别鴈行天際不交鳴孝識粗知今古智謀能動賢英交貴親賢生貨利晚年聲譽播芳營此則穩旺之命鴛幃配合須年少子嗣先難後發營運行初庚寅上人庇下風雪嚴凝辛卯運中飄殘楊柳絮家業未全成壬辰運中世事如麻心緒亂徐徐歷事又昇平癸巳運中行藏寬瀟洒財帛有添增甲午運中財旺家肥人敬仰一番行樂暗生沁乙未運中老當益壯家業峥嵘丙申至丁酉運歸去也

庚戌　己丑　丙辰　乙未

此八字丙辰日德之辰傷官帶財之格人生值此椿萱晚蒼孳棠棣長華英其為人也行藏有機變之智臨事有果斷之能猿鶴有時窺几硯松篁無日對琴樽江湖有意公卿小廊廟無心軒冕輕倘得天然機會全果教祿馬旺前程此則揭鼓生音之命鴛帷有礙宜年小子嗣庭前蘭桂馨運行初庚寅尋春覓景語燕啼鶯辛卯運中宿雨初收天曠濶高人指引漸光亨壬辰運中畫水無聲空有浪繡花雖艷未聞香癸巳運中遇貴提携去看、

財福盈甲午運中酒鮮平生恨衣沾上國塵乙未運中清風掃雲騎皓月滿中庭丙申運中佳賓滿座有酒盈樽丁酉運中嘉魚詩在鵬鳥賦成

庚戌　己丑　丁酉　辛丑

此八字丁酉日貴之辰相配杜中金土雜氣才官之格人生得此丰姿魁厚天性仁慈指下察浮沈之脉胸中藏禍福之機詩書歷覽今古皆知祖業添新慶財囊脱積肥自有順之理豈無福地之基椿親年耄萱同壽鴻鴈天邊行上稀但願杏林生意廣何須身到鳳凰池此則豪華之命鴛幃賢順双諧壽桂子森森顯並枝運行初庚寅無思無慮李礼聞詩辛卯運中志習君臣理心抛賢聖書壬辰運中神效動人財業旺親矣交貴勢煇癸巳運

中喜慶重、人事廣輕、飛絮逐霜蹄甲午運中風木恨深財帛旺崽、樓閣弄新齊乙未運中第宅生輝蘭桂秀堆金積玉在斯時丙申運中身沾沛澤丁酉運中夢斷華胥

庚戌年　己丑月　乙巳日　丙子時

此八字乙巳日相配柱中之土雜氣才官之格人生得丹丰姿洒落天性慈悲足践如来之地身穿忍辱之衣椿萱有倚成無倚鴻鴈聯飛又各飛三昧無障五戒堅持佇看容顏奇妙十方善信皈依此則崇安僧命運行初庚寅幼年之景庇下昇平辛卯運中便向如来座下不妨風雪嚴凝壬辰運中得道人多助無情事有生癸巳運中名山尊德望才狂浪虛驚甲午運中精神加壯固事妥福崢嶸乙未運中天雨曼陀羅天鼓自然鳴丙申運中悠悠處樂丁酉運中一夢難醒

庚戌年　己丑月　乙巳日　丙子時

此八字乙巳日元相配柱中金土襍氣才官之格才盛生官終身有慶遇斯命者生於右族長於高門椿萱老别先虧父萱母遲遲玉樹春其為人也手姿清雅天性聰明般般少覧件件不精行藏果断作事老誠高人起敬貴客相欽得意江山詩句捷忘情日月酒盃深摳於自己巧於他人但傾平生湖海樂何須誇馬入青雲此則特達之命鴛幃木命須年少子嗣秋來狂宅門運行初庚寅上人庇下淡淡春雲辛卯運中來欲飛李紅紅色且喜湖光淡淡晴壬辰運中正欲招春月日还愁微雨弄晴癸巳運中精神又憔悴憔悴又精神甲午運中行藏还進退風雪又相侵乙未運中嚴霜積雪都經過從此財源福祿增當是時也須吏耗丙申運中經霜松栢傳然亥昌雨芝蘭分外春丁酉運中日落春山外猿啼人捲情

庚戌年　己丑月　癸未日　壬戌時

此八字癸未之日雜氣殺印之格女人得此生於右族配於名門姿容清秀髮兒起群翁姑稍倚妯娌行輕有針黹之巧立業之能一苑杏桃鋪錦綉滿山松柏映幃屏處事無偏無窒治家克儉克勤性急便如風捲浪片時言起片時停夫榮子秀樂意忘情此則榮益之命良人得配名門交子嗣生成貴顯人運行初戊子上人庇下毓秀閨門丁亥運中明月當天生氣奕光華萬象色尤新丙戌運中路入桃源花欄熳橋横銀漢水澄清乙酉運中

雖則夫榮多快樂也愁人事有虧盈甲申運中萬象光華沾沛澤四時佳趣瑞祥生癸未運中榮中尚有趍趄事依旧滔滔福禄增壬午運中安閑晚景辛巳運中春憂無悉

庚戌年　己丑月　辛丑日　壬辰時

此八字辛金相配柱中水土傷官帶印之格人生得此生於良族長於仁門金土椿萱双脫茂天边鴻鴈各行群其爲人也丰姿清淡天性老誠行藏果斷作事乖能高人起敬貴客相欽高謀遠見機關別墉慨情懷一好人般般好李件件不精祖業添新慶才源自葺成常将好意番成悪每把真心換得嗔門外生涯曠澗江湖活計雖新但領四方商賈聚何必求榮上帝京初運中年曾進退晚年福禄始駢臻此則穩旺之命鴛幃土命須年小子

嗣先虧後有盈運行初庚寅上人庇下未斷平生辛卯運中淡烟楊柳岸薄霧杏化村壬辰運中乍雨乍晴留客景或寒或煖困人春癸巳運中得中有失憂喜並行甲午運中須史風雪過從此旺才名乙未薫捲香風生百福軒開化日禄元豊丙申運中晚年壮觀暮景昇平丁酉運中憂遇杜鵑啼散後水流花落不聞聲

庚戌年　己丑月　甲午日　甲子時

此八字甲午日乙相配桂中金土襍氣才杀之格只嫌身弱減我早歲成名主人生於右族長於名門椿萱双並耄鴻雁各行鳴其為人也丰姿清秀天性聰明般般稍覽件件不精謀動君子威伏小人祖業添親慶根原勝旧風自有順天之慶豈無福地之深才源富足弟宅增新幾年仕路空留意数載功名諒順心晚年子貴昰也許素榮封此則晚貴之命鴛幃宜有贈子嗣里門庭運行初庚寅上人庇下未斷平生辛卯運中無事宛如春夢人情薄似秋雲壬辰運中時来逢貴助揮筆入公門癸巳運中刻鵠不就畫虎不成甲午運中才源富足家居好尚有閑非素耗生乙未運中子貴晚年開快樂須史風雨尚愁人丙申運中恩沾雨露丁酉運中一道訃音

庚戌年　己丑月　丁亥日　壬寅時

此八字丁亥日貴之辰雜氣財官之格傷官持令福力有虧椿父早亡萱出姓持風鳫字只孤飛其為人也有微微之計較淺淺之操持不慈不勇雖犯難散革古鼎新方壯觀移根換業長光耀初運淹淹中限雜待教晚景始標奇此則先苦後甘之命鴛幃水命須年少子嗣枝枝晚不虧運行初庚寅春寒風料峭未是可人時辛卯運中寒向梅中去春從柳上歸壬辰運中始知負富皆前定何必倭儸用意機癸巳運中須謝投機友湉湉與指迷甲午運中桑麻藹藹禾黍離離乙未運中縱有崎嶇處依然樂自如丙午運中訃音播也月落烏啼

庚戌年　己丑月　丙申日　丁酉時

此八字丙火配合拄中金局雜氣才官之格值斯象者注人夫姿雅淡賦性良能生於豐潤之族長於詩禮之庭一對椿萱難並奉天邊鴻雁各飛鳴學問聰明動君子筆鋒雄建勳賢英基業重須整才囊自琢成但使驂延貴客何須跨馬上神京此則傑人之命運行初庚寅上人庇下詩禮趨庭辛卯運中幾欲攀龍附鳳爭成剪雪裁冰壬辰運中貴人相慶樂財勢自英當此之際柳絮風輕癸卯巳運中雖則財源滾滾也防人事伶仃甲午運中門外田園曠濶庭花木芳榮乙未運中沖擊之所月入雲屏丙申運中春殘花自落空愁子規聲

庚戌年　己丑月　甲辰日　戊辰時

此八字甲木配合庚金歲殺之格值此象者立性聰明存心忠恕胸羅今古學識聖賢椿父先歸萱耐晚西風鴻雁少行聯龍飛九五青霄外鵬擊三千瀚海邊一朝但得風雲便頭角崢嶸覲聖顏此則榮達之命鴛幃得配連珠女子嗣金風發桂蘭運行初庚寅春寒料悄未必為安辛卯運中刺股芸窗應繼夜埋頭雪案不知寒壬辰運中思退不後欲進不前癸巳運中鰲逐玉蟾攀桂去馬隨青帝踏花還甲午運中名聞四海獄折片言當此之際柳絮飄綿乙未運中皇恩有感金紫高遷丙申運中歸來故里丁酉運中一枕難還

庚戌年　己丑月　甲午日　乙亥時

此八字甲午日配合提綱巳土雜氣才官格天干權刃以星雄人生得此丰姿慷慨志氣豪洪生於望族長於華宗一對椿萱先別父數行鴻鴈度長空學問知古今識英才附鳳攀龍一朝自得雲霄達高跨花驄上九重此則貴官之命鴛幃年少方諧老桂子秋來長嫩叢運行初庚寅趨庭負行樂從家辛卯運中泮宮立業雪案加功壬辰運中幾欲登天步月依然困守困窮癸巳運中到此始知文學好長安道上躍花驄甲午運中儒生沾德化花孫振威雄乙未運中皇恩有感祿位加封丙申運中解印榮回籬下樂無端香夢遠巫峯

庚戌年　己丑月　戊戌日　甲寅時

此八字戊戌魁罡之日相配柱中甲己時上偏官之格年又作合為良人生得此冝乎金紫之崇注人丰姿魁偉天性剛明生於望族長於華宗堂上椿萱老別鴻鴈分翔青羅今古事學貫聖賢章橋門跳出登天去藹藹棄麻沐寵光此則貴顯之命鴛幃有碍須年献桂子秋來吐異香運行初乙卯上人庇下樂享安康甲寅運中尋章摘句入室升堂癸丑運中執卷幾回空跌跎依然困守讀書窓壬子運中到此天然攛會好陽關三疊到朝陽辛亥運中崇沾新沛澤千里振威權庚戌運中祿位榮加權德振來應此際便還鄉己酉運中悠然慶樂戊申運中一夢黃粱

庚戌年　己丑月　戊申日　癸亥時

此八字戊申日相配柱中之水離氣才官之格人生得此丰姿洒落天性明良椿萱分皓首鴻鴈各分翔學問有成来必身屬關英才特達擬數威振鄉邦佇看晚年光霽景九天沛澤忽加昌此則富貴之命篤慷有碍須年敵桂子森森有發芳運行初庚寅上人庇下快樂安鮮辛卯運中風雪初晴後春園草木香壬辰運中雖則行藏有憂也防人事乖張癸巳運中才源来旺声奮光揚甲午運中英雄惟贈劍三尺豪傑相逢酒一觴乙未運中晚年光霽快樂何當丙申運中悠悠享用丁酉運中一夢黄粱

庚戌年　己丑月　丁未日　辛丑時

此八字丁未陰丹日相配柱中金土傷官助才格傷官者怜変之物也主人生於右族長於名門椿父先歸萱後別天邊鴻鴈各行鳴其為人也丰姿清秀天性聰明般〻都好件〻不全精有近貴親賢之德應上和下之能十斷九連成事業三番四覆立門庭月掛碧天多皎潔名揚閭里有声名恩雖廣布然却多生鬧中得利靜處不行田園有意公卿小廊廟無心宇宙輕初運安和中歐褀晚年故苑又回春此則晚狂之命篤帏克後重瓜葛子嗣秋生一果成運行庚寅上人庇下天朗氣清辛卯運中水向石邊流出冷風從花底過来馨壬辰運中世情濃又淡淡處又還濃癸巳運中不意之中曾得意用心之處不如心甲午運中才源生進退非耗禍灾侵乙未運中漸覓夜涼池雨過信知花放曉風生須臾風雨頃刻灾迍丙申運中晚年多快樂會交以鬧摶申字之中花放風生丁酉運中無思無慮戊戌運中一枕清風

庚戌年　己丑月　癸卯日　戊午時

此八字癸卯日貴之辰相配柱中火土雜氣才煞之格人生得此生於右族長於名門椿萱有倚難雙老天邊鴻鴈各行鳴其為人也丰姿清秀天性老誠艘艘稍覧件件不精豈無高仕敬時有貴人欽重成新事業再整舊門庭有心於貨利無意於功名遊山翫水携詩卷對月観花把酒斟拙於自已巧與他人滿世功名身外事五湖風月樂怡情此則穩厚之命鴛幃連珠須配小子嗣秋成朶朶成運行初庚寅上人庇下天朗氣清辛卯運中春園雖雨過桃李未生英壬辰運中淡烟楊柳岸薄霧杏花村癸巳運中得中有失晦後还明甲午運中雖則行藏有慶幾多人事虧盈乙未運中不獨財源富足尚期聲勢豪洪未字之中花放風生丙申運中晚年關快樂丁酉運中一枕了平生

庚戌年　己丑月　庚子日　庚辰時

此八字庚子之日相配柱中火土雜氣官印之格正謂有官有印無破作廊廟之才主人生於右族長於名門椿萱有倚難雙老天邊鴻鴈各行鳴其為人也丰姿清秀天性聰明理窮古事兼令事書對賢經與聖經筆落悲風雨詩成泣鬼神太山北斗千年在和氣春風傾終是功名之客豈為田舍之翁一朝騰蹈飛黄去禄位榮華次第陞此則榮貴之命鴛幃有亿須招副子嗣榮門孝且忠運行初庚寅上入庇下化日陽春辛卯運中十年窓下業黄卷興青燈壬辰運中何事不諱今日若時來頃刻便昇騰癸巳運中雖則蟾宫折桂春闈還待時亨甲午運中禹浪三層都躍過風生鐵面鬼神驚一番風雨過山青乙未運中職遙金紫宇内澄清丙申運中榮歸故里丁酉運中一枕巫峰

庚戌年　己丑月　癸巳日　丙辰時

此八字癸日生同巳宮乃是才官雙美樸氣殺印之格女人得此姿容清秀天性聰明勝丈夫之氣槩有男子之才能一苑杏桃鋪錦秀淄山松栢映幃屏喜則雲收華岳怒則逞漢垂星霞帔鳳冠身外事平生才福沒虧盈此則穩足之命良人配合須敵桂子秋来綻粟英運行初戊子上人庇下天朗氣清丁亥運中春歸柳葉晴初变紅入桃花㛹未匀丙戌運中淡烟迷弱柳微雨洒晴空乙酉運中旺中还有盈虧事縷依然樂太平甲申運中萬疊好山雲作斂一樓明月雨初晴癸未運中添天家才之禄長自己之精神壬午運中桑榆暮景辛巳運中一道訃音

庚戌年　己丑月　丙午日　己亥時

此八字丙午日月之辰時上一位貴格氣數各有淺深遇斯命者椿萱有倚先虧父鴻鴈天邊不共群其爲人也丰姿磊落天性聰明李問有成一奉可冲天之勢英才敏捷片言有折獄之能一從姓字傳臚後凜凜威飛四海清此則顯貴之命簪幃宜有贈桂子長秋容運行初庚寅上人庇下負笈趨庭辛卯運中欲遂平生志潛心對短檠壬辰運中執卷幾回空探月時未方許躍潛鱗癸巳運中埋輪却被奸邪伏攬轡能令宇宙清當此之際一番風雨甲午運中雪晴閶闔開黄道金紫煌煌守内清乙未運中正宜輔国未許恩尊丙申運中荣田故里丁酉運中一枕清風

庚戌年　己丑月　辛亥日　丙申時

此八字辛亥日元相配柱中火土襍氣官印之格人生得此生於右族長於名家椿萱难並耄鴻鴈共天涯其為人也丰姿清秀性格驕奢家庭事業須加立世事難成磋万里春風行樂頌滿庭佳氣瑞祥多才源旺足第足增新福布江山外名聞湖海中西郡秋色皆喬木耆旧風流有幾人不必覔珠来水府何須求劒到豐城雖不建侯封爵自然潤屋潤身此則穩厚之命光幃金玉閣子嗣晩光榮運行初庚寅上人庇下天朗氣清辛卯運中春園雖雨過衰李未生英壬辰運中寒向每中畫春從椰上才如春水滔滔長福似秋蟾皎明甲午運中戌四時晴佳趨立万古門庭乙未運中延實玩物會交開樽丙申運中夕陽有限昏憂無慿

庚戌年　己丑月　戊子日　癸亥時

此八字戊子日元相配柱中金水傷官旺才之格運行背地藏我功名主人生於右族長於名門椿父先帰萱後别天边鴻鴈各排空其為人也丰姿清淡天性老誠頗知礼義稍識古金知高下識重輕雖成新事業難守旧門庭有心於貨利無意慕功名生涯湖海上道路或西東是非莫詈門前客得失須憑酒上翁拙於自己巧於他人梟有酒消閑日月苦無心趣慕功名莫道技頭難結果東君困意愛敖勤此則旺福之命篤幃上合須年敵子嗣技頭孝義深運行初庚寅上人庇下未斷平生辛卯運中淡烟楊柳岸薄露杏花村壬申運中世情濃有淡淡处又还濃癸巳運中有得有失誨後还明甲申運中莫言富足家居旺尚有灾非素耗生乙巳運中愈老黄花香馥玉歳寒松柏耐長青丙辰運中安享悦榮丁酉運中花落月沉

庚戌年　己丑月　辛巳日　甲午時

此八字辛巳之日火土雜氣殺印之格人生得此生於良族長於仁門椿父早歸冥路萱親適與他人天邊鴻鴈前後各飛其為人也丰姿清雅天性平能般般稍覽件件不精重成新事業再整旧門庭田園桑柘茂眛訟稻粟聲雖不成名利生平近貴人爭長名園過旧竹花開上苑勝先春不以功名為念豈將冠冕磨礲六親分薄骨肉緣輕常將好意番成惡每把真心換得嗔處世素無榮身生平喜不富貧但願晚年財祿旺何須求祿與求名

此則穩享之命篤幃春麗複同屬子嗣森枝有挺榮運行初庚寅上人庇下未斷平生辛卯運中風狂楊柳折行樂未如心壬辰運中乍雨乍晴留客景或寒或煖困人春癸巳運中雖則行藏有慶也愁人事虧盈甲午運中簾捲香風生百福軒開化日福元增乙未運中財源旺足第宅增新丙申運中有茶留客有酒開樽丁酉運中花落人何去春殘馬不吟

庚戌年　己丑月　丙午日　己亥時

此八字丙午日丑之辰傷官制殺之格人生得此生於茂盛之族長於豐潤之堂椿親先別萱存晚棠棣庭前有挺芳其為人也丰姿清秀禮樂鏗鏘聰明書藝遠倜儻世情長門迎諸履三千客屛列金釵十二行或吏或儒登仕路也從頭角聳軒昂佇看晚年光霽景喧喧車馬集門墻此則豐榮之命篤幃正副方偕老桂子秋來朶朶香運行初庚寅上人庇下紹襲迎祥辛卯運中如花向日枝枝艷似人筍穿籬節節長壬辰運中幾欲思高謩遠番成履雪經霜癸巳運中

雨過萬重山有色雲開千里月光揚當此之際一番風雪進退一番甲午運中威權有布人欽服財帛興隆福祿昌乙未運中沖擊之所旺處生殃丙申運中暮年安享乙酉運中一夢黃粱

庚戌年　己丑月　己亥日　丁卯時

此八字巳土配合柱中金木傷官制殺之格女人得此姿容清雅髮貌超群治家有理德茂行真處事能分表裏待人玉石之分雲收華岳千山秀水到湘江一樣分清堪嘆紅顏多薄命卻交半世守孤灯此則貞良之命良人有得子嗣难成運行初戊子上人庇下未斷平生丁亥運中正配名門友花從錦上增丙戌運中停針独坐思無語此際鴛鴦繚不成乙酉運中春瘦已寬連理帶夜長惟有辟寒金甲申運中無子無夫多快樂鬧愁悶對青灯癸未運中安樂晚景壬午運中：鏡掩晨明

庚戌年　己丑月　辛巳日　乙未時

此八字辛金日元相配柱中火土雜氣梭印之格乙庚作合為良主人生於右族長於高堂椿萱有倚先亡母夭違鴻鴈不聯行其為人也半姿清雅天性果剛聰明書藝遠倜儻世情長重成新事業再整舊門墻萬里無雲天一色三秋好景月長光消閑棊一局遣興酒三觴田園桑柘茂湖海祿元昌但願有銭樓閣大何必思登天子堂此則發福之命鴛幃木命須年小子嗣榮門孝且良運行初庚寅上人庇下其樂何當辛卯運中春草青江相妬綠新鶯新柳競爭黃壬辰運中幾度樂中有悶數番人事悠揚癸巳運中正是梅青并月白何愁風雨暗滄浪甲午運中才源旺足第宅軒昂乙未運中門楣多壯觀子貴沐恩光丙申運中春光去也一挑黄梁

庚戌年　己丑月　壬午日　壬寅時

此八字六壬生臨午位號曰祿馬同鄉官印之格人生得此生於喬木長於衣纓播親榮發鴻鴈飛騰丰姿清秀天性聰明黃卷能傳業青雲早致身為里綵旗驚過客一聲霹靂躍潛鱗長安人滿路爭看錦衣新此則貴显之命篤正副方偕老子嗣榮門孝且忠運行初庚寅上人榮庇肩笈趋庭辛卯運中三登黃甲足躡青雲壬辰運中聯班鵷署戢位加陞當此之際風木之驚癸巳運中腰横金作帶特剖玉為鱗甲午運中聲名振臺省祿位再加榮乙未運中燮理陰陽貧盛德弥綸天地有奇功丙申運中正欲成瑚璉一枕永難醒

庚戌年　己丑月　庚子日　甲申時

此八字庚金相配柱中水土傷官帶印之格日祿歸時之助人生得此生於詩禮之族長於文聖之門椿萱不並祿養鴻鴈有嶽飛騰其為人也丰姿磊洛天性聰明筆底倒流三峽水舌端擲破五車終是文場榮顯客豈為田舍鑿耕人嘉谷不思賞大器當晚成一日風雲相際會九天雨露沐深恩此則榮耆之命篤韓正副方偕老子嗣秋來有繼榮運行初庚寅上人庇下月白風清辛卯運中踏破泮橋霜幾枝讀殘茅店月三更壬辰運中雖有凌雲志爲能顯姓名癸巳運中執卷幾歸空探月特來雲路果然登甲午運中一從沐領天邊寵濟濟衣冠拜聖明乙未運中戢倍迁金紫權衡出等倫丙申運中榮歸故里丁酉運中一夢王饗

庚戌年　己丑月　癸卯日　癸亥時

此八字癸卯日貴之辰偏官財印之格人生得此生於溫潤之族長於藝業之門椿萱有倚先亡父鴻雁天邊行隊分手姿磊落天性乖能多機变稍聰明居子敬貴人欽祖基祖業添新處才帛資囊晚積存市壓生計廣湖海祿元豐功名身外事無學子平生此則穩足之命鴛幃金命飛同屬桂子技頭數果成運行初庚寅上人庇下燕舞鶯吟辛卯運中如日升暘谷似月皎中庭壬辰運中雖則家居有慶幾多人事迍邅當此之際風雪盈庭癸巳運中得失相半憂喜並行甲午運中才源滾滾家居旺旺处迯愁雲滿身乙未運中延實玩物會交開樽丙申運中孫賢子秀樂意忘情丁酉運中花落水流春已失蘭摧折恨何明

庚戌年　己丑月　己丑日　甲子時

此八字己丑日元相配柱中水木雜氣才官之格刑冲太重戕我功名主人生於右族長於名門椿父先歸萱耐晚天边鴻雁各行鳴其為人也手姿清秀天性聰明知高下識重輕出土黃金重長價離雲皎月倍清明水光浮座盃盤樂花氣侵人咲語馨不以功名念豈将冠冕磨礱花無飛李非春色人有笙歌足太平湍世功名身外事五湖風月樂怡情此則穩厚之命鴛幃有犯須重續子嗣生成晚節榮運行初庚寅上人庇下未斷平生辛卯運中世事宛如春夢人情薄似秋雲壬辰運中風帶雪東方竟冷鳥啼花落始知春癸巳運中雖則行藏有慶幾多人事干盈甲午運中嚴霜積雪都經過從此滔滔祿福增乙未運中不但才源富足尚祈聲勢豪洪丙申運中晚年快樂丁酉運中一枕清風

庚戌年　己丑月　戊申日　癸丑時

此八字戊申長生日相配柱中水土傷官助才之格全得此生於右族長於名門椿萱中道先虧父天边鴻鴈各行鳴其為人也丰姿愚儒天性剛忠多聞多見自是自能知高識下理白分清謀動君子感伏小人自有順天之慶豈無福地之深祖業添新慶根源勝旧風有心於貨利無義蓄功名消閑棊一局書與酒三鍾花無桃杏飛春色人有筆歟是太平施恩惠德戌嗔此則溫潤之命死帶有化須年啟子嗣秋来棲後盈庚寅運中上人庇下穰穰平生辛卯運中雨過源桃塞錦風和堤柳拖金壬辰運中着意種花花不發無心插柳柳成陰癸巳運中才源滾滾家居好須叟數耗杏和鸞甲午運中既濟尤紛未濟得輕尤愈失輕乙未運中嚴霜積雪都經過從此才源倚有增片時風雨不損精神丙申運中簾捲香風生百福軒開化日祿元增丁酉運中重遊蓬倒夢返

玉客

庚戌年　己丑月　甲辰日　甲戌時

此八字甲辰日元相配柱中金土雜氣才殺之格女人得此生於右族長配名門椿父先歸萱後别天邊鴻鴈陣行分其為人也姿容閨朗髮貌超群有肝食宵衣之憔惱治家立業之才能一苑杏桃鋪錦繡滿山松柏映幃屏憂禍自能辭肉味愛琴應解辨弦聲斷機曾效軻親訓剪髮能傳侃母心喜則春陽和照怒則電掣雷轟雖不鳳冠披服自然金谷豐盈可惜青春年少女如何半世守孤燈此則真良之命良人四九左右别子嗣雙雙孝義深運行初戊子上人庇下未斷平生丁亥運中路入桃園花爛熳橋橫銀漢水光清丙戌運中雖則行藏有慶還愁鏡破釵分乙酉運中幾度樂中有悶數番歡裏憂生甲申運中雖則夫門快樂須史風雨愁人癸未運中天上三陽泰人間五福增壬午運中正享兒孫福門前杜宇鳴

庚戌年　己丑月　癸未日　丙辰時

此八字癸水相配柱中火土襍氣才殺之格人生得此生於文望長於高門椿親耐晚萱毋先行丰姿磊落天性聰明筆底倒流三峽水胸中瑩潔一天星長安人似蟻爭看錦衣新凛凛威風寒鬼膽紛紛德澤惠軍民此則榮貴之命鸞幃春麗招副桂子秋來繼榮運行初庚寅上人庇下負笈趨庭辛卯運中課麥讀書似高鳳引灯觀史郊匡衡當是時也雖則蟾宫折桂依然寄跡橋門壬辰運中自錫瓊林後威飛郡縣驚癸巳運中一番風雨過金紫戒加陞甲午運中山河開十郡未許便思尊乙未運中明時柱石盛世股肱丙申運中莫道只倚金馬貴也隨蝴蝶夢佳城

庚戌年　己丑月　丙午日　己亥時

此八字丙午日刃之格傷官制杀之格此格者変之宿也主人生於文望之族長於詩礼之堂椿萱先别父鴻鴈後鶺翔其為人也丰姿磊落天性忠良孝問深知今古筆鋒能理憲章咲顏登試院唾手赴科場灵鰲動处千山振舟桂開時萬里香長安人滿路爭看綠衣郎清歌梅窓兼玉雪寒窓栢府凛秋霜更有文章兼議論廷君臺閣展綱常此則榮貴之命鸞幃簇簇桂子芬芬運行初庚寅上人庇下未斷炎凉辛卯運中味道心千古披文自五行壬辰運中何事不能今日若時頃刻姓名揚癸巳運中自錫瓊林後威飛郡縣忙甲午運中皇恩有感金紫煌煌乙未運中雖則金甌拜命須更風捲滄浪丙午運中子榮孫秀重榮贈晚節來時菊酒香丁酉運中春光一去無消息訃音一播奠玉漿

庚戌年　己丑月　庚戌日　丙子時

此八字庚戌魁罡之日相配柱中火土祿氣稱印之格女人得此生於右族長於名門姿容清秀髮兒趨群有針綫之巧立業之勤雲收華岳千山秀水到湘江一樣清勝丈夫之氣槩有男子之才能処事無偏無黨治家克儉克勤佇看夫榮子貴也應同沐皇恩此則榮貴之命良人得配金屬客子嗣生成貴显人運行初戊子上人庇下未断平生丁亥運中路入桃源花爛熳橋橫銀漢水澄清丙戌運中夫門多快樂風雨幸無驚乙酉運中光華疊疊究晦何伸甲申運中羅綺臨風癸未運中晚年多快樂子貴再沾恩壬午運中夕陽有限春夢無憑

庚戌年　己丑月　庚子日　庚辰時

此八字庚子日元相配柱中水火傷官之格女人得此生於右族長配衣纓椿父先歸萱耐晚天邊鴻鴈各行鳴其為人也資頗清朗德性行真勝丈夫氣槩有男子材能雲收華岳千山翠水到湘江一樣清每懷丸膽意時抱擇隣心滔滔無阻滯步步助夫門衣冠濟濟三從備事業昂昂四德新難觸難犯易喜易嗔佳看夫榮子貴也應門沐皇恩此則榮益之命良人得配榮華客子嗣枝枝有挺榮運行初戊子上人庇下毓秀閨門丁亥運中郟合翠鸞成好夢夤緣紅葉是良姻丙戌運中萬砧沾沛澤萬物被陽春乙酉運中疊疊光華當此際須臾風雨幸何驚甲申運中重沾榮贈當斯際只恐花開風又生癸未運中不用高燒銀燭月明偏倍精神未字之中如履薄冰壬午運中歸去也

庚戌年　己丑月　甲辰日　乙亥時

此八字甲木日元配半柱中金土襍氣才殺之格之庚作合有功遇斯命者主人生於右族長於仁門萱母先帰椿耐歲天边鴻鴈各行飛其為人也丰姿清秀天性操持窮今古覽詩書見善則持於己當仁不讓於師終是功名之客豈為田舍之翁一朝但得風雲便跨馬天門水罷榮此則晚景之命鸞帏有化須招土子嗣秋來有出奇運行初庚寅上人庇下未斷高低辛卯運中欲遂平生志潛心下董惟壬辰運中雖有凌雲志緣無漢梯癸巳運中莫言困守書窓下賦命原來有疾徐甲午運中成名當此際变化在斯時乙未運中雪積閭閻開黄道百里紛紛黎庶皈丙申運中西風起處蓴鱸美晚節閑時菊酒香丁酉運中晚年快樂會交圍棊戊戌運中清風明月不用一錢買玉山自倒非人推

庚戌年　己丑月　壬午日　壬寅時

此八字六壬坐臨午位号曰祿馬同鄉雜氣才官之格人生得此生於右族長於名門椿萱有倚先亡母天邊鴻鴈有行群其為人也丰姿清雅天性聰明有收貴親附之德截長補短之能福布江山外名聞湖海中祖業增新立根源勝旧風春入桃園花遍座裏蜜鶯月海橋離宇宙之明雖然不是金鞍客自然名香情香声此則發福之命鸞帏年長須招剛子嗣秋來有星榮運行初庚寅上人蔭下淡淡春雲辛卯運中雖則行藏有度还愁人事亏盈壬辰運中須史風雨過依舊月離雲癸巳運中才源雖穂旺人事尚迍邅甲午運中當潤屋德潤身乙未運中才源旺足第宅重新丙申運中春光帰去也一枕了平生

庚戌年　　己丑月　　丁未日　　庚戌時

此八字丁未陰刃之日褋氣才官之格傷官之榆人生得此生於右族長於高門椿父先歸萱後別天邊鴻鴈不同群其為人也手姿瀟洒天性聰明胭羅今古事參識聖賢心終是文場崇顯客豈為田舍鑿耕人雖不瓔林恭宴也應祿位光崇早歲功名何必羨晚年咫尺立腰金交朋損已內月如氷重成新事業再整舊門庭嘉谷不早實大器當晚成此則前徽顯後光崇之命鴦幃同属須年敵子嗣先虧後挺崇運行初庚寅上人庇下未斷平生辛卯運中讀書映雪觀史引灯壬辰運中騰身離雪案攀桂步蟾宮橋門寄跡冷硯辛勤癸巳運中皇恩有感振鐸儒林須史風雪未厭心情甲午運中教鐸豈能常久處取代民材遇斧斤斤言折獄厭秉權衡乙未運中信看官封三級酌然祿享千鍾丙申運中榮歸故里丁酉運中一枕清風

庚戌年　　己丑月　　丙午日　　己丑時

此八字丙午日刃之辰傷官用才之格人生得此生於營苑長於轅門椿父先歸萱老別天邊鴻鴈独超群其為人也手姿清雅天性平能雖不成名利生平近貴人過火黃金顯十分之貴色離皓月布萬里之清明一日時通運至也應士卒推尊此則俗隊之命鴦幃年少方偕老子嗣金風有挺崇運行初庚寅上人庇下未斷平生辛卯運中如月初出似日始升壬辰運中世事荒如春夢人情薄似秋雲癸巳運中世事有增有減才源或癈或興甲午運中狼虎窠中得食荊棘叢裏安身乙未運中始知春晝永方覓瑞祥生丙申運中安閑晚景丁酉運中花落月沉

庚戌年　己丑月　庚寅日　丁亥時

此八字庚寅之日相配柱中旺土雜氣殺印之格正謂終身偶道日肯用殺反輕遇斯令者生於茂族長於祥門椿父先歸萱後別天邊鴻鴈各行群其為人也丰姿雅淡性格堅真高人起敬貴客相欽四推無緣难入去同耘柳色道孤寒好来梵刹誦經卷喜去禪房問坐功千花佛界焚香禮斗祭之中為首僧此則清福之命運行庚寅上人庇下未斷平生辛卯運中法虚成佛界脫族入空門壬辰運中雖則人欽敬也應人事虧癸巳運中修行办道心中事何須心下太匆匆當此之際進退因循甲午運中高人提挈起立殿在業林樂中生駁祿守已幸無窮乙未運中聞說上方境辛好如何及我一祥門丙申運中徒孫滿座無辱無榮丁酉運中一時入定萬古难醒

庚戌年　己丑月　癸卯日　丁巳時

此八字癸卯日貴辰相配柱中金土雜氣煞印之格人生得此生於右族長於名門椿萱有倚先虧父天邊鴻鴈各行鳴其為人也丰姿清秀天性剔忠世事頗能將就般般學欠精通曰福曰榮自有順天之慶常安常樂豈無福地之深祖業添新慶根基勝舊風不向仕途求悶達却来湖海覓黄金獨於自已巧於他人但願一生多快樂何必天邊沐寵榮此則旺益之命鴛幃有犯須重續子嗣生成貴顯人運行庚寅上人庇下未斷平生辛卯運中春園雖雨過奼李未生英壬辰運中乍雨乍晴留客景或寒或煖因人春失意之中曾得意用心之處不如心癸巳之中才源雖有望人事尚虧盈甲午運中冲繫之鄉還發祿須曳風雨不為驚乙未運中子貴沾恩澤乙酉運中胡為夢不歸

庚戌年　己丑月　甲辰日　乙亥時

此八字甲木相配柱中金土才殺之格乙庚甲巳作合得其所宜主人生於遂室長於名門椿萱有倚雅雙耄豪棣庭前各挺崇半姿磊落天聰聰明事事頗能將就般般孝久精神祖業添新慶根源勝笙歌佛處曾行樂羅綺叢中幾醉醒花無桃李非春色人有笙歌是太平此則富足之命篤幃有碍須年敵桂子生成跨灶人運行初庚寅上人庇下天朗氣清辛卯運中金距鬪鷄三市北王鞭跨馬五陵東壬辰運中雖則行歲有慶還愁人事相萦癸巳運中斤時風雨雨過山青甲午運中門外田疇千古計庭前花木四時春乙未運中簾捲看首春景風生百福軒開化日禄元增丙申運中桑榆丁酉運中一道訃音

庚戌年　己丑月　壬辰日　壬戌時

此八字壬辰魁罡之日襍乱才官之格人生得此椿萱有倚難全奉鴻鴈天邊各奮鳴其爲人也知高下識重輕世事每從忙裏就財源自向鬧中生是識非爲識非親卦是親笋長名園過舊竹花開上苑勝先春君若肯登於仕路也教光耀舊門庭此則穩傑之命鴛幃須帶硬桂子長秋英運行初庚寅上人庇下何論升沉辛卯運中如日升暘谷似月皎中庭壬辰運中莫言前路多陰晦自有高人與指明癸巳運中漸漸精神奕看看氣象增甲午運中萬里春風行樂頌四時佳趣瑞祥生乙未運中無思無慮樂享昇平丙午運中華表鶴飛久佳城馬鬣行

庚戌年　己丑月　癸巳日　壬戌時

此八字癸巳貴人之日相配柱中金土樵氣殺印之格殺印相生功名顯達主人生於右族長於名門椿萱不逮禄養鴻鴈自各飛騰其為人也丰姿清秀天性聰明錦綉胸藏賢聖學珠璣口吐武文風終是功名之客豈為田舍之翁嘉谷不早實大器當晚成一旦風雲相際會九天雨露沐皇恩此則榮貴之命鴛幃有贈子嗣晚榮運行初庚寅上人庇下未斷平生辛卯運中十年窓下業黃卷對青灯壬辰運中藏器待時時必達時來有日便升騰癸巳運中奠愁雲阻藍關道頃刻天門沐寵榮甲午運中威嚴令重畏伏民欽乙未運中正宜加爵禄何事便辭榮丙申運中春光老矣夢入佳城

庚戌年　己丑月　丙午日　癸巳時

此八字丙午日刃之辰相配柱中金土傷官助才之格人生得此生於右族長於高門椿父先帰萱後别天邊鴻鴈各行鳴其為人也丰姿清秀天性聰明斷高理直処事公平高人相敬貴客相欽曰福曰榮自有順天之慶常安常樂宜無福地之深重戌新事業再整旧門庭福布江山外名聞湖海中花無桃李非春色人有笙歌是太平拙於自己巧與他人雖不達侯封爵自然福禄無窮此則旺运之命鴛幃有配須重儥子嗣秋來孝義深運行初庚寅上人庇下遮裾平生辛卯運中如日初出似月始生壬辰運中古樹金風常帶雨寒岩四月始知春癸巳運中雖則行滅有慶还愁素耗相侵甲午運中才源滚滚家居好須吏風雪尚愁人乙未運中門欄壯觀樓閣清雲丙申運中脫年閑快樂丁酉運中一枕入巫峯

庚戌年　己丑月　壬午日　丁未時

此八字六壬生臨午位號曰祿馬同鄉祿氣才官之格三奇透露豈不光榮主人生於右族長於杏林椿萱晚景贈鴻雁有飛騰其為人也丰姿清秀天性聰明理窮古事兼今事書對賢經與聖經衣冠濟濟人中傑和氣怡怡席上珍終是功名之客豈為田舍之翁不向杏林傳講誦却來翰苑試文英鳳凰池上客龍虎榜中人一從姓字傳揚後金紫榮看次第陞竹看官封三級酌然祿享千鍾此則榮貴之命鸞幃有犯須年長子嗣生成奪錦人

運行初庚寅上人庇下詩礼趋庭辛卯運中何事不辭今日苦時來他日便升騰壬辰運中折桂攀門還宴跡依然此運宴瓊林癸巳運中百里紆辞民樂業九天雨露再加陞綉衣耀日鐵面生風當此之際素腋還生甲午運中雪晴雲散天如洗金紫煌煌雨露陞乙未運中官超二品祿享千鍾丙申運中子貴重榮贈離邊樂性情丁酉運中歸去也

庚戌年　己丑月　丙申日　壬辰時

此八字丙申日元相配柱中水土傷官衹殺之格只嫌衹伏太重減我功名主人生於右族長於高門椿親蔭晚萱先別天邊鴻雁各搏風其為人也丰姿清秀天性乖能般般都好里件件不全精妙能祖南北彼能履西東添業添新慶根源勝舊風福布江山外名聞湖海中若無挑李風光色人有筆秋是太平好意番成惡意心換得嗔月梆碧天多皎潔名傳閭里有光榮雖不建侯封爵自然潤屋潤身此則穩享之命鸞幃正副左招副子嗣秋

來一朵成運行初庚寅上人庇下來斷平生辛卯運中世事短如春夢人情薄似秋雲壬辰運中淡烟楊柳岸濤霧杏花村癸巳運中才源旺足家居好素耗官非尚不驚甲午運中正是太平光寧景還愁風雨晦非侵乙未運中不獨才源富足尚新聲勢豪洪須史風雨過山青丙申運中晚年閑快樂丁酉運中一枕入巫峯

庚戌年　己丑月　癸未日　乙卯時

此八字癸未日元相配柱中金土雜氣殺印之格人生得此生於右族長於高門椿父早歸萱晚別天邊鴻鴈各行鳴其爲人也丰姿清秀天性聰明世事頗能將隨般般學欠精通萬里春風行樂頌四時佳趣瑞祥生祖業添新廢根基勝舊風門外生涯千古計庭前花木四時新豈無高仕敬時有貴人欽酒觧平生恨衣沾湖海塵拙於自己巧於他人身將隱矣文何用人不知之味更真雖不綺羅衣錦客也慿財祿足豐盈此則豐盛之命篤悕

正副九格副子嗣秋來發果根運行初庚寅幼年之下未斷平生辛卯運中未觀桃李紅紅色且喜湖光淡淡清壬辰運中雖則雪晴雲散還愁得失相侵癸巳運中財源雖旺足素耗尚虧盈甲午運中滚滚財源來正旺旺中尚有事迍迍乙未運中門楣壯觀福祿無窮丙申運中一番春夢斷萬事揔成空

庚戌年　己丑月　癸巳日　壬戌時

此八字癸巳貴人之日殺生印綬之格女人得此生於良族配於高門姿容清雅天性聰明有肝食宵衣之懊惱治家立業之材能處事無偏無黨治家克儉克勤难觸难犯易喜易嗔財源旺足福祿骈臻一家井水难到茫重向人家再結親此則旺益之命良人有紀須重適子嗣秋來有假真運行初戊子上人庇下毓秀閨門丁亥運中青帰柳葉晴初变紅入桃花嫒未匀丙戌運中幾度樂中有悶數番静裡憂生乙酉運中帳前重綰兜夹帶堂

上重開孔雀屏當此之際微雨弄晴甲申運中行時風雨過從此旺夫門癸未運中推開綉戶薰風煖捐起珠簾化日明壬午運中安居德行辛巳運中春去無憑

辛亥年　庚寅月　甲戌日　辛未時

此八字甲戌日相配柱中金水殺印之格人生得此姓顯名揚椿萱不逮雙榮養鴻雁天邊各奮翔學識窮通今古事筆鋒能理憲條章自有威稜振作豈無祿位軒昂機會來時逢貴助也須跨馬到天堂此則榮貴之命鴛幃有犯須年少桂子秋來吐異香運行初己丑庇佑之下其樂倘佯戊子運中尋章摘句窮今古機會來時名便揚丁亥運中財源來旺處人事有乖張丙戌運中雖未建侯而封爵文臣武士仰權衡乙酉運中榮拜天書登祿位輝輝化日照農桑甲申運中再遷祿位紫綬銀章癸未運中悠悠處樂壬午運中夢入仙鄉

辛亥年　庚寅月　丙辰日　壬辰時

此八字丙辰日相配柱中之水時上偏官之格人生得此本顯功名只嫌用殺帶不貴而富椿父先歸萱後別鴈行天際兩三鳴手姿穩重天性聰明有濟人之心德無殺害之凶情祖業重加新慶財囊自積豐盈但願田園禾黍盛自然湖海旺才名此則富厚之命鴛幃年長須雖屬桂子旁萌秀兩莫運行初己丑工人庇下快樂昇平戊子運中才源來旺處椿樹尚凋零丁亥運中什蔵人敬仰事業尚蕃更丙戌運中雨過山方秀雲開雪始晴乙酉運中不獨本財來滚滚尚祈風雪又嚴凝甲申運中滿堂金玉麗日日會賢英癸未運中悠悠處樂壬午運中一梦難醒

辛亥年　庚寅月　乙丑　丁亥時

此八字乙丑日相配柱中金火去官留殺之格人生得此姓顯名揚椿萱不逮雙榮贈鴻鴈天邊各奮翔學識窮通今古筆鋒能理憲章終是功名之客豈為田舍之郎快登蟾窟攀丹桂更步天門沐寵光則榮顯之命鴛幃有碍須偏正桂子榮看有繼芳運行初己丑庇佑之下冬煖夏凉戊子運中尋章摘句入室升堂丁亥運中一從折得蟾宮桂三疊陽關沐寵光丙戌運中化日輝輝名德旺風霜些少不為傷乙酉運中祿元陞進紫綬銀章甲申運中職列大夫權任重未應此際便還鄉癸未運中榮田故里壬午運中夢入僊鄉

辛亥年　庚寅月　庚申日　丁丑時

此八字庚申專祿之日相配柱中木火才官之格喜逢羊刃以相幇人生得此多機多智不柔不剛萱母先歸椿樹別鴈行天際各翱翔粗知古今事頗識聖賢章祖業增新慶才囊厚積蔵但願有情交貴客自然湖海姓名揚此則富貴之命鴛幃重疊換桂子發秋香運行初己丑庇祐之下一度風霜戊子運中洛陽三月花如錦柳絮風狂攪一場丁亥運中斷絃雖得鸞膠續彈出聲来又斷腸丙戌運中才源雖穩旺人事又乖張乙酉運中行蔵多順利才旺勢昂昂甲申運中晚年光壽其樂何當癸未運中桑榆暮景壬午運中夢入黃粱

辛亥　庚寅　戊寅　壬子

此土戊土相配柱中水本財殺之格伏此爲得不貴椿文辞萱帰去早天边鴻鴈各分飛其爲人也丰姿闓朗天性操持平生習弓箭豈独問詩書驚擊人难敵鷹揩所希爲不欺呀号令諸蕃无事乐耘此則武官之命鴛幃得合須相敵子嗣金風秀幾枝運行初己丑春和景媚燕語鶯啼戊子運中漸覺春光明媚信知寒氣消除丁亥運中至此始知振虎戾矯矯尽来帰丙戌運中煩赫威名當此景西風翻浪也鶖悲乙酉運中威權加振福祿高兎甲申運中冲擊三鄉还虽煩未應組向東籬癸未運中黃花脫節壬午運中帰去来兮

辛亥　庚寅　乙卯　己卯

此八字乙卯專祿之辰偏官之格伏此根基爲得不羨椿萱分别早鴻鴈不聯群其爲人主姿磊落作事乖能筆刀推健文翰不深終顯功名家豈爲田舍人九年公府带卯思一旦天門休罷思此則光顯之命鴛幃同属如魚水子嗣森枝發秀馨運中初己丑娟娟雲裏月灼灼葉中英戊子運中衣冠從此别未必可人心丁亥運中雖則財兩班幾蓄世事相崇丙戌運中登臨值踈兩合耋自斯馨乙酉運中政化東西給仁風遠近清甲申運中皇恩感祿位高陞癸未運中悠悠田里壬午運中一道卧音

辛亥年　庚寅月　癸丑日　癸丑時

此八字癸丑日相配柱中金土木命之格人生得此姓顯名揚椿萱榮養難全荖鴻鴈天邊有各翔手姿慷慨天性果剛筆下能分枉直胸中精貫文章終是功名豈為田舍郎一朝馬上衣冠別此是男兒當自強此則榮顯之命鴛幃全正副桂子有承芳運行初己丑幼承上庇何論炎涼戊子運中尋章摘句入室升堂丁亥運中執卷幾番嘆息時來也擬飛揚丙戌運中騰雲驥足飛千里三疊陽關望寵光乙酉運中寵渥榮加後威聲散四方甲

戌運中秉持重柄肅振權衡癸酉運中黃花綠酒壬申運中夢入仙鄉

辛亥年　庚寅月　丁丑日　辛丑時

此八字印綬之格財印混雜事不十全主人萱母先歸椿後別西風鴻鴈失行黜其為人也手姿平穩性格良賢般般不立件件不全梅開白雪飄東閣笋出新梢過北園自有順天之慶豈無福地之緣時運未來君且守困龍依舊上青天佇看晚年光霽景高人提挈茂財源此則守時之命鴛幃魁後須招硬子嗣秋來發桂蘭運行初己丑上人庇下春苑春山戊子運中千里關山千里念一番風雨一番寒丁亥運中登臨雨濟賞翫春蘭丙戌運中千江有水千江月萬

里無雲萬里天乙酉運中旭日桑麻茂盛薫風禾黍連阡甲申運中沖擊之所人事相牽癸未運中落花穿啼山鳥香耍悠悠入九泉

辛亥年　庚寅月　丁巳日　乙巳時

此八字丁巳日之相配柱中水木官印之格傷官助才之倫兩格相倚璥我榮封女人得此生於右族長於高門堂上椿萱同曉茂天邊鴻鴈各飛鳴其爲人也資容濟楚駁貌超群有肝食宵衣之懊惱治家立業之才能斷機常效軻親訓剪髮能傳侃母心難觸難犯易喜易嗔錦綉花開春富貴琅玕竹報日平安雖不鳳冠帔服自然衣祿豐盈此則饒裕之命良人土命須年長子嗣秋來朶朶成運行辛卯上人庇下未斷平生壬辰運中契合翠鸞成好夢寅緣紅葉是良姻癸巳運中須史雲掩月頃刻月離雲當此之時風清月白甲午運中花嬌復含宿雨柳細尤帶金風乙未運中夫榮子貴多如意還愁花放尚風生丙申運中夕陽有限春夢無憑

辛亥年　庚寅月　丁巳日　庚戌時

此八字丁巳孤鸞之日官印之格貪才稟印事不十全主人生於茂族長於宦門椿親微貴萱歸早鴻鴈聯群各奮鳴其爲人也丰姿平淡性格聰明學問頗知今古事生平尤近高人稍親蕭相律粗識聖賢經事業每從忙裏就才源自向闇中生笙歌沸處曾行樂羅綺叢中幾醉醒初運不如中運好晚年愈覓長精神疾危官中有相犯手足無端疾縈此則鬧處生才之命鴛幃水命須年少桂子秋來奪錦英運行初己丑上人榮庇天朗氣清戊子運中萱花零落從行樂悶人情丁亥運中世事短如春夢人情薄似秋雲丙戌運中堯李千谿錦江山一盃屏當此之際人事虧盈乙酉運中英雄帷贈劍三尺豪傑相留酒一醒甲申運中冲擊之所如履薄冰癸未運中人生從此別無復見儀形

辛亥年　庚寅月　癸酉日　庚申時

此八字癸丑日元相配柱中金土構氣官印之格人生得此生于右族長于仁門椿父先歸萱後别天边鴻雁各行鳴其為人也丰姿清雅天性乖能世事頗能將就般般季欠精通自有順天之慶豈無福地之深重成新事業再整旧門庭福布江山外名聞湖海中田園桑柘茂猷虬稻粱馨得意江山詩句捷忘情日月酒盃深好意番成惡真心換得嗔雖不建侯封爵自然鄉黨推尊此則旺益之命死怖有配須年敵子嗣生成顯貴人運行初辛夘上人庇下未斷平生

庚辰運中風帶雪来應竟冷鳥啼花落始知春巳丑運中淡烟楊柳岸薄霧杏花村戊子運中雖則行藏有慶縱畨人事虧盈丁亥運中才原雖旺足暗耗尚愁人丙戌運中子貴晩年家業旺喧喧車馬集門庭乙酉運中恩沾雨露甲申運中一梦難醒

辛亥年　庚寅月　壬申日　庚子時

此八字壬申長生之日食神助才之格女人得此生於盛族配於精門姿容清雅處事乖能有針綴之巧紡績之勤翁姑少相倚妯娌豈聯群萬里無雲天一色三秋好景月長明般般琢立佛件件當心佇看夫賢子秀滿門佳氣氤氳此則秀貴之命良人水命須年長子嗣生成特達人運行初辛卯上人庇下天朗氣清壬辰運中契合翠鳶成好夢覺緣紅葉是良姻癸巳運中片時風雨頃刻逃𣏌甲午運中正是梅青月白還愁微雨弄晴乙未運中滔滔無阻滯步步助夫門丙申運中小池雨過添新綠深谷春来發舊馨丁酉運中桑榆暮景戊戌運中花落月沉

辛亥年　庚寅月　戊寅日　庚申時

此八字戊寅專權之日傷官制殺之格人生得此椿萱难並耄鴻鴈不行聯其爲人也行藏果斷天性方員頗知今古事稍識聖賢偏田園桑柘茂湖海姓名傳謀智客深能近貴筆鋒雄健稍親欵務豊産欵商賈欵貪清淨欵居閑君若有心登仕路自有公門案牘權此則沙中見金之命鴛幃有碍須年敵子嗣金風朵朵蘭運行初己丑上人庇下未断暑寒戊子運中幾欵思高慕遠幾番人事延邅丁亥運中區區未遂平生志貴人提携近高冒丙戌運中雖則衣冠各異幾番世事相牽乙酉運中部華滿目美景一聯甲申運中安享田園之樂癸未運中青宵一枕难还

辛亥年　庚寅月　己未日　甲戌時

此八字己未陰刃之日正官之格者貴氣之物也本顕功名傷官在柱事不十全主人椿萱晚茂棠棣聯英丰姿清秀天性志誠行藏果斷作事卑能萬里韶華世事每從忙裏就一聯美景才源自向閙中生特涌方壯觀運至始精神此則經營之命鴛幃有碍須年敵桂子秋来孝義深運行初己丑上人庇下化日陽春戊子運中娟娟雲裏月灼灼葉中英丁亥運中片時風雨㡌過頃刻又波平丙戌運中得失相半夏喜併行家居好福慶滔滔第宅一新癸未運中所交者上客所會者賢賓壬午運中春殘花落竟散凫升

辛亥年　庚寅月　壬申日　辛亥時

此八字壬申長生之日相配柱中木火食神助才之格人生得此生於右族長於名門椿萱半道先亡父夭邊鴻雁有行鳴其為人也丰姿清秀天性聪明知高識下理白分清高謀遠見慶事公平祖業須新慶才源自豚成萬里無雲天一色三秋好景月長明水光浮座丕盤黄花氣侵人咲語馨生涯湖海上道路任西東拙於自己巧於他人但願一生才禄旺何須天府沐恩榮此則發福之命鴛幃有尅須年敵子嗣枝枝孝義深運行己丑上人庇下未斷平

生戊子運中人生正在風光處風雨消消尚恼人丁亥運中才源富足家居好尚有閑非耗生丙戌運中雪晴雲翳天如洗從此才源倍有增乙酉運中威權有布人欽伏才帛盈餘家道興甲申運中冲繫尤难發福須史風雨豁盈癸未運中人生從此别一枕了平生

辛亥年　庚寅月　辛亥日　丙申時

此八字辛金相配柱中木火才官之格才盛生官終身有慶正顯功名運行背地滅吾貴氣主人生於良族長於仁門火命椿萱同屬壽夭邊鴻雁各行群其為人也丰資清秀言語輕清高謀遠見自是自能高人超敬貴客相欽祖業有依須再整功名無意不留心出土黄金更長價離雲皓月倍清明常將好意番成思每把真心換得嗔江湖有意公卿小廊廟無心軒冕輕一生自得優游樂勝如騎馬步金門此則穩富之命鴛幃同屬子嗣豁盈

運行初己丑上人庇下淡淡春風戊子運中幾欲思高慕遠番成捉月臨風丁亥運中雖則遨遊湖海還愁人事迭然丙戌運中一番風雨初晴後從此滔滔福禄增乙酉運中英雄惟贈劍三尺豪傑相逢酒一鐘甲申運中富之以潤其屋德之以顯其身癸未運中香　杳杳流水滔滔

辛亥年　庚寅月　癸丑日　丙辰時

此八字癸丑日元相配柱中木火傷官助財之格女人生得此生於右族長配名門椿萱有倚先齡父天邊鴻鴈各行鳴其為人也姿容清秀德美行真勝丈夫之氣槩有男子之才能雪收華岳千山秀水到湘江一樣清每懷丸膽意時抱擇隣心滔滔無阻滯步步助夫門难觸难犯易喜易嗔佇看夫榮貴承澤沐榮封此則榮益良人得配榮華客子嗣枝枝有挺榮運行初辛卯上人庇下未斷平生壬辰運中契合翠鳶成好夢寅緣緣紅葉是良姻癸巳運中蒙帖登甲第得沐帝王恩須吏風雨雨過山青甲午運中光華疊疊沛澤紛紛乙未運中雖則夫門多快樂还愁花放尚風生過此丙申運中沖擊之所如履薄氷若行陰隙助丁酉壽方終

辛亥年　庚寅月　丙子日　癸巳時

此八字丙子日元相配柱中水木來生印綬之格人生得此生於右族長於富門椿萱榮倚先齡父天邊鴻鴈不同群其為人也丰姿清秀天性聰明般般稍覽件件不精風月處友瀟洒容情雖無雜計較稍有淡才能萬里清風行樂順四時佳趣瑞祥生兩都秋色皆喬木耆舊風流有幾人朝中無姓字閭里有聲名身將隱矣文何用人不知之味更真施恩惹怨布德成嗔鄉民仰德閭里推尊此則饒福之命鴛幃有配須招小子嗣金風孝且忠運行初己丑上人庇下未斷升沉戊子運中如花鎖霧似月離雲丁亥運中正是梅清月白還愁裹耗相侵丙戌運中有得有失有喜有驚梨花舞雪雨過山青乙酉運中梅須遜雪三分白雪却輸梅一段馨當此之際風雨還生甲申運中時至運來還獲福須吏風雨不為驚癸未運中翩翩銘旆馨馨佳城

辛亥年　庚寅月　乙亥日　丁丑時

此八字乙木相配柱中金火傷官制殺之格木在春生處世安然心壽遇斯命者萱親耐脫椿先別天邊鴻鴈不聯群精神烱烱智慧明明行藏覺瀟洒咲傲任枯榮閑處愛走冷處不行祖業添新慶根源勝旧風但須有情交貴客何須騎馬入青雲此則發福之命鴛幃配合須年步子嗣秋来有梃榮運行初己丑上人庇下天朗氣清戊子運中行藏雖有慶風雨不為驚丁亥運中幾度旺中敗樣數番靜裏憂生丙戌運中精神又樵悴樵悴又精神乙酉運中才源富足家業興隆甲申運中安享暮年之福慶癸未運中春殘花落水濵濵

辛亥年　庚寅月　丁巳日　乙巳時

此八字丁火相配柱中土木傷官帶印之格正謂殺才後印反成其福遇斯命者生於邃室長於名門椿萱難並壽鴻鴈不群其為人也丰姿清秀性格良賢不懲不勇可方可賢英財而出類學問以淵源清名已在雲霄上逸氣還充宇宙間一朝名譽顯秉笏拜金鑾此則榮顯之命鴛幃命健方偕老子嗣秋来孝義全運行初己丑上人庇下春苑春山戊子運中趋庭負笈鈇硯寒毡丁亥運中幾回閒月空回首時来便許上長安丙戌運中鰲遂玉鱗攀桂去馬隨青帝踏花還當此之際進退一番乙酉運中掌憲而山嶽動揺牧民而均賦田井甲申運中冲擊之所虽處遂宣癸未運中心閑當得真天爵官散無憂即地仙壬午運中歸去也

辛亥年　庚寅月　甲戌日　乙丑時

此八字陽刃合殺之格傷官制殺逢祿身彊過
斯命者生於仁門長於右族椿親耐晚萱先別天
邊鴻鴈各飛鳴其為人也丰姿清雅天性老誠般
般稍覽件件不精行藏竟消洒咲傲任枯榮高人
起敬貴客相欽祖基有倚而重增事業昂親
而華古有則斷明敏之材理白分清之智月掛
碧天多皎潔名揚湖海有光榮有心於湖海無
意慕功名身將隱矣文何用人不知之味更真
但願粟陳貫朽任他身外無名豐年田舍禾
盈罍臘月山家酒滿斟此則穩厚之命鴛幃
上命須年長子嗣秋來尚廣生運行初巳丑上人
庇下天朗氣清戊子運中春歸柳葉精变紅入
桃花暖來旬丁亥運中風帶雪來應覺冷馬嘶
花落始知春丙戌運中春風播爽微雨弄晴乙
酉運中到此始知時運好萬物光華百事通一
番風雪不損精神甲申運中愈老黄花香馥
郁嚴寒松栢耐長青癸卯運中春光去也一枕
難醒

辛亥年　庚寅月　戊午日　壬戌時

此八字戊午日元之辰相配柱中木火救印之格
才神在柱減我功名主人生於右族長於高門萱
母先歸椿後別天邊鴻鴈各棣風其為人也丰姿
清秀天性老成般般稍覽件件不能有貴近親賢
之德應上和下之能水光浮座盃盤瑩花氣侵人
咲語聲田園桑柘茂畝畝稻粱豐琴樽風月為生
計金玉松筠舊歲春朝中無性字囊底足珠璣
於自己巧於他人雖然不是金鑾客時來困富也
光榮此則豊足之命鴛幃木命連珠屬子嗣枝枝
朵榮運行運行巳丑上人庇下未斷平生戊子運
中寒向梅中晝春從柳上生丁亥運中風帶雪来
寒覺冷馬嘶花落始知春丙戌運中雖則才源富
足还愁人事盈虧乙酉運中才源滾滾家居好德
業臻臻素耗生甲申運中門婿壯觀福祿駢臻癸
未運中風雨还侵壬午運中風雨晚年閑快樂庚
辰運中一夢佳城

辛亥年　庚寅月　辛酉日　甲午時

此八字辛酉專祿之日相配柱中木火才殺之格人生得此生於盛族配於高門椿萱先別父鴻雁各行鳴其為人也姿容清爽髮貌超群有治家立業之道相夫教子之能每懷九臆意時抱擇憐心楊柳舞風枝嬝娜梅花有月萼精神翁姑姑有倚妯娌鮮聯群雖不鳳冠帔服自然金玉豐盈此則穩旺之命良人年少須牛屬子嗣双双一果榮運行初辛卯上人庇下未斷平生壬辰運中匹配名門友花開錦上增癸巳運中須曳風雨過頃刻月離雲甲午運中正是梅青月白還愁人事虧盈乙未運中簾捲香風生百福軒開化日祿元增丙申運中夫賢子貴享福享榮丁酉運中玉產崑崗藏韞色蘭生楚澧散清馨戊戌運中春光去也一枕清風

辛亥年　庚寅月　戊寅日　壬子時

此八字戊寅專祿之日相配柱中水木才殺之格人生得此生於右族長於名門椿父先歸萱耐晚天邊鴻雁各行鳴其為人也丰姿蒼古天性老誠有近貴親賢之德應上和下之能筍長名園過舊竹花開上苑勝先紅終是功名之客豈為田舍之翁律法久諳勞案牘功名須藉筆刀成一朝但得吹噓力天府榮沾聖主恩此則榮貴之命鶯囀遷珠低一載子嗣秋来有顯榮運行初己丑上人庇下霽月光風戊子運中欲速不達揚帆待風丁亥運中一但謀為遂還揚九載名丙戌運中聽陽關之三疊達天府之九重乙酉運中榮沾新雨露光耀舊門庭當此之際風雪滿庭甲申運中連幕聲名振顯才源從此如心癸未運中晚年難下樂壬午運中一枕入巫峯

辛亥年　庚寅月　丙寅日　壬辰時

此八字丙寅之日身坐長生時上偏官之格財神持令減我功名蓋參義雙欝秀崇棣衆芳馨其為人也多智慧乔聰明不習科場業維新鄉黨名祖基有倚重更變財帛無虧自琢成但願有醪招傑士昌思跨馬到宸京此則穩達之命鴛幃宜配年低女桂子還開向日英運行初己丑花紅柳綠雲淡風輕戊子運中坐覺樹涼春雨過看知天霽晚涼生丁亥運中失之非是辱得也未為榮丙戌運中不意之中旺財業用心之處只中平乙酉運中但遇高人推舉自然福祿進增甲申運中西風吹過天邊雪拾翠尋春覺称情癸未運中歲寒松柏秀秋老菊芙馨壬午運中夢斷家何處鵠歸夕照僾

辛亥年　庚寅月　己卯日　戊辰時

此八字己卯專權之日相配杜中木火乔生印綬之格乔印相生本是功名只嫌運行背地減吾金紫之榮主人生於右族長於仁門椿萱相繼先虧母天邊鴻鴈各行鳴其為人也手姿清爽天性乖能胸羅千古事學識聖賢心驪珠照魏光难掩雷劍生豐氣自充終是文場折桂客豈為田舍鑿耕人瓊林雖不叅高宴自有仁風四境清中年有揚抑晚節又加陞此則榮貴之命允幃有礙須招副子嗣秋成貴是人運行初己丑上人庇下詩禮趨庭戊子運中秋闈為折蟾宮桂騰蹈飛黃入帝京丁亥運中一月問支三石米九年落魄訓儒生丙戌運中皇恩有感重迁調幾載榮標國課心須史風雨雨過山青乙酉運中除奸提惡声名是佐政琴堂德望新甲申運中天邊少恩澤籬下落高情癸未運中子貴重榮贈胡為夢不醒

辛亥年　庚寅月　辛巳日　辛卯時

此八字辛巳日元相配柱中木火才官之格才盛生官終身有慶只嫌刑冲太重藏吾貴氣主人生於右族長於名門椿父先歸萱後別天邊鳴雁各行鳴其為人也丰姿清秀天性康洪頗知礼義稍識古今有近貴親賢之德應上和下之能祖業添新慶根原再祿成水光浮座盃盤瑩和氣侵人笑語聲不向仕途求閒達卻来湖海覓黃金施恩成怨布德成嗔雖不建侯封爵自然福祿駢臻此則豐潤之命鸞幃有克宜偏正子嗣秋来尚廣生運

行初己丑上人庇下未斷平生戊子運中世事短如春夢人情薄似秋雲丁亥運中才源旺足家業增新丙戌運中滾滾才源来正旺還忌閑非素耗生當此之際絃斷傷心乙酉運中雖則行藏有慶須臾風雨還侵甲申運中門楣壯觀家居好五夜餘風尚未晴癸未運中子貴晚年沾寵渥壬午運中枝頭花落鳥無聲

辛亥年　庚寅月　乙卯日　庚辰時

此八字乙卯專祿之日官多從殺之格木在春生慶世安然必壽其為人也多智慧稍操持生於右族長於高居椿父先歸萱後殞天邊鴻雁各行飛有抵雪欺霜之志隨時應變之機見善則持於己當仁不讓於師羅綺飄香風蕩蕩童觴列座草萋萋雖然不是青驄客自然声勢壓黔黎此則磊落之命鸞幃有得須添寵子嗣秋成貴顯見運行初己丑只宜庇下有是非戊子運中登臨尚值雨賞說又春歸丁亥運中得失

喜失未然丙戌運中雖則行藏有慶还愁人事趑趄乙酉運中財源滾滾家居好須臾風雨來為奇甲申運中天上三陽泰人間五福祿癸未運中享安閑之福慶樂賢聖之琴書壬午運中春光去也春夢難醒

辛亥年　庚寅月　己卯日　癸酉時

此八字己卯專權之日相配柱中木火殺生印綬之格刑冲太重減吾科第成名主人生於良族長於高居椿萱不相守鴻鴈各分飛其為人也丰姿清雅氣宇高奇頗知礼義稍識詩書親賢近貴不勇不慈行藏果斷作事三思自有順天之慶豈無福地之時親不我䟽而自遠祖非我破而迁移自有一團福洪晚年才祿盈余此則豊饒之命鴛幃有犯須相觝子嗣秋来有出奇運行初己丑上人庇下有何是非戊子運中登臨雨滲賞翫春歸丁亥運中夜冷水寒魚不食滿舡空載月明歸丙戌運中始覓陽和滿目还愁人事趦趄乙酉運中才權雖秉美風雨喜無危甲申運中遣與三鍾酒消閑一句棊癸未運中富貴榮華當此際春歸花落鳥空啼

辛亥年　庚寅月　壬戌日　辛亥時

此八字壬戌日元相配柱中木火食神助才之格人生得此生於右族長於仁門椿萱先別母鴻鴈各行鳴其為人也丰姿清淡天性聰明般般好學件件不精頗知玄妙術精識聖賢經高人起敬貴客相欽重成新事業再整旧門庭自有順天之慶豈無福地之深福布江山外名聞湖海中欲為商賈思慕功名田疇千古計花木四時春好意番成惡真心換得嗔雖然不是金鞍客也應鄉黨衆推尊此則穩厚之命鴛幃有犯須重續子嗣秋來孫枀馨運行初己丑上人庇下淡淡春雲戊子運中風雪初晴結又斷行藏还未称心情丁亥運中雖則行藏有慶也愁人事虧盈丙戌運中世事有增有減才源或廢或興須臾風雨突晦無驚乙酉運中威權有布人欽服才帛興隆福祿增甲申運中門楣壯觀樓閣凌雲癸未運中多秀家寬樂壬午運中無常促去程

辛亥年　庚寅月　辛亥日　己亥時

此八字傷官助財之格亦有飛天祿馬之意人木土椿萱双晚莫天边鴻雁各分群手足清秀天性乖能行藏果斷作事老誠機謀伏舉用人欽門外生涯辦閣江湖活計雖新祖業添新慶才囊自葺成花無桃李非春色人没榮枯是太平此則穩足之命鴛群配合須年出子嗣秋季孝義深運行初己丑歲庇下霽月光風戊子運中登水無聲空有浪秀花雖艷不聞馨丁亥運中雖則行藏有慶还愁人事其盈丙戌運中人生正在風光処只恐閑非紊耗生乙酉中戌四時佳趣立萬古門庭甲申運中高閣晚景癸未運中槐难醒

辛亥年　庚寅月　丙子日　戊戌時

此八字丙火相配柱中水火官印之格人生得此生於大厦長於高堂土火椿萱之皓首天邊鴻雁後隨行其爲人也手姿清秀智遠理常頗知礼義不習文章雖不錦衣騘馬貴生平常履貴人御享見成之事業成遺蔭之田庄玉産崑崗藏韞色蘭生楚澤散清香佇看躍身濶屋也應名播鄉邦此則發福之命篤伴木命須年敵子嗣光彩後發芳運行初己丑上人庇下其樂何當戊子運中水向石邊流出冷風從花裏過来香丁亥運中雖則家園旺足還愁人事悠揚當此之際悲哭一場丙戌運中狂中尚有盈虧事紊耗消除福祿昌乙酉運中才源雖富足風雪又飄揚甲申運中樓臺疊疊生涯富財帛盈囊又積倉癸未運中春歸花落流水茫茫